GESCHICHTE DES ISLAMS IN DEUTSCHLAND

ISLAM UND WESTLICHE WELT

Herausgegeben von

MICHAEL FITZGERALD
ADEL-TH. KHOURY
WERNER WANZURA

Band 5

M. S. Abdullah

GESCHICHTE DES ISLAMS IN DEUTSCHLAND

VERLAG STYRIA GRAZ WIEN KÖLN

CIP-Kurztitel der Deutschen Bibliothek

Abdullah, Muhammad S.:
Geschichte des Islams in Deutschland /
Muhammad S. Abdullah. Graz ; Wien ; Köln :
Verlag Styria, 1981.
(Islam und westliche Welt ; Bd. 5)
ISBN 3-222-11352-1

NE: GT

© 1981 by Verlag Styria Graz Wien Köln
Alle Rechte vorbehalten. Printed in Austria
Umschlaggestaltung: Christoph Albrecht
Gesamtherstellung:
Druck- und Verlagshaus Styria Graz
ISBN 3-222-11352-1

Imam a. D. Mohammad Aman Hobohm
Maulana Sadr-ud-Din,
insbesondere aber meiner Frau
Ursula-Amina Abdullah
in herzlicher Dankbarkeit gewidmet

Muhammad S. Abdullah (Jahrgang 1931) ist Journalist und Fachreferent für Islam im ökumenischen Bereich. Sein Fach- und Forschungsgebiet ist der Islam in Deutschland und der christlich-islamische Dialog. Er ist ständiger Mitarbeiter der **Deutschen Welle** und des **Evangelischen Pressedienstes** (Islamfragen) und Mitglied der Arbeitsgemeinschaft CIBEDO. Er ist Autor und Mitautor verschiedener Bücher, Dokumentationen und wissenschaftlicher Texte zum Thema Dialog und Islam in Deutschland. Seit 1971 ist er Vertreter des „Islamischen Weltkongresses" für die Bundesrepublik Deutschland, Mitglied der „Islamischen Weltkonferenz" und Leiter des „Islam-Archivs Deutschland" in Saarbrücken.

INHALTSVERZEICHNIS

Vorwort 9
Umschrift arabische Buchstaben 11

Erstes Kapitel:
Geschichtliche Entwicklung
13

1. Preußen und der Islam: Die erste
   Gemeindegründung....................... 13
2. Die türkischen Kriegsgefangenen im 17. und
   18. Jahrhundert 18
3. Unvergessene und verdiente deutsche Moslems .. 21
4. Die Wünsdorfer Moschee (1914—1924) 23
5. Die zweite Gemeindegründung (1922—1945).... 27
6. Die „Mullah-Schulen" der Wehrmacht und
   der SS im Dritten Reich 34
7. Die moslemischen Einwanderer nach 1945 36
8. Der „deutsche" Islam 42
9. Die „Ahmadiyya-Mission im Islam" (Qadiani) .. 52
10. Die Deutschen im Dienste des Koran 61

Zweites Kapitel
Die Migration — Ausländische Moslems
in der Bundesrepublik
69

1. Am Vorabend der großen Migration (1950—1970) 69
2. Islamische Präsenz 1980/81 76
   2.1 Zahlenspiegel...................... 77
   2.2 Soziale Stellung und Einordnung........ 81
   2.3 Moslemische Kinder und Jugendliche 82

3. Religiöse und politische Verbände 95
   3.1 Islamische Verbände und Organisationen 95
   3.2 Politische Gruppierungen (1—9) 136
4. Der Islamische Weltkongreß 141
   4.1 Geschichte 141
   4.2 Aufgabe 142
   4.3 Organe, Arbeitsweise 142
   4.4 Vertretung in der Bundesrepublik 144
5. Das islamische Pressewesen 146
6. Ungewisse Zukunft 150

Drittes Kapitel: Die Anerkennungsfrage
159

1. Einführende Bemerkungen 159
2. Die Haltung der Kirchen 168
3. Die Freimaurer und ihre „Islam-Initiative".
   Letzter Stand des Anerkennungsverfahrens 175

Viertes Kapitel:
Zur Situation der christlich-islamischen Begegnung
183

1. Versuch einer Zäsur 183
2. Einige persönliche Anmerkungen
   und Überlegungen 192
3. Kirchliche Institutionen und Einrichtungen 197

Anmerkungen 203
Literatur 206
Personenregister 218

VORWORT

Die islamische Welt und der Islam als Weltreligion treten immer stärker in den Vordergrund des öffentlichen Interesses. Zahlreiche Bücher beschäftigen sich, von verschiedenen Standpunkten aus, mit dem Phänomen der engen Verbindung des Islams als Religion und als politische Kraft. Begriffe wie Reislamisierung, Renaissance des Islams, islamische Wirtschaftspolitik finden sich fast täglich in den Schlagzeilen und machen es dem Leser schwer, sich eine differenzierte Meinung zu bilden.
Aufgrund der zunehmenden Bedeutung des Islams auf Weltebene und infolge der Anwesenheit vieler Moslems in der Bundesrepublik und in anderen europäischen Ländern ist der Islam zu einem Thema geworden, das wir nicht mehr aus der Ferne betrachten können, mit dem wir uns vielmehr in seinen gesellschaftlichen, politischen und religiösen Dimensionen beschäftigen müssen. Dabei werden Emotionen und Vorurteile wach, die, oft noch durch Fehlinformationen genährt, ein Klima der Ausländerfeindlichkeit, der gegenseitigen Intoleranz schaffen und zu einer erneuten Konfrontation zwischen christlicher und islamischer Welt führen können. Für viele ist die Präsenz des Islams in Deutschland etwas ganz Neues, das erst in den letzten Jahren durch den Zuzug von Menschen aus islamischen Ländern entstanden ist. Die Tatsache ist fast unbekannt, daß schon seit 250 Jahren Moslems in Deutschland leben.
Das vorliegende Buch erzählt die Geschichte des deutschen

Islams bis zum heutigen Tag, zeigt aktuelle Schwierigkeiten auf, bietet Ansätze zum besseren Verständnis und gibt Anregungen zur Lösung der bestehenden Probleme in der gesellschaftspolitischen Diskussion.

Die Reihe *Islam und Westliche Welt* versucht auch mit diesem Band, durch sachliche Information Vorurteile abzubauen, der Konfrontation vorzubeugen und den Dialog zwischen Christen und Moslems zu ermöglichen.

Die Herausgeber

UMSCHRIFT ARABISCHER BUCHSTABEN

(soweit sie in ihren Lautwerten von der deutschen Sprache abweichen)

' = Explosionslaut – vor jedem anlautenden Vokal gesprochen
th = stimmloses englisches th (thing)
(d)j = stimmhaftes dsch
ḥ = scharfes, ganz hinten in der Kehle gesprochenes h
kh = ch
dh = stimmhaftes englisches th
z = französisches z
sh = sch
ṣ = dumpfes stimmloses s
ḍ = dumpfes stimmloses d
ṭ = dumpfes stimmloses t
ẓ = dumpfes stimmloses s
‘ = gepreßter, in der Kehle gebildeter, stimmhafter Reibelaut
gh = Gaumen-r
w = englisches w
y = englisches y
Lange Vokale = ā, ī, ū

UMSCHRIFT TÜRKISCHER BUCHSTABEN

(soweit sie in ihren Lautwerten von der deutschen Sprache abweichen)

c = dsch
ç = tsch
ğ = tief in der Kehle gesprochenes, oft nur gehauchtes g
ı = kurzes, dumpfes, getrübt gesprochenes i
ş = sch
z = s wie in reisen

ERSTES KAPITEL

Geschichtliche Entwicklung

1 PREUSSEN UND DER ISLAM: DIE ERSTE GEMEINDEGRÜNDUNG

Die Geschichte des Islams in Deutschland ist zu unterscheiden von der Geschichte der deutsch-islamischen Begegnung. Die letztere reicht zurück auf das Jahr 777, als Karl der Große auf dem Reichstag zu Paderborn den vom Emir von Cordoba vertriebenen Statthalter von Saragossa, Sulaymān al-'Arabī' empfängt und mit ihm einen Beistandspakt abschließt. Vierzehn Jahre später kommt es dann zu den legendären Beziehungen zwischen dem Frankenkaiser und dem 'Abbāsidenkalifen Hārūn al-Rashīd zu Bagdad, dem „Herrscher aus Tausendundeiner Nacht".

Dagegen beginnt die Geschichte des Islams in Deutschland mit jenen zwanzig türkischen „Langen Kerls", die der Herzog von Kurland im Jahre 1731 dem Preußenkönig Friedrich Wilhelm I. (1713–1740) zur Verfügung gestellt hatte. Der König hatte für sie 1732 in der Nähe der neuen Soldatenkirche (Garnisonkirche) einen Saal als Moschee herrichten lassen.

In seinem historischen Königsroman *Der Vater* beschreibt Jochen Klepper einen Sonntagmorgen in Potsdam. Dabei geht er in sehr einfühlsamer Weise auf diese erste islamische Gemeinde in Preußen ein. Er schreibt:

„Es war der Wunsch und das Gebot des Königs, daß Gott in Potsdam in allen Zungen und in jedem Glauben der

Erde zu der gleichen Stunde angebetet wurde. Auch in den anderen Kirchen war die Feier des Sonntagsgottesdienstes vorüber. Der Dominikanerpater, welcher für die katholischen Grenadiere des Königs Italienisch, Madjarisch, Französisch und Spanisch, Portugiesisch und Polnisch hatte lernen müssen, führte aus der neuen Kirche Marienkinder und Musketiere heraus, die ihre Rosenkränze in den Händen hielten. Die französisch-reformierte Gemeinde der Refugiés und Hugenotten, würdig in ihren langen, dunklen Röcken, den schönen Pelzmützen und Hauben und reichen Spitzenkragen, schritt gemeinsam einher; und jeder hatte noch die frommen und fleißigen Hände gefaltet. Der Pope, dem für die Moskowiter, dem Geschenk der Zarin Katharina an den Preußenkönig, eine griechisch-orthodoxe Kapelle am Langen Stall erbaut worden war, wies mit Stolz auf seinen frommen Chor. Den hatte ihm der König erst ganz kürzlich aus Moskau bestellt. Die zwanzig türkischen Riesen des Herzogs von Kurland beteten und sangen indes noch in einem Saal, der nahe bei dem Gotteshause der Soldaten lag und dessen Fenster nach Osten hin offen standen, ihr Allah il-Allah! Denn der König hatte sie freundlich gefragt, ob ihnen nicht der preußische Sonntagmorgen für ihren osmanischen Freitag gelten könnte; es liege ihm sehr viel daran."
Bereits im Jahre 1724 hatte Friedrich Wilhelm I. seinen Stallmeister Johannes Jurgutschky an den Hof Sultan Ahmeds III. (1703–1730) nach Istanbul mit der Bitte entsandt, ihn einige wertvolle Pferde käuflich erwerben zu lassen. Der Sultan hatte dieser Bitte gerne entsprochen und dem Preußenkönig obendrein eines der schönsten und edelsten Pferde aus seinem persönlichen Besitz geschenkt. Wie es heißt, haben die türkischen Pferde seinerzeit bei der Berliner Bevölkerung „Aufsehen und Bewunderung" hervorgerufen. Friedrich II. (1740–1786) soll gesagt haben: „Wenn die Türken nach Berlin kommen, muß man ihnen Moscheen bauen." Er nahm unmittelbar nach seiner Thronbesteigung

mit Sultan Mohammed II. (1730–1754) diplomatische Beziehungen auf. Ziel war der Abschluß eines Handelsvertrages zwischen Preußen und der Hohen Pforte, der allerdings erst neunzehn Jahre später zustande kommen sollte. 1741, während des Ersten Schlesischen Krieges (1740–1742), stieß eine aus Rußland versprengte Tatareneinheit von 73 Reitern zum preußischen Heere. Es handelte sich um junge tatarische Edelleute, sogenannte „Oghlanis". Aus ihnen wurde die erste Lanzenreitertruppe Preußens gebildet, die dem damaligen 4. Husarenregiment von Natzmer (Weiße Husaren) eingegliedert wurde. Das Regiment stand in Breslau und Trebnitz. Die Trebnitzer Schwadron wurde von dem damals erst 22jährigen Rittmeister Friedrich Wilhelm Freiherrn von Seydlitz-Kurzbach kommandiert, dem später berühmt gewordenen Reiterführer Friedrichs des Großen.

Rückschauend sei aus dem Leben des späteren Generals von Seydlitz noch erwähnt, daß er 1745, während seiner Trebnitzer Garnisonzeit, von Friedrich II. einen goldenen türkischen Säbel mit edelsteinbesetzter Scheide erhielt. Bereits ganz zu Anfang seiner Laufbahn, bei seiner Beförderung zum Leutnant im Kürassierregiment von Rochow, hatte Seydlitz von seinem Kommandeur, Markgraf Friedrich von Schwedt, einen Schimmel zum Geschenk erhalten, der auf den Namen Mohammad hörte. Die Eltern dieses Pferdes hießen Prophet und Fatme.

Während des Zweiten Schlesischen Krieges (1744–1745) traten mehrere versprengte Schwadronen türkischer Reiter – Bosniaken, Albaner und Tataren – unter der Führung des albanischen Reiterführers Sarkis zu den Preußen über. Aus ihnen entstand das königlich preußische Bosniakenkorps des 5. Husarenregiments von Ruesch (Schwarze Husaren). Aus diesem Regiment ist später das 1. und 2. Leib-Husarenregiment der deutschen Armee hervorgegangen.

In den Matrikeln dieser Truppe taucht zum ersten Mal der Name eines preußischen Heeres-Imam auf: ein Leutnant Osman, Prediger der preußischen Mohammedaner. Das

preußische Bosniakenkorps galt im übrigen innerhalb der Reiterei Friedrichs des Großen als Mustertruppe.
Während des Siebenjährigen Krieges (1756–1763) erlitten die Bosniaken große Verluste. Die Gräber dieser ersten für Preußen gefallenen moslemischen Soldaten liegen auf einer kleinen Insel im Flusse Goldap in Ostpreußen. Im Masurischen erinnerten bis zum Zweiten Weltkrieg die Namen Osman und Lipski an die moslemischen Reiter. Sie stammen von einem kalmückischen Major des Bosniakenkorps.
Als es in den auf den Siebenjährigen Krieg folgenden Friedensjahren trotz großer Anstrengungen nicht gelang, für die stark dezimierten Reihen der moslemischen Truppenteile geeigneten Nachwuchs zu finden, ließ König Friedrich Wilhelm III. im Jahre 1800 die acht Schwadronen des Korps mit polnischen Edelleuten auffüllen und formierte sie zu einem lanzentragenden Regiment, den „Towarczy". Die „Towarczy" bildeten den Stamm, aus dem später die preußischen Ulanenregimenter hervorgegangen sind. Das Wort „Ulan" leitet sich von „Oghlan", den „Oghlanis" ab. Das Wort ist tatarischen Ursprungs und bedeutet soviel wie Edelknabe.
Insgesamt dienten in der damaligen preußischen Armee etwa 1000 moslemische Reiter.
Am 9. November 1763 traf mit Resmet Ahmed Effendi der erste Kalifatsgesandte in Berlin ein. Wie Ahmed Effendi über die Berliner dachte, geht aus einem Bericht hervor, den er 1777 dem Sultankalifen Abdul Hamid I. (1774–1789) übermitteln ließ. Darin heißt es überschwenglich: „Die Bevölkerung Berlins erkennt den Propheten Mohammed an und scheut sich nicht zu bekennen, daß sie bereit wäre, den Islam anzunehmen."
Ahmed Effendi stand bei der Abfassung dieses Berichts anscheinend ganz unter dem Eindruck der aufrichtigen Begeisterung und freudigen Anteilnahme, die die Berliner Bevölkerung den Gästen aus dem Orient immer wieder entgegenbrachte.

Aus der langen Reihe der türkischen Gesandten und Botschafter am Berliner Hofe sei Ali Aziz Effendi hervorgehoben. Als der Diplomat am 29. Oktober 1798 starb, erwarb König Friedrich Wilhelm III. vom Grafen Podewils ein Gelände in der Hasenheide (heute Columbiadamm), das als Gräberfeld dienen sollte. Die Überführung der Leiche von Aziz Effendi wurde nachts vorgenommen. Bei Fackelbeleuchtung wurde der einfache grüne Sarg von der Gesandtschaft durch die Friedrichstraße in die Hasenheide getragen, wobei die türkische Dienerschaft kleine Goldmünzen unter die spalierbildende Bevölkerung warf. Die nächtliche Trauerfeier für Ali Aziz Effendi war die erste islamische Kulthandlung in der Berliner Öffentlichkeit und die Grabstelle – aus der später der ,,Türkische Friedhof" entstehen sollte – der erste islamische Grundbesitz in Deutschland.
Im Jahre 1866 wurde für die islamischen Totengebete eine kleine Moschee erbaut. Als der Friedhof schließlich wegen Platzmangels geschlossen werden mußte, verlor auch die Moschee ihre Bedeutung. Heute dient sie als ,,Türk-Şehtliği-Camii" der Nurdschuluk-Bewegung als Gebetsstätte.
Eigentümer des Friedhofs war von Anfang an das osmanische Kalifat. Als nach dem Ersten Weltkrieg zwischen Deutschland und der Türkei keine diplomatischen Beziehungen mehr bestanden, verfiel das Gräberfeld. Schließlich wurde von den in Berlin lebenden Moslems eine Friedhofskommission eingesetzt. Zu ihr gehörten unter anderem der türkische Botschafter Scheki Arslan, der türkische Hauptmann Dr. Zeki Kiram-Bey, der persische Professor Hassan-Abbas, der ehemalige kaiserlich türkische Botschaftsgeistliche Imam Dr. Hafiz Schükri-Effendi und der ägyptische Fabrikant Mohammad Solyman. Die Gräber wurden renoviert und geordnet und das Terrain auf das Doppelte erweitert. Die Mittel dazu wurden durch Spenden von persischer, ägyptischer und afghanischer Seite aufgebracht. Die kulturhistorisch wertvolle *Türbe* – eine acht Meter hohe halbmondgekrönte Gedenksäule inmitten des Gräberfeldes

– ist übrigens ein Geschenk des Sultankalifen Abdul Hamid Khan II. Bliebe noch zu erwähnen, daß im Jahre 1934 geplant war, neben dem Friedhof sowohl eine nationaltürkische als auch eine persisch-schiitische Moschee zu erbauen.

2 DIE TÜRKISCHEN KRIEGSGEFANGENEN IM 17. UND 18. JAHRHUNDERT

Vor dieser ersten islamischen Gemeindegründung auf deutschem Boden ist das Schicksal der türkischen Kriegsgefangenen aus den Türkenkriegen im 17. und 18. Jahrhundert anzusiedeln. Ihre Zahl ging in die Tausende. Aber wir wissen über sie kaum etwas oder nur sehr wenig.

Um sich Erleichterungen zu verschaffen, willigten viele dieser Gefangenen in die Taufe ein. Der Orientalist Professor Otto Spies schreibt 1968 in seinem Aufsatz über *Schicksale türkischer Kriegsgefangener in Deutschland nach den Türkenkriegen:* „Nachdem solche Türken den christlichen Glauben angenommen hatten, sind sie in Deutschland seßhaft geworden; sie haben sich mit der deutschen Bevölkerung vermischt und geheiratet und sind im deutschen Volkstum aufgegangen. Bei vielen ist das nicht mehr festzustellen, da sie meist bei der Taufe einen anderen Namen angenommen haben."

Bei den neuen Namen handelte es sich zumeist um die Namen der Taufpaten. Dabei sind stets die auch im Islam gebräuchlichen alttestamentlichen Namen wie Josef, Abraham, Isaak oder Jakob vermieden worden. Als Eigennamen wurden auch der Heimatort, der Ort der Gefangennahme oder des Aufenthalts gewählt.

Nach Spies haben sich die getauften Türken vor allem in Franken, Bayern, Sachsen und Niederdeutschland niedergelassen.

Unter den Getauften befinden sich den vorliegenden Registern zufolge sehr viele Kinder, die zumeist von Offizieren mit nach Deutschland genommen worden waren. Sie führten später an Fürstenhöfen und Adelsschlössern ein angenehmes Leben als Diener und Lakaien. Es war seinerzeit modisch, junge Türken in Samt und Seide zu kleiden und um sich zu haben. Viele der Getauften dienten später als Offiziere in deutschen Truppenteilen.

Spies berichtet, daß beispielsweise nach Hannover viele gefangene Türken gekommen seien, da an der Befreiung Wiens im Jahre 1683 auch kurhannoversche Truppen teilgenommen hätten. Erbprinz Georg Ludwig und sein Bruder Prinz Maximilian brachten demnach zwölf Türkenkinder heim, die am kurfürstlichen Hofe erzogen wurden. Über das Schicksal der meisten von ihnen ist nichts bekannt, bei einigen kann ihr späteres Leben jedoch nachgezeichnet werden.

Der Türkenknabe Mehmed wurde beispielsweise Kammerdiener des Kurprinzen und späteren Kurfürsten Georg Ludwig. Da sich dieser Mehmed durch Fleiß und Redlichkeit auszeichnete, wurde er unter dem Namen „Mehmed von Königstreu" vom Kurfürsten in den erblichen Adelsstand erhoben.

Ein Türke mit Namen Jusuf wurde evangelischer Pfarrer in Rüdisbronn in Mittelfranken, ein anderer in Heiligenkirchen bei Detmold. Eine Türkin wurde mit dem Pfarrer Chr. Moritz Grimm in Heimburg verheiratet. Der getaufte Türke Bernhard Aly trat 1708 als „Pater Josephus" in den Kartäuserorden ein und lebte noch 1758 in Hildesheim.

Gleichwohl räumt Spies in seiner Schrift *Eine Liste türkischer Kriegsgefangener in Deutschland aus dem Jahre 1700* ein: „Die meisten türkischen Kriegsgefangenen sind ihrem islamischen Glauben treu geblieben." Davon zeugt die Inschrift eines Grabsteins auf dem Neustädter Kirchhof in Hannover. Dort liegt der Türke Hammet (Hamid) begraben, der dem Hofstaat der Kurfürstin angehörte. Auf dem Stein steht zu lesen:

„Nachdem die große türkische Macht Anno 1683 nach Wien gezogen und dieselbe durch die Deutschen wieder vorausgetrieben, die Türken aber sich wieder bei Berkan in

Oberungarn mit 12.000 Mann gesetzet, bei welcher Aktion, so bei dem genannten Berkan geschehen, sich mit unter den Türken befunden, der bei dieser Stelle begrabene Türke Hammet, allwo er von einem Kapitän gefangen worden, welcher denselben Ihrer Durchlaucht, der Herzogin gegeben, welcher denn auch derselben gedienet bei 8 Jahr, darauf gestorben und allhier begraben worden 1691. Der darunter liegende Türk ist in seinem Aberglauben dahingefahren, und ihm dies Grabmal von seinen Glaubensgenossen, deren viele aus Morea und Ungarn nach Hannover gekommen, gesetzt worden."

Dennoch soll ein weiteres Einzelschicksal hier erwähnt werden. Im Jahre 1760 schrieb ein Pastor Matthias Jenin aus Heiligenkirchen im Lippischen, von dem es im Kirchenbuch irrtümlicherweise heißt, er sei verheiratet gewesen mit Johanne Amalie, verwitwete Rickmeyer, geborene Sternberg, „des getauften Türken Hassan Tochter":

„Mein Großvater mütterlicherseits war ein türkischer Pascha aus Konstantinopel, hieß Hassan Pascha. Er wurde im 17. Jahrhundert vor Belgrad von einem lippischen General und Grafen gefangen und mit nach Detmold genommen. Meine Großmutter, Khadyra, war aus Neuhäusel. Ihr Vater, Schiffskapitän, fuhr früher nach Jerusalem. Bei der Eroberung von Neuhäusel, im Jahre 1685, hat sie einen Schuß durch die Knie bekommen und sind ihr die Ohrringe ausgerissen worden, wie noch zu sehen war. Nach ihrer Aussage damals 15 Jahre alt, ist sie ebenfalls nach Detmold gebracht worden, wo beide auf dem Schlosse in der christlichen Religion erzogen und verheiratet wurden. Mein Großvater bekam den Nachnamen Sternberg, die Großmutter wurde Johanne Amalie genannt. Jener war Kapitänleutnant, ist früh gestorben. Erst auf dem Totenbette hat er den Herrschaften seine Herkunft gemeldet."

Dieser Ehe entstammen fünf Kinder, von denen eines, eine Tochter, in die Familie des Vaters der Schriftstellerin Dr.

Sigrid Hunke einheiratete, der Verfasserin von *Allahs Sonne über dem Abendland* und *Kamele auf dem Kaisermantel*.
Im Friedensvertrag von Karlowitz (1699) wurde auch eine Vereinbarung über die Behandlung rückkehrwilliger Kriegsgefangener getroffen. Danach sollten die in öffentlichen Gefängnissen einsitzenden Gefangenen im Auswechslungsverfahren in Freiheit gesetzt werden. Die in Privatbesitz befindlichen sollten sich gegen einen redlichen Preis loskaufen können. Sollten Meinungsverschiedenheiten auftreten, waren die Richter ermächtigt, von sich aus ein Lösegeld festzusetzen. Den Eigentümern wurde untersagt, sich aus Gewinnsucht dem Loskauf zu widersetzen.
In einer Aufzeichnung vom 7. Dezember 1700 ist von der Ankunft rückkehrwilliger türkischer Gefangener in Wien die Rede.
In diesem Zusammenhang muß auch die sogenannte „Rote Moschee" im Schloßpark zu Schwetzingen erwähnt werden. Sie war von 1780 bis 1785 im Auftrage des Kurfürsten Karl Theodor von der Pfalz als Mittelpunkt eines türkischen Gartens von dem lothringischen Baumeister Nicolas de Pigage erbaut worden. Wenngleich nicht als Sakralbau konzipiert, wurde sie dennoch nach dem Deutsch-Französischen Krieg von 1870/71 von kriegsgefangenen Zuaven und Turkos, die in einem Lazarett in Schwetzingen gesund gepflegt wurden, dankbar als Moschee angenommen. Auch dieses Gebäude dient heute gelegentlich den im Großraum Ludwigshafen–Mannheim–Heidelberg lebenden Moslems als Gebetsstätte.

3 UNVERGESSENE UND VERDIENTE DEUTSCHE MOSLEMS

Mit der frühen Geschichte des Islams in Deutschland ist eine Reihe von Persönlichkeiten verbunden, deren hier in einer Art „Ehrentafel" gedacht werden soll. Es handelt sich zunächst einmal um den bekannten Ägyptologen Professor

Dr. Mohammad Brugsch-Pascha (1827–1894), Dr. Eduard Schnitzer (1840–1892), Abdul Hud Adolph Freiherrn von Wrede (1807–1863), Adam Neuser (gest. 1576) und Mehmed Ali Pascha.

Der deutsche Afrikaforscher Dr. Eduard *Schnitzer* trat 1875 zum Islam über. 1878 ist er als Mehmed *Emin Pascha* Gouverneur der ägyptischen Äquatorialprovinz. Emin Pascha hatte sich ursprünglich zum Ziel gesetzt, für Deutschland ein großes Kolonialreich in Afrika zu schaffen. Zu diesem Zweck hatte er eine Reihe von Handelsniederlassungen am Victoriasee in Ostafrika errichtet.

In diesem Zusammenhang sollte nicht unerwähnt bleiben, daß von den zwölf Millionen Einwohnern in den ehemaligen deutschen Kolonien sich rund zwei Millionen zum Islam bekannten.

Gustav Adolph *von Wrede* trat vermutlich 1835 zum Islam über. Wir finden ihn mit kurzen Unterbrechungen von 1826 an als Truppeninspekteur im türkischen Orient, von 1832 bis 1834 in der Fremdenlegion in Algerien und 1835 als ägyptischen Offizier in Südarabien. Im Jahre 1843 gelingt es von Wrede als erstem Europäer, bis in das Innere des geheimnisvollen Ḥadramaut vorzudringen. Die von ihm seinerzeit aufgezeichneten ersten zuverlässigen Nachrichten über Geographie und Ethnographie besitzen auch heute noch ihre Gültigkeit. 1850 kehrte von Wrede nach Deutschland zurück, um seine Beobachtungen und Aufzeichnungen zu sichten und in England zu publizieren. Als sich seine Pläne zerschlugen, zog er sich endgültig in die Türkei zurück, wo er 1863 völlig verarmt verstarb.

Daß sein Werk dennoch der Nachwelt bekannt und erhalten wurde, verdanken wir den Bemühungen Heinrich von Maltzans. Es wurde von ihm 1873 unter dem Titel *Adolpho von Wrede's Reisen in Hadramaut–Beled Beny Issa und Beled al-Hadschar* in Braunschweig veröffentlicht.

Adam *Neuser* war ab 1560 2. Hauptprediger an St. Peter zu Heidelberg. Er kämpfte gegen die vom Kurfürsten geplante

Änderung der Kirchenverfassung: Einführung der Presbyterialordnung und Verschärfung der reformierten Kirchenzucht nach Genfer Muster. Er wurde von seinen Gegnern des Antitrinitarismus verdächtigt. Man warf ihm vor, man habe unter seinen Papieren außer einem arianisch erläuterten Johannesevangelium auch einen Briefentwurf an den türkischen Sultan gefunden, dem er durch Verbreitung des arianischen Glaubens politischen Vorschub zu leisten geneigt gewesen sei.

Nach zweimaliger Flucht, unter anderem aus dem Gefängnis in Heidelberg, gelangte Adam Neuser schließlich nach Istanbul, wo er zum Islam übertrat und bis zu seinem Tode im Dienste des Sultankalifen stand.

Gotthold Ephraim Lessing nahm sich Neusers Schicksal in einer eigenen Abhandlung an.

In Helmuth von Moltkes Tagebuch *Unter dem Halbmond,* erschienen bei Erdmann in Tübingen, finden wir auf Seite 32 folgende Eintragung: „Am weitesten unter diesen ‚aventuriers sans consistance' hat es Karl *Detroit* aus Brandenburg, der spätere *Mehmed Ali,* gebracht, der im Sommer 1847 als Schiffsjunge von einer Hamburger Dreimastbark in den Bosporus sprang und dreißig Jahre später als türkischer Marschall die Pforte auf dem Berliner Kongreß vertrat, von Bismarck ungnädig als ‚der Magdeburger' apostrophiert."

4   DIE WÜNSDORFER MOSCHEE (1914–1924)

Kaiser Wilhelm II. hatte am 8. November 1898 am Grabe Saladins des Großen in Damaskus gegenüber dem Sultankalifen erklärt: „Mögen Seine Majestät der Sultan und die dreihundert Millionen Mohammedaner, welche auf der Erde verstreut leben und in ihm ihren Kalifen verehren, dessen versichert sein, daß zu allen Zeiten der deutsche Kaiser ihr Freund sein wird."

Als dann im Jahre 1914 in Wünsdorf bei Zossen, nahe Berlin, ein „Mohammedanisches Gefangenenlager" angelegt wur-

de, löste der Kaiser sein Versprechen ein. Im Winter 1914 ließ er eine Moschee für die Gefangenen bauen. Dabei handelte es sich um einen in Rot und Weiß gehaltenen Holzbau von 18 Metern Durchmesser und einer Höhe von 12 Metern. Die Fenster waren blau verglast. Das Minarett hatte eine Höhe von 23 Metern.
Im Beisein der Spitzen fast aller Berliner Behörden sowie des Auswärtigen Amtes wurde die Wünsdorfer Moschee im Juni 1915 von dem damaligen kaiserlich türkischen Botschafter am Berliner Hofe, Ibrahim Hakki-Pascha, vormals Großwesir der Hohen Pforte, eingeweiht.
Die Gefangenen – zumeist waren es Tataren, Sibirier, Inder, Marokkaner, Algerier und Senegalesen – wurden von mehreren Imamen und Mullahs betreut. Es erschienen fünf islamische Zeitungen, die im Lager selbst bzw. in der Reichsdruckerei hergestellt wurden: *Kaukasien, Hindostan, Quarthulu Gasethi, Lagerzeitung für das Halbmondlager Wünsdorf* und *El-Dschihad*.
Das Lager hatte Raum für 4000 Gefangene. Die Gesamtzahl der von 1914 bis 1918 in deutsche Gefangenschaft geratenen moslemischen Soldaten belief sich auf rund 15.000 Mann.
Für die in der Gefangenschaft verstorbenen Moslems wurde eine Wegstunde von Zossen entfernt, in Zehrendorf, ein Soldatenfriedhof angelegt. Da Zossen heute nicht mehr einfach besucht werden kann, sei hier ein Bericht aus dem Jahre 1934 wiedergegeben, der aus der Feder des deutsch-moslemischen Historikers Chalid Albert Seiler-Chan stammt:
„In der Mitte der Friedhofsanlage steht unter Waldbäumen auf einer leichten Anhöhe, holzzaunumgittert und mit einem einfachen Holzportal versehen, ein schlichtes, kleines Kapellenhäuschen. Betritt man, angelockt von dieser weithin sichtbaren Architektur, den Friedhof, so hat man zur rechten Hand das Mohammad-Denkmal, ein grabähnliches, hohes Monument aus dunklem Sandstein. Die vier Ecken zieren vier steingehauene Turbane. Die Vorderseite zeigt unter Halbmond und Stern arabische

Schriftzeichen mit Texten aus dem Koran. Darunter finden sich in deutscher Sprache die Worte: ‚Grabstätte mohammedanischer Kasan-Tataren, die kriegsgefangen unter der Regierung Kaiser Wilhelms II. während des Weltkrieges starben.'
Umgeben ist das Mohammad-Denkmal von über 1100 Russengräbern; davon Hunderte in Reih und Glied ausgerichtet, wie ein Regiment; andere sind unregelmäßig über den Raum verteilt.
Einige Schritte vom Russentrakt entfernt liegt der Ruheplatz der indischen Soldaten. Zwei portalähnliche Säulen aus weißem Sandstein weisen den Eingang. Die rechte der Säulen enthält eine Inschrift in deutscher Sprache. Sie lautet: ‚Hier ruhen Soldaten des britischen Reiches, welche während des Weltkrieges 1914–1918 in Deutschland starben. Die durch ihre Gräber geweihte Erde ist ewiger Besitz, durch Vertrag mit dem deutschen Volke gesichert. Auf daß ihre Überreste immer in Ehren gehalten werden.' Auf der gegenüberliegenden Säule links liest man unter eingemeißeltem Kreuz die Worte: ‚Cementry Register', d. h. Friedhofsregister. In diese Säule ist die Totenliste eingemauert.
Hat man das Portal durchschritten, so steht man vor einem hohen, roten Gedenkstein, profiliert von zwei grünen Säulen. Unter Halbmond und Stern findet sich eingemeißelt eine Koransure in arabischer Sprache und Schrift. Dann folgen die deutschen Worte:
‚Es gibt keinen Gott außer Gott und Mohammad ist Gottes Prophet.' Und noch weiter unten der deutsche Korantext: ‚Wir schritten die Wege, die uns die Allmacht gab, von der Bahn seines Schicksals weicht keiner auf Erden ab. In welchem Lande einem Menschen bestimmt, dort und sonst nirgends findet er Tod und Grab.' Nun noch ein Pentagramm, das ist der fünfstrahlige Davidstern und die Worte: ‚Ein jegliches Ding auf Erden ist vergänglich, und es bleibt allein das Antlitz des Herrn in seiner

Erhabenheit und Größe. – 55. Koransura, Der Allbarmherzige.'
Linker Hand von diesem säulengeschmückten Denkmal steht, wie bei den Russen, ein sarkophagartiger Gedenkstein mit indischen Lettern in der Urdusprache. Die deutsche Übersetzung lautet: ‚Es ist ein Gott – er ist der Sieger. – Zur Erinnerung an die tapferen mohammedanischen Hindus und Sikhs, die geweiht waren, ihr Leben im großen Krieg für den König und ihr Land hinzugeben.'
Auf diesem englischen Friedhof ruhen über 600 indische Soldaten. An ihn schließt sich der französische Friedhof mit 700 Gräbern an. Es ruhen dort Spahis, Turkos, Tirailleurs und Angehörige anderer französischer Kolonialregimenter.
Ein hoher Gedenkstein fällt ins Auge, davor eine gebeugte Frauengestalt mit gesenktem Haupte. Zu ihren Füßen liegt ein großer Lorbeerkranz aus Metall. Die französische Inschrift lautet in deutscher Übersetzung: ‚Das Schicksal hat es nicht anders gewollt. Es beschloß euren erhabenen Tod in Ehren, o unglückliche Gefangene, die ihr unter diesen Steinen ruht. Schlafet im Frieden des Ruhmes, welcher beim Niedersteigen vom Gipfel mit seinem Flügel im Vorübergehen euch schon berührt hat.'
Nach allen vier Himmelsrichtungen sind Platten in den Boden eingesenkt. Sie tragen die schon völlig verwitterten Namen von 400 toten Soldaten. Die Rückseite des Gedenksteins trägt die Worte: ‚Unseren in der Gefangenschaft verstorbenen Kameraden.'
Zählt man die Toten, die auf diesem Waldfriedhof ruhen, so sind es ungefähr 2700, nämlich 1100 Russen, 600 Inder und 700 französische Kolonialsoldaten aus Afrika. Dazu kommen noch über 300 Gräber von deutschen Soldaten, Soldatenfrauen und Krankenschwestern. Auch einige Kindergräber sind zu finden."
Nach dem Kriege diente das Lager Wünsdorf unter der Leitung des turkestanischen Mullahs, Imam Idris, zunächst

russischen Emigranten als Zufluchtsstätte. Auch bei ihnen handelte es sich zumeist um moslemische Tataren. Am 1. Mai 1922 wurde das Lager dann endgültig geschlossen. Es war dann Imam Idris, der alle Anstrengungen unternahm, um die Wünsdorfer Moschee in den Dienst der in Berlin und im übrigen Deutschland lebenden Moslems zu stellen. Er fand dabei die Unterstützung des Berliner Orientclubs und des „Bundes der Asienkämpfer". Es gab Schwierigkeiten, denn die Moschee war zwischenzeitlich in den Besitz des Auswärtigen Amtes übergegangen und nicht mehr ohne weiteres für die Moslems zugänglich. Daß sie schließlich wieder für Gebetsandachten geöffnet werden konnte, ist der Fürsprache des Vorsitzenden der Deutschen Gesellschaft für Islamkunde, Professor Dr. Georg Kampfmeyer, zu danken. Chalid Seiler-Chan schreibt: „Man darf sagen, daß damals fast alles Moslems Berlins und viele moslemische Gäste aus dem übrigen Deutschland nach Wünsdorf gepilgert sind, um ihren religiösen Bedürfnissen und Pflichten zu genügen." Im Jahre 1924 mußte die Moschee jedoch wegen Baufälligkeit geschlossen werden. Sie wurde 1925/26 abgerissen.

5   DIE ZWEITE GEMEINDEGRÜNDUNG (1922–1945)

Am 27. April 1922 wurde in Berlin unter der Leitung von Professor Jabbar-Kheiris aus Indien die „El-Djamah ul-Islamiye fi Berlin", die islamische Gemeinde in Berlin, gegründet. Ihr gehörten Moslems aus 41 Nationen an. Die Gemeinde verstand sich als „Zusammenschluß aller in Berlin und in Deutschland weilenden Moslems und Mosleminnen zum Dienst am Islam". Nach dem Fortfall der Wünsdorfer Moschee fanden die Gottesdienste und Gemeindeversammlungen in den verschiedensten Lokalitäten von Groß-Berlin statt: im Schloß Wannsee, im Humboldthaus, im Orientalischen Club, im Hindustanhaus, im Tiergartenhof sowie auf dem Dach der Sternwarte in Treptow.

Während dieser Zeit entstand der Plan zum Bau einer Zentralmoschee für Berlin. Vorgesehen war ein Gebäude von fünf Stockwerken Höhe und einer Breite von 50 sowie einer Länge von 70 Metern; flankiert von zwei 65 Meter hohen Minaretten. Der Moschee sollten ein Studentenheim, ein orientalisches Restaurant, ein Moslem-Hotel, Clubräume verschiedenster Art und Wohnungen für die Beamten der Gemeinde angegliedert werden. Die einzelnen Anlagen sollten zudem je nach der nationalen Sonderart der verschiedenen orientalischen Völkerschaften eingerichtet werden.
Am 7. August 1923 wurde schließlich am Kaiserdamm in der Nähe des Bahnhofs Witzleben von Imam Mubarik Ali der erste Spatenstich zur Grundsteinlegung dieser Moschee getan. Der Bau konnte jedoch nicht vollendet werden. Die Gemeinde hatte offensichtlich ihre finanziellen Möglichkeiten überschätzt. Die Bauarbeiten mußten schließlich eingestellt und das Mauerwerk eingerissen werden.
Strenggenommen kann man von organisiertem islamischem Gemeindeleben in Deutschland allerdings erst ab dem Jahre 1924 sprechen, als der indische Imam Maulana Sadr-ud-Din von der Bewegung Ahmadiyya Anjuman Isha'at-i-Islami (nicht zu verwechseln mit der Ahmadiyya-Bewegung bzw. -Mission aus Qadian/Rabwah) im Hause Giesebrechtstraße 5/III in Berlin-Charlottenburg eine Moslemgemeinde gründete mit dem Ziel, hier eine Moschee zu errichten, die nach den Vorstellungen seiner in Lahore ansässigen Gemeinschaft zum Zentrum des Islams in Europa werden sollte.
Am 13. September 1924 wurde auf dem Grundstück Briennerstraße 7/8 in Berlin-Wilmersdorf, in der Nähe des Fehrbelliner Platzes, der erste Spatenstich getan; die Grundsteinlegung erfolgte am 9. Oktober 1924.
Die Moschee ist von dem Berliner Architekten Herrmann erbaut worden. Als Vorbild diente ihm dabei das „Tadsch Mahal" bei Agra. Es handelt sich um einen Kuppelbau von 26 Metern Höhe; flankiert von zwei 32 Meter hohen

Minaretten. Moschee und Gemeindezentrum sind von einer anmutigen Gartenanlage umgeben.

Die Einweihung des Betsaals wurde am 26. April 1925 von dem Imam der Gemeinde, Maulana Sadr-ud-Din, vorgenommen. An den Feierlichkeiten nahmen unter anderen der türkische Botschafter General Kemal-ud-Din Sami Pascha, der persische Gesandte Saddyhoss Saitaneh Sadri und der afghanische Gesandte General Sirdar Ghulam Siddiq Khan teil. Endgültig in Dienst gestellt wurde das Zentrum erst im Jahre 1926/27.

Die Berliner Moschee stand von Anfang an den Moslems aus allen Nationen offen. Der Imam sagte bei der Einweihung: „Unsere Moschee wird von der Einheit Gottes und der Brüderlichkeit unter den Menschen eine beredte Sprache sprechen. Dieses Gotteshaus soll verkünden, daß es nur einen einzigen Gott gibt über uns allen. Es wird hinaus ins Land rufen, daß wir alle Propheten ohne Unterschied: Abraham, Moses, Jesus Christus und Mohammad gleicherweise verehren sollen, und daß wir an alle heiligen Bücher gleicherweise glauben, an das Alte wie das Neue Testament und an den Koran." Im Jahre 1930 gab sich die deutsche Moslemgemeinde den Namen „Deutsch-Moslemische Gesellschaft" e. V.

An der Moschee lehrten bekannte islamische Theologen wie die Professoren Dr. Nazir-ul-Islam und Dr. Salim Mohammad Abdullah, unter dessen Leitung die Moschee Berlin bald zu einem Mittelpunkt islamischer Literatur in Europa wurde. Im Verlag der Moschee erschienen bis 1939 eine große Anzahl wertvoller Publikationen in deutscher Sprache, die heute größtenteils in der Bibliothek der Freien Universität Berlin oder in der Nationalbibliothek in Washington zu finden sind. Vor allem die von Professor Abdullah redigierte *Moslemische Revue* (gegründet im April 1924, letzte Ausgabe 1940) war in jener Zeit ein Begriff für die Fachwelt. Im Jahre 1938 erschien als Glanzstück des Moschee-Verlages die *erste arabisch-deutsche Koranausgabe,* übersetzt von Maulana

Sadr-ud-Din. Der Gelehrte versah sein Werk mit einem ausführlichen Kommentar, der speziell für deutsche und christliche Leser bestimmt war. Im Vorwort heißt es: „Man betrachtet den Islam in Deutschland mit einer erfreulichen Vorurteilslosigkeit. Daher bin ich sicher, daß die deutsche Öffentlichkeit diese aus der Feder eines Moslems stammende Übersetzung freundlich aufnehmen wird." Der Koran wurde 1964 neu aufgelegt.

In der Tat versammelt sich in jenen Jahren um die Moschee in der „Deutsch-Moslemischen Gesellschaft" alles, was auf dem Gebiet der Orientalistik Rang und Namen hatte. Auf ihrem Höhepunkt zählten zur islamischen Gemeinde, die sich über das gesamte Reichsgebiet erstreckte, 1500 Personen, darunter auch bekannte Persönlichkeiten aus der fachbezogenen Wissenschaft. Als Professor Abdullah 1939 Deutschland verließ, übernahm den Predigtdienst vorübergehend der ägyptische Theologe Professor Dr. Aḥmad Galwash, der noch heute an der Al-Azhar-Universität zu Kairo lehrt und Verfasser einer englischsprachigen islamischen Dogmatik ist. Zu den Freitagspredigern an der Berliner Moschee gehörte während der ersten Kriegsjahre auch der spätere Präsident des „Islamischen Weltkongresses" und Vorsitzende der Ulama-Konferenz, Ḥādjj Moḥammad Amīn al-Ḥussajnī, der in der Kielallee residierte.

Als das islamische Zentrum im Jahre 1926/27 voll funktionsfähig war, wurde das Islam-Institut gegründet, das mit einem Archiv, einem Informationsbüro und einer Bibliothek verbunden war und mit einer sogenannten „kultischen Abteilung", die am 7. Januar 1929 vom Ausschuß der deutschen Moslems organisiert wurde. Die arabische Studentenschaft an der Friedrich-Wilhelm-Universität schloß sich in der „Islamiya – Akademisch-Islamische Vereinigung" zusammen und die der Technischen Hochschule Charlottenburg im arabischen Studentenbund „Arabiya". Organisator und Leiter dieser Institutionen war der Syrer Hādjj Mohammad Nasi Tschelebi. Er gab auch die Zeitschriften *Islamische*

Gegenwart, Der Islamische Student und das *Islam-Echo* heraus.
Außerdem bestanden im Umfeld der „Deutsch-Moslemischen Gesellschaft" eine „Deutsch-Türkische Vereinigung", die am 27. Dezember 1924 gegründete „Gesellschaft für Islamische Gottesverehrung", ferner der Türkische Club, der Orientclub, die kaukasischen Studentenschaften von Aserbeidschan und Georgien und die am 30. November 1922 gegründete „Deutsch-Ägyptische Vereinigung". Hinzu kommen die bereits 1918 gegründete „Deutsch-Persische Gesellschaft" und die Ṣūfī-Bewegung unter der Führung von Kazem-Zadeh Iranschaer, der auch als Freitagsprediger in der Moschee hervortrat. Aktiv tätig waren auch die Usbekial- und Turkestan-Delegationen und der persische Studentenverein „Iran".

Beim Kampf um die alte Reichshauptstadt trug das islamische Gotteshaus schwere Schäden davon. Als sich schließlich die Wolken des Krieges verzogen hatten, waren die schlanken Minarette, die bis hinüber zum Fehrbelliner Platz gegrüßt hatten, zerstört. Gleich nach dem Kriege übernahm mit Imam Mohammad Aman Hobohm der erste deutschstämmige Moslemtheologe die Geschicke der islamischen Gemeinschaft in Deutschland. Wenngleich es ihm bis zu seinem Weggang im Jahre 1954 gelang, die durch die Kriegs- und Nachkriegswirren zerstreute Gemeinde weitgehend wieder zu sammeln, konnten an der Moschee infolge der sehr beschränkten finanziellen Mittel nur geringe Reparaturen durchgeführt werden, die gerade ausreichten, die bauliche Substanz notdürftig zu sichern. Alle weitergehenden Bemühungen der folgenden Jahre wurden schließlich durchkreuzt, als die Moschee in der Weihnachtszeit des Jahres 1974 vom Hochwasser betroffen wurde, das selbst die im Inneren des Gotteshauses ausgelegten kostbaren Gebetsteppiche zerstörte. Imam Mohammad Yahya Butt, seit 1959 Leiter der Gemeinde, schrieb seinerzeit: „Weder die Moslems in Berlin noch die Gründergemeinde sind in der Lage, die erforderli-

chen Mittel aufzubringen, um den Fortbestand der Moschee zu sichern."
Vor dem endgültigen Verfall wurde das traditionsreiche Gotteshaus schließlich durch den Berliner Senat gerettet. Er stellte gegen Ende des Denkmalschutzjahres 1975 der Gemeinde 215.000 DM zur Verfügung, und so konnte der Imam schließlich noch rechtzeitig zum 50. Jubiläum der Moschee den Architekten Wolfgang Noack mit einer gründlichen Renovierung beauftragen. Allerdings kann auch jetzt noch nicht mit dem endgültigen Wiederaufbau der charakteristischen Minarette gerechnet werden. Dazu wären weitere 800.000 DM erforderlich.
Ein Blick in das Gästebuch der Berliner Moschee vermittelt etwas von dem internationalen Flair, der das islamische Zentrum bis zum Beginn des Zweiten Weltkrieges umgab. Einige Besucher seien hier genannt: Der Agha Khan (Agha Sultan Mohammad Schah), seinerzeit Präsident des Völkerbundes; der Drusenführer Emir Chekib Arslan; die Prinzen von Haiderabad: Jada Hawal Bahadur und Za Hawal Mirzam Bahadur; der international bekannte Islamforscher Baron de Montagnac-Veörös; Fi Moussa Douhali, Sohn des seinerzeitigen Scheich-ül-Islam von Marokko; Al-Hadj Amir Hassanuddin, Prinz von Koeti; der Maharadscha von Baroda; Prinzessin Sajada; der Sultan von Bhopal; Sir Mirza Ismail, Premierminister von Mysore; Sir Liakat Ali, Minister des Staates Bhopal; Sir Abdul Qadir, Richter am Obersten Gerichtshof Indiens.
Es finden sich auch die Unterschriften der moslemischen Teilnehmer an der Olympiade von 1936 in Berlin.
Im Mai 1936 besuchten über 60 evangelische und katholische Theologen das Islamische Zentrum, um sich von Imam Professor Abdullah über die Lehren des Korans und des Propheten Mohammed informieren zu lassen.
Es bliebe noch zu erwähnen, daß der 1938 verstorbene islamische Reformer und Dichter-Philosoph Sir Mohammad Iqbal ein Freund und Förderer der Moschee in Berlin war.

Um die zweite Gemeindegründung in Berlin haben sich besonders verdient gemacht:
Dr. Hamid Marcus; Amin Boosfeld; Chalid-Albert Seiler-Chan; Omar Schubert; Mohammad Aman Hobohm.
Am 23. November 1977 berichtete die *Deutsche Welle* in ihren „Nachrichten aus der Welt des Islam":
„In Anerkennung seiner ‚großen Verdienste' um die Bundesrepublik Deutschland hat Bundespräsident Walter Scheel dem islamischen Theologen und Diplomaten Mohammad Aman *Hobohm* den Verdienstorden der Bundesrepublik Deutschland verliehen. Hobohm, der seit einigen Monaten an der deutschen Botschaft in London tätig ist, empfing die Auszeichnung aus der Hand von Botschafter Ruete. An der Ehrung nahm auch der Generalsekretär des ‚Islamrates für Europa', Minister Salim Azzam (Saudi-Arabien), teil.
In seiner Laudatio verwies der Botschafter darauf, daß Hobohm einer der wenigen Deutschen sei, die konsequent und mit Einsatz ihrer ganzen Persönlichkeit ‚eine Brücke zwischen Deutschland und der Glaubenswelt des Islam geschlagen' hätten. Die Anerkennung und Freundschaft, die er dabei bei seinen islamischen Glaubensbrüdern überall in der Welt als Deutscher gefunden habe, hätten sich auch auf die Beziehungen der Bundesrepublik zu den islamischen Ländern ‚vielfältig und fruchtbar ausgewirkt'.
‚Im besten Sinne des Wortes sind Sie ein lebendiges Bindeglied zwischen uns und diesen für die Zukunft unserer Welt und für den Weltfrieden überaus wichtigen Staaten und Völkern geworden', sagte der Botschafter.
Hobohm habe seine engen Kontakte zum ‚Islamischen Weltkongreß', zur ‚Weltmoslemliga' und zum Generalsekretär der ‚Islamischen Konferenz der Außenminister' vielfach zum Wohl der Bundesrepublik genutzt.
Mohammad Aman Hobohm war nach dem Zweiten Weltkriege bis 1954 Imam der Moschee Berlin und Vorsteher der deutschen Moslemgemeinde. Anschließend

trat er in den Auswärtigen Dienst ein und war in Indonesien, Pakistan, Somalia und in Sri Lanka tätig. 1967 wurde er ‚wegen seiner Verdienste um den Islam' mit dem ‚Stern von Pakistan' ausgezeichnet. 1970 wählte ihn die ‚International Islamic Organization' zu ihrem Vizepräsidenten. Der Botschafter hob besonders die Rolle Hobohms bei der Gipfelkonferenz der blockfreien Staaten (1976) in Colombo hervor und während seiner Tätigkeit in Somalia. Seine Arbeit habe sicherlich dazu beigetragen, ‚daß in Somalia die Atmosphäre des Vertrauens geschaffen wurde, die einen tragischen Ausgang der jüngsten Lufthansa-Entführung vermeiden half'."

6 DIE „MULLAH-SCHULEN" DER WEHRMACHT UND DER SS IM DRITTEN REICH

Nach Angaben des Freiburger Militärhistorikers Dr. Joachim Hoffmann haben im Zweiten Weltkrieg „kaum weniger als eine Million kriegsgefangener sowjetischer Soldaten auf deutscher Seite gedient". Unter ihnen waren zwischen 150.000 bis 250.000 Angehörige nichtslawischer Minderheitenvölker aus dem Gebiet der Sowjetunion: Turkestaner, Kaukasier, Krim- und Wolgatataren unter anderen. Sie waren in den sogenannten Ostlegionen zusammengeschlossen und der deutschen Wehrmacht eingegliedert worden bzw. in SS-Verbänden rekrutiert. Die Angehörigen dieser Einheiten bekannten sich überwiegend zum Islam.

Um ihre geistliche Betreuung zu gewährleisten und „um zudem einen gleichmäßigen Wissensstand aller in den Ostlegionen tätigen Vorbeter (Imame/Mullahs) sicherzustellen", wurden ab Juni 1944 in Verbindung mit dem Islam-Institut der Universität Göttingen sogenannte „Mullah-Lehrgänge" veranstaltet, die von dem bekannten Orientalisten Professor Dr. Bertold Spuler geleitet wurden. Wie Hoffmann in seinem Buch *Die Ostlegionen 1941–1943* schreibt, hatten an diesen

Lehrgängen „alle muslimischen Geistlichen, auch die bereits amtierenden, nach und nach teilzunehmen". Bis Ende des Jahres 1944 wurden insgesamt sechs solcher Schulungen mit einer durchschnittlichen Dauer von drei Wochen in Göttingen durchgeführt; „nach übereinstimmendem Urteil mit sehr gutem Erfolg", wie Hoffmann schreibt.

Die Feldgeistlichen der moslemischen SS-Verbände wurden seit März 1944 in einer von der „Arbeitsgemeinschaft Turkestan" in Dresden gegründeten „Schule für die Ausbildung von Mullahs für die turkotatarischen und kaukasischen Freiwilligenverbände der SS" ausgebildet.

Der deutschen Wehrmacht waren zuletzt sechs Legionen und der SS drei Divisionen, eine Brigade und ein Waffenverband zugeordnet. Der Großteil der Angehörigen dieser Verbände war in den Kriegsgefangenenlagern angeworben worden. Viele von ihnen hatten den Weg in die Gefangenschaft freiwillig angetreten, um an der Seite der deutschen Truppen für die Befreiung ihrer bereits vom zaristischen Rußland annektierten Heimatgebiete zu kämpfen. Tausende von ihnen sind im Kampf für dieses Ziel gefallen.

In der Diskussion um die moslemischen Legionen wird allzuoft übersehen, daß die Sowjetunion die letzte große Kolonialmacht der Erde ist, ohne daß sie deshalb getadelt würde. Sie hat nach der Oktoberrevolution die vom Zaren annektierten islamischen Gebiete wie selbstverständlich übernommen. Zwar hatte Lenin den Moslems die Freiheit versprochen, aber eingelöst wurde dieses Versprechen nie. Das Beispiel Afghanistans zeigt, daß die Sowjetunion die gegen die islamischen Völker Zentralasiens gerichtete Annektionspolitik des zaristischen Rußland konsequent fortsetzt. Die moslemischen Soldaten in der deutschen Wehrmacht waren ebensowenig Faschisten wie die Freiheitskämpfer in Afghanistan.

In diesem Zusammenhang darf die „Bosnische Muselmanische Division" nicht unerwähnt bleiben, die im Jahre 1943 in Frankreich beinahe die Fackel zu einem allgemeinen Aufstand gegen das nationalsozialistische System angezündet hätte, wären die Pläne nicht vorzeitig entdeckt und verraten worden. Einem Bericht der Wiener Tageszeitung *Die Presse* aus dem Jahre 1947 zufolge war die meuternde Division seinerzeit nach Bosnien verlegt worden, wo allerdings die Mehrheit der moslemischen Soldaten zum sogenannten „Grünen Kader" übergelaufen sei. Aus den dezimierten Resten der Division hat die SS kurz vor Kriegsende mehrere Strafkompanien gebildet, die unbarmherzig in den sinnlosen Kampf getrieben worden seien. Lediglich etwa 800 Angehörige dieser Strafeinheiten haben sich dem Zeitungsbericht zufolge seinerzeit nach Österreich und später nach Süddeutschland absetzen können.

7 DIE MOSLEMISCHEN EINWANDERER NACH 1945

Wenn man in der Bundesrepublik Deutschland von der Präsenz des Islams spricht, dann sind damit zumeist die Moslems gemeint, die ab den sechziger Jahren aus der Türkei und Jugoslawien zu Hunderttausenden in die industriellen Ballungsräume an Rhein, Ruhr und Main eingeströmt sind, um hier, begünstigt durch den wirtschaftlichen Boom, Arbeit und Verdienst für sich und ihre Familien zu finden.
Sehr wenig weiß man hingegen von jenen Menschen islamischen Glaubens, die nach 1945 als „Strandgut des Krieges" vornehmlich in Süddeutschland hängengeblieben sind: von den Angehörigen nationaler moslemischer Minderheitengruppen aus der Sowjetunion und den Ländern des heutigen kommunistischen Blocks – Aserbeidschaner, Krim- und Wolgatataren, Nordkaukasier, Baschkiren, Turkestaner und Usbeken; dazu Jugoslawen und Albaner. Viele von ihnen leben mit ihren Familien noch heute unter uns, vor allem im bayerisch-fränkischen Raum, Baden-Württemberg, Hessen und Niedersachsen.

Dabei verfügen diese ehemaligen Flüchtlinge über die wohl am besten organisierte moslemische Gemeinschaft in der Bundesrepublik. Unter ihnen hatte sich, lange bevor die große Migrationswelle aus der Türkei Westeuropa erreichte, bereits ein geregeltes islamisches Gemeindeleben entwickelt, finanziell unterstützt von der Bundesregierung und der Bayerischen Staatsregierung. Die einzelnen Nationalitätengruppen werden heute von der „Geistlichen Verwaltung der Muslimflüchtlinge in der Bundesrepublik Deutschland" mit Sitz in München betreut. Die Gemeinschaft unterhält darüber hinaus zahlreiche Filialgemeinden und Moscheeräume, in denen auch Religionsunterricht für moslemische Kinder erteilt wird: in Nürnberg, Neu-Ulm, Augsburg, Pforzheim, Erlangen, Bamberg, Waldkraiburg, Schwabach, Forchheim, Dieburg und Osnabrück.
Die zwei Imame der „Geistlichen Verwaltung" – mit Sitz in München und Nürnberg – achten darauf, daß in ihrem großen Amtsbereich die islamischen Feiertage würdig begangen werden. Sie besuchen Kranke und Gefangene, versuchen in Not geratenen moslemischen Familien zu helfen und sorgen schließlich dafür, daß die Verstorbenen fernab ihrer angestammten Heimat nach ihrem Ritus bestattet werden. Außerdem betreuen die Geistlichen die arabisch-moslemischen Flüchtlinge und Asylbewerber im Lager Zirndorf bei Nürnberg. Dem Zusammenhalt der weitverstreut lebenden Gemeindemitglieder dient ein Magazin mit dem Titel *Al-Muhadschirun* (Die Flüchtlinge), das in München erscheint. Vor einigen Jahren wurde zudem ein „Islamischer Fernunterricht" konzipiert. Er soll vor allem die Eltern anregen, ihren Kindern die Lehren des Korans und die Inhalte der islamischen Traditionen in zeitgemäßer Form zu vermitteln. Die „Geistliche Verwaltung" mißt gerade diesem Medium große Bedeutung bei. Die Nachfrage sei überraschend groß und reiche weit über den Rahmen der Flüchtlingsgemeinschaft hinaus.
Die moslemische Emigrationswelle erreichte im Mai 1945

das damalige Reichsgebiet. Es waren hauptsächlich kaukasische Familien – Männer, Frauen, Kinder, darunter viele alte Menschen –, die sich den zurückflutenden deutschen Truppen angeschlossen hatten, um nicht den Sowjets in die Hände zu fallen. Sie kamen über Südtirol, den Plöckenpaß und den Gailbergsattel in die Gegend von Oberdrauburg, wo sich die Engländer ihrer annahmen. Kurze Zeit später stellten diese in Dellach im Drautal einen 7000 Menschen umfassenden Treck zusammen und lieferten ihn am 28. Mai 1945 bei Irschen den Sowjets aus und damit dem sicheren Tod. Fünfzehn Jahre später, am 23. Oktober 1960, wurde in Irschen, direkt neben der Straße, über die die Unglücklichen gezogen waren, ein Mahnmal enthüllt. Von denen, denen es seinerzeit gelungen war, in Österreich zu bleiben, leben heute noch rund 6000 in der Bundesrepublik, weitere 1400 in Österreich selbst und rund 1000 in Norditalien. Die ersten religiösen Gruppierungen hatten sich bereits 1945/46 in den Auffanglagern gebildet. Da ihnen jedoch die notwendigen wirtschaftlichen Grundlagen fehlten, waren sie bald wieder aufgelöst worden. So die „Türkische Studentengemeinde" im Lager Mittenwald, gegründet von Professor Alimcan Idris und die „Jama'at ul-Islam" im mittelfränkischen Lager Schwabach, gegründet von den Professoren Namitok, Abdurrahman Kunta und Achmetcan Omerhan. Im Lager Schwabach, das als „Türkisches Lager" in die Geschichte der moslemischen Emigration aus dem Osten eingegangen ist, konnte schließlich doch noch von dem jetzigen Hauptimam Djemaleddin Ibrahimović der Grundstein zur heutigen islamischen Flüchtlingsorganisation gelegt werden. Sitz dieser ersten funktionsfähigen Gemeinschaft wurde nach der Auflösung des Lagers Schwabach im Jahre 1951 zunächst das bekannte „Valka-Lager" bei Nürnberg.
Sechs Jahre später einigten sich nach langwierigen Verhandlungen die Leiter der nationalen moslemischen Volksgruppen in der Bundesrepublik auf eine gemeinsame Konstitution. Die Bundesregierung erklärte sich bereit, die Bestre-

bungen der Moslems zu unterstützen unter der Voraussetzung, daß an der Spitze ihrer Gemeinschaft ein ausgebildeter Theologe stehe, daß die Gemeinschaft sich politischer Aktivitäten enthalte und daß sie die Seelsorge für die moslemischen Flüchtlinge übernehme. Der Verpflichtungskatalog nennt außerdem Tätigkeiten wie die Erteilung eines islamischen Religionsunterrichts an Flüchtlingskinder, Durchführung der Freitags- und Festtagsgebete in dafür geeigneten Räumen, die Vornahme von Trauungen, der Beschneidung und die Bestattung der Toten nach religiösem Brauch.
Nachdem die Moslems ihrerseits diese Bedingungen der Regierung akzeptiert hatten, konnte am 29. März 1951 im Löwenbräukeller in München die heutige „Geistliche Verwaltung der Muslimflüchtlinge" gegründet werden. Zum ersten Hauptimam wurde Nureddin Namangani bestellt, der während des Zweiten Weltkrieges und später im Kriegsgefangenenlager Pisa Feldgeistlicher einer moslemischen Militäreinheit gewesen war. Seit Ende 1974 leitet Hauptimam Djemaleddin Ibrahimović aus Nürnberg die „Geistliche Verwaltung", derselbe Mann, der 1951 den Grundstein zu dieser Organisation gelegt hatte. Nach den vordringlichsten Anliegen seiner Gemeinschaft befragt, sagte der Geistliche: „Unsere Zukunft hängt von der Anerkennung der islamischen Religionsgemeinschaft durch den deutschen Staat ab, sie ist für uns lebenswichtig. Das Schicksal der moslemischen Minderheit in diesem Lande liegt praktisch in den Händen der deutschen Behörden. Dabei muß bedacht werden, daß ein großer Teil der moslemischen Flüchtlinge bereits heute voll in die deutsche Gesellschaft integriert ist. Das läßt sich dadurch belegen, daß etwa 99 Prozent der männlichen Mitglieder der von der Geistlichen Verwaltung betreuten islamischen Gemeinden mit deutschen Frauen verheiratet sind."
Bei allen Überlegungen im Zusammenhang mit der Anerkennung müßten die zuständigen Bundes- und Landesbehörden einkalkulieren, daß etwa 70 Prozent dieser Ehen nach

islamischer Tradition geführt werden: „Die Kinder wachsen also als Moslems auf und betrachten sich gleichzeitig als Deutsche. Daher müssen wir bei aller Dankbarkeit für die moralische und finanzielle Hilfe, die wir immer wieder durch die Behörden erfahren haben, um mehr Verständnis für unsere berechtigten Anliegen bitten und dafür, daß wir auch als deutsche Bürger an unserer religiösen Tradition, am Islam, festhalten möchten."
Auf die christlich-islamische Begegnung angesprochen, erklärte Ibrahimović, daß seine Organisation über gute Kontakte zum Außenamt der Evangelischen Kirche in Deutschland in Frankfurt am Main, zum Katholischen Auslandssekretariat in Bonn und zu anderen ähnlichen Einrichtungen verfüge. Im übrigen verlange der Koran von jedem Moslem, daß er sich um gute Beziehungen zu den Christen bemühe: „Die Geistliche Verwaltung nimmt diesen Auftrag der heiligen Schrift des Islam sehr ernst und ist daher auch Mitglied in der islamisch-christlichen Arbeitsgruppe zu Ausländerproblemen."
In den vergangenen zwanzig Jahren sei es der „Geistlichen Verwaltung" gelungen, gute Kontakte zu katholischen und evangelischen Kirchengemeinden vor allem im bayerischen Raum zu knüpfen. Dadurch habe man über die Anliegen und Nöte der moslemischen Flüchtlinge gewissermaßen „vor Ort" diskutieren können. Es seien wertvolle Erfahrungen gemacht und dauerhafte Freundschaften geknüpft worden. Dennoch hat die Geschichte der islamischen Emigration in der Bundesrepublik auch ihre Schattenseiten. Die „Geistliche Verwaltung" bedauert, daß es ihr trotz intensiver Bemühungen nicht gelungen ist, alle islamischen Flüchtlinge zu vereinigen. Bereits vor der Gründung hatten die Leiter der nationalen Volksgruppen einen Vorstoß unternommen, mit dem Ziel, ihre Organisationen mit der bereits bestehenden „Religionsgemeinschaft Islam in der Bundesrepublik" in München zu vereinigen. Obwohl sie die Mehrheit der moslemischen Flüchtlinge repräsentierten, hatten sie sich

bereit erklärt, die Gemeindeordnung der „Religionsgemeinschaft Islam" zu akzeptieren. Ein gestellter Aufnahmeantrag wurde jedoch von der Minderheitengruppe abgelehnt. Die daraufhin erfolgte Gründung der „Geistlichen Verwaltung" hatte zu innerislamischen Auseinandersetzungen um den Vertretungsanspruch geführt, bis schließlich die Bayerische Staatsregierung, das Bundesflüchtlingsministerium und das Büro der heimatlosen Ausländer den Streit zugunsten der „Geistlichen Verwaltung" entschieden. Dieser Entscheidung hatten sich bald darauf die Vertretungen der islamischen Länder in Bonn angeschlossen. Heute betreut die „Geistliche Verwaltung" über 90 Prozent der moslemischen Flüchtlingsfamilien in der Bundesrepublik. Die moslemischen Flüchtlinge und ihre Gemeinden in der Bundesrepublik mußten sich zudem lange Jahre gegen den Vorwurf wehren, sie seien ihrem Glauben untreu geworden. Besonders die Förderung des Integrationsgedankens hatte frühzeitig den Zorn konservativer Organisationen im islamischen Ausland, insbesondere in der europäischen Diaspora, herausgefordert. Obwohl die „Geistliche Verwaltung" immer wieder deutlich zu machen suchte, daß ihre Integrationsbemühungen nicht mit Assimilation verwechselt werden dürften, stellte eine in London erscheinende islamische Zeitschrift noch in den sechziger Jahren den „Abfall der Moslemflüchtlinge in Deutschland vom Glauben" als warnendes Beispiel für die Diaspora dar. Man sprach und schrieb in diesem Zusammenhang von „Verrat am Islam". Von solchen und ähnlichen Angriffen ist heute allerdings keine Rede mehr. Die Flüchtlingsgemeinden in der Bundesrepublik unterhalten zwischenzeitlich freundschaftliche Beziehungen sowohl zum „Islamrat für Europa" in London als auch zur „Weltmoslemliga" in Mekka und zum „Islamischen Weltkongreß" in Karachi. Kontakte bestehen auch zur Al-Azhar-Universität in Kairo und zur Obersten Religionsbehörde in der Türkei. Für dieses freundliche Klima haben nicht zuletzt jene Moslems mit ihrem Beispiel gesorgt, die bereits in den ersten

Nachkriegsjahren von Deutschland, Österreich und Italien aus nach den USA, Kanada, Australien und Neuseeland auswandern konnten, wo sie blühende islamische Kolonien, Moscheen, Schulen und wissenschaftliche Institute gründeten. Sie trugen damit wesentlich zur Präsenz des Islams in jenen Teilen der Welt bei, wo bis dahin der Ruf des Propheten noch nicht erklungen war. So lebt beispielsweise der schwer bedrängte albanische Islam heute im freien Amerika fort.

8   DER „DEUTSCHE" ISLAM

Die Zahl der *deutschstämmigen* Moslems wird allgemein auf rund 1500 geschätzt; sie liegt wahrscheinlich jedoch niedriger. Wenngleich diese Zahl dem Vorkriegsstand entspricht, muß berücksichtigt werden, daß nur knapp 43 Prozent dieses Personenkreises in religiösen islamischen Vereinigungen organisiert sind. Es muß hier außerdem angemerkt werden, daß in der Statistik nicht jene Personen berücksichtigt worden sind, die aufgrund einer Eheschließung mit einem ausländischen moslemischen Partner zum Islam konvertiert sind. Die Erfahrung lehrt nämlich, daß diese Konversionen oft von vorübergehendem Charakter sind. Nicht nur, daß die Scheidungsquote in diesem sozialen Umfeld außerordentlich hoch anzusetzen ist. Hinzu kommt, daß der ehemals christliche Partner seinen Übertritt nach vollzogener Eheauflösung zumeist wieder rückgängig macht. Das mag die Übung der Statistik unterstreichen. In den letzten fünfzehn Jahren wurden rund 23.000 islamisch-christliche Ehen geschlossen, die größtenteils mit einer Konversion des christlichen Partners verbunden waren.

Die deutsche Vorkriegsgemeinde war durch die mittelbaren und unmittelbaren Folgen des Zweiten Weltkrieges erheblich dezimiert worden. Viele deutsche Moslems wanderten zudem bis 1955 ins islamische Ausland ab, andere resignierten

und zogen sich aus dem bekennenden Gemeindeleben zurück. Erste vorsichtige Erhebungen und Schätzungen, die um das Jahr 1947/48 angestellt wurden, sprachen von rund 300 deutschen Islamanhängern in Westdeutschland und Westberlin.
Die wichtigsten deutschen Islamorganisationen sind heute:

Die *Deutsch-Moslemische Gesellschaft* (Muslimische Mission – Die Moschee), Berlin; gegründet 1924; 160 Mitglieder.

Die *Deutsche Muslim-Liga e. V.,* mit Sitz in Hamburg. Die Deutsche Muslim-Liga ist nach der Deutsch-Moslemischen Gesellschaft die älteste rein deutsche Islamgemeinschaft. Sie wurde 1944 von Hamburger Gymnasiasten gegründet. Die Jugendlichen waren, von den staatlichen Instanzen ungehindert, zum Islam übergetreten. Der Gemeindegründer, Mahmud Heitmann, wollte in den Auswärtigen Dienst eintreten und lernte in diesem Zusammenhang in Berlin den damaligen Großmuftī von Jerusalem, Ḥādjj Moḥammad Amīn al-Ḥussajnī, kennen. Er trat zum Islam über und überzeugte später seine Freunde, sämtlich Mitglieder der Hamburger Marine-HJ. Sechs von ihnen wurden Moslems und gründeten die heutige Deutsche Muslim-Liga. Die Liga spielt im deutschen Islam eine besondere Rolle als Brücke der deutschen Moslems zum islamischen Ausland. Sie organisiert im Bundesgebiet etwa 100 Mitglieder.

Islamische Gemeinde Hamburg e. V. Die Gemeinde wurde 1950 gegründet und hat derzeit etwa 50 bis 60 Mitglieder. Ihr geistliches Zentrum ist die „Imam-Ali-Moschee" in Hamburg.

Islamische Gemeinde Deutschlands e. V., mit Sitz in Schwetzingen; gegründet 1955; etwa 45 Mitglieder.

Gemeinschaft deutschsprachiger Moslems im Lande Nordrhein-Westfalen e. V., Sitz Köln. Es handelt sich um eine deutsche Gründung auf Landesebene aus dem Jahre 1978 mit 120 mehrheitlich deutschstämmigen Mitgliedern.

Deutsche Moslemkonferenzen. Bei den Deutschen Moslemkonferenzen handelt es sich um einen losen Zusammenschluß kleinerer Gruppen deutschstämmiger Moslems und Einzelpersonen, die sich vierteljährlich an jeweils anderen Orten zu einem Gedankenaustausch treffen. Sie verstehen sich jedoch nicht als Dachverband deutscher Moslems. Die erste dieser Konferenzen fand 1976 statt. Die durchschnittliche Teilnehmerzahl liegt bei 40 bis 50 Personen.

Deutsche Moslemtreffen München, veranstaltet von der „Islamischen Gemeinschaft in Süddeutschland" e. V. Diese zweite deutsche Konferenzbewegung existiert seit Juli 1980. An dem ersten Treffen nahmen 130 Personen, darunter etwa 70 deutschstämmige Moslems, teil. Ziel der Bewegung ist die Einigung des Islams in Deutschland durch einen verstärkten innerislamischen Dialog.

Die Zahl der deutschstämmigen Moslems, die in ausländischen islamischen Vereinigungen im Bundesgebiet organisiert sind bzw. in übernationalen Gruppierungen, ist relativ gering. Sie dürfte bei maximal 150 liegen.

Will man den Bereich „deutscher Islam" insgesamt abdecken, muß ein weiterer Personenkreis berücksichtigt werden, der gewissermaßen ein Produkt der gesellschaftlichen Entwicklung in den letzten 35 Jahren ist: die *deutschsprachigen Moslems.*

Der Begriff „deutschsprachige Moslems" hat sich in den letzten fünf Jahren eingebürgert und beschreibt primär solche Moslems, die im Laufe der Jahre die deutsche Staatsbürgerschaft erworben und gleichwohl ihre „besondere islamische Identität" beibehalten haben. In erster Linie steht für diesen Personenkreis die *Geistliche Verwaltung der Muslimflüchtlinge in der Bundesrepublik Deutschland e. V.* mit Sitz in München.

Von den 6000 Gemeindemitgliedern haben zwischenzeitlich mehr als ein Viertel (über 1500) die deutsche Staatsbürgerschaft erworben. Hinzu kommen rund 2600 moslemische Türken und Moslems anderer Nationalitäten, die sich in den letzten Jahren einbürgern ließen. Insgesamt wird der Personenkreis „deutschsprachige Moslems" heute etwa 5000 Menschen umfassen, d. h. wir haben es im Bereich „deutscher Islam" mit rund 6500 Personen zu tun.

Über die *Moslems in der Deutschen Demokratischen Republik* liegen nur spärliche Informationen vor. In einem Gespräch mit der *Deutschen Welle* in Köln ging der Berliner Imam, Mohammad Yahya Butt, im Januar 1976 auf diese Frage ein, zumal die Berliner Moschee, über die Teilung Deutschlands hinweg, für die Gläubigen in der DDR zuständig ist. Demnach wohnen im kommunistisch regierten Teil Deutschlands etwa 150 deutsch-moslemische Familien, die allerdings nicht in Gemeinden oder gemeindeähnlichen Vereinigungen organisiert sind. Es besteht zwischen ihnen jedoch Kontakt. Der Imam seinerzeit: „Die Ost-Berliner Moslems besuchen die Moschee, so oft sie können, aber in den letzten Jahren ist es für sie immer schwieriger geworden." Sollte es einmal zu einer positiven Änderung der politischen Gesamtlage kommen, so hofft der Imam, wird sich in Mitteldeutschland schnell islamisches Gemeindeleben organisieren lassen.

Die Gesamtzahl der Moslems in der DDR wurde 1971 auf rund 2000 geschätzt; unter ihnen waren allerdings auch Ausländer.

Es sollte hier angemerkt werden, daß sich rund 5000 *österreichische* und etwa 500 *deutschsprachige schweizerische* Bürger zum Islam bekennen.

Was die religiöse und soziale Herkunft von deutschen Staatsbürgern angeht, die *zum Islam konvertiert* sind, kann auf eine Repräsentativumfrage zurückgegriffen werden, die im Frühjahr 1977 im Auftrage des „Islamischen Weltkongresses" durchgeführt worden ist (Basis 20 Prozent, bei ständiger Fortschreibung mit Befragungsschwerpunkten in

Nordwest- und Süddeutschland sowie in West-Berlin). Eine neue Umfrage auf der Basis von 33 Prozent soll bis Ende 1982 abgeschlossen sein.
Der Umfrage von 1977 zufolge gehörten 64 Prozent der deutschstämmigen Moslems vor ihrem Übertritt der evangelischen Kirche an, 30 Prozent waren katholisch, und 6 Prozent haben den Islam als „Erstreligion" gewählt, d. h., sie gehörten vorher keiner Religionsgemeinschaft an.
Bei den aus den Kirchen Übergetretenen handelt es sich keineswegs um sogenannte „laue Christen". 63 Prozent der Betroffenen haben vielmehr nach eigenen Angaben „regelmäßig" in der Bibel gelesen. 21 Prozent haben „regelmäßig" den Gottesdienst ihrer Konfession besucht. 60 Prozent derjenigen, die sich als „ständige Kirchgänger" bezeichneten, haben „regelmäßig oder unregelmäßig" am Abendmahl teilgenommen oder kommuniziert. 30 Prozent dieses Personenkreises gaben an, in christlichen Vereinen wie Pfadfinderschaft, CVJM oder Kolping tätig gewesen zu sein.
Das Übertrittsalter lag bei durchschnittlich 27 Jahren und unterscheidet sich damit wesentlich von der Altersstruktur der ersten deutschen Moslemgeneration (1926–1946). Hier lag das Konversionsdurchschnittsalter bei 17 Jahren.
Als Hauptmotive für ihren Religionswechsel gaben die Befragten an, ihnen sei die christliche Trinitätslehre unverständlich geblieben, sie hätten einen „genuinen Monotheismus" gesucht. Ferner hätten sie in der christlichen Gemeinde keine „Wärme" empfunden, man habe sie mit ihren religiösen Problemen allein gelassen. Die Predigt des Pfarrers sei ihnen nicht glaubwürdig erschienen. Dagegen habe der Islam auf sie in vielerlei Weise anziehend gewirkt. Am häufigsten wurde neben dem Monotheismus genannt: Durchsichtigkeit, Einfachheit, Offenheit der Lehre, Logik, praktizierte Brüderlichkeit.
Etwas mehr als ein Drittel der befragten deutschstämmigen Moslems verfügen über eine akademische Ausbildung und sind in einem „höheren, gesellschaftlich angesehenen Beruf"

tätig. Bei diesem Personenkreis ist der Organisationsgrad allerdings äußerst schwach und kaum in Prozentzahlen auszudrücken. 60 Prozent üben einen kaufmännischen oder Verwaltungsberuf aus.

Rund 40 Prozent gaben an, sie hätten bei ihrem Übertritt Schwierigkeiten gehabt. Gut ein Drittel verloren nach der Konversion ihre alten Freunde, bei der Hälfte distanzierten sich die Verwandten und bei 20 Prozent teilweise oder gänzlich die Eltern. Bemerkenswert ist immerhin, daß auf die Frage „Wissen Ihre Freunde, daß Sie zum Islam übergetreten sind?" etwa 80 Prozent mit Ja antworteten und daß 70 Prozent auch heute noch in vorwiegend christlichen Kreisen verkehren.

Die Umfrage versuchte auch die gesellschaftspolitische Einstellung der deutschstämmigen Moslems auszuloten. Dabei ging es vor allem um die Frage, ob die deutschen Moslems die Gesellschaft, der sie entstammen und in der sie leben und arbeiten, als „Kultur der Ungläubigen" betrachten, ob sie sich seit ihrem Übertritt als Angehörige einer Subkultur, eventuell sogar als Alternative verstehen? Knapp 90 Prozent äußerten sich, auf diesen Komplex angesprochen, dahin, daß ihr religiöses Bekenntnis nicht gleichbedeutend sei mit einer Ablehnung der gesellschaftlichen Ordnung der Bundesrepublik, daß sie vielmehr diesem Staate gegenüber die gleichen Pflichten zu erfüllen hätten wie jeder andere Bürger auch. Und auf die provozierende Behauptung „Der Gehorsam gegenüber dem Islam ist wichtiger als der gegenüber den Gesetzen des Staates" meinten 84 Prozent, daß man die Frage so nicht stellen könne. Ein Staat, der den Moslems Religionsfreiheit, die freie Ausübung der Religion und der islamischen Gemeinschaft Schutz gewähre, könne und müsse von seinen moslemischen Bürgern Loyalität erwarten. Die Ausrichtung des Lebens an den Lehren des Islams schließe die Erfüllung staatsbürgerlicher Pflichten nicht aus. Das Gegenteil sei vielmehr der Fall.

Es widerspricht der von gewissen islamischen Kreisen ins

Gespräch gebrachten These von der Subkultur und der gewollten gesellschaftlichen Isolierung, wenn man bedenkt, daß 60 Prozent der Befragten Mitglied in einer der drei im Bundestag vertretenen Parteien sind (die SPD ist Favorit) und ebenso viele dem Deutschen Gewerkschaftsbund angehören. Etwa 10 Prozent der gesellschaftlich engagierten deutschen Moslems üben Funktionen auf Orts-, Kreis-, Landes- oder Bundesebene aus.

Wurde bis weit in die siebziger Jahre besonders in Kreisen der organisierten deutschen Moslems die Meinung vertreten, man müsse mit der Konversion auch die zivilisatorischen Eigenarten und Bräuche der orientalisch-islamischen Gesellschaften total übernehmen – etwa auch die arabische Kleidung –, so macht sich hier inzwischen ein Umdenken bemerkbar. So bekannte sich der deutsche Moslem Mohammad Abdul Karim Grimm aus Hamburg im Oktober 1976 in einem Diskussionsbeitrag zum Thema „Was ist des deutschen Moslem Vaterland?" klar zu seiner deutschen Identität: „Deutschland ist mein Heimatland, und ich liebe meine Heimat. ... Ich bin Patriot..." Aber er machte die bemerkenswerte Einschränkung: „Ich habe es damals abgelehnt, Polizist zu werden, da ich einem Gesetz verpflichtet wäre, welches in vielen Aspekten nicht mit dem Islam zu vereinbaren ist. Loyalität zu meinem Volke ja, gesunder Patriotismus ja, aber Hüter und Verfechter dieses Gesetzes – nein." Gleichzeitig gesteht er aber ein: „Die Orientophilie habe ich mir abgeschmückt, weil sie zu nichts führt als zur negativen Reaktion meiner Mitmenschen und damit zu verschlossenen Ohren für die wahre Botschaft des Islam, welche ich ihnen doch nahebringen möchte" (*Al-Islam,* Nr. 5/1976).

Deutlicher wurde Achmed Schmiede, seinerzeit Schriftleiter von *Al-Islam*: „Wir leben nicht nur in Deutschland, wir sind Deutsche – und wir müssen Deutsche bleiben, wenn wir der islamischen Welt einen nennenswerten Dienst leisten wollen. Nur als deutsche Muslime oder muslimische Deutsche können wir bestehen und dem Islam und uns selbst in diesem

Lande Achtung und Anerkennung verschaffen. Mit der Kopierung fremder Verhaltensweisen wählen wir die Isolation und berauben uns der Wirkung unserer Argumente. Nicht wallende Gewänder und mit Arabismen gespickte Reden machen Eindruck, sondern unser islamisches Leben, eine islamisch durchdachte und neugestaltete deutsche Lebensweise" (*Al-Islam*, Nr. 5/1976).

Aber es gibt auch andere Meinungen. In *Al-Islam,* Nr. 6/1976, weist ein Abdullah Frank Bubenheim darauf hin, daß der Sprecher des ,,Islamischen Zentrums Aachen", Mohammad Siddiq, auf einer Veranstaltung betont habe, daß einige islamische Gelehrte die Meinung vertreten, ,,daß der Muslim sich vom Kafir (Ungläubigen) auch äußerlich unterscheiden sollte". Und er fordert, daß es jedem selbst überlassen bleiben sollte, ob er angesichts des ,,Unverständnisses und der Intoleranz der Kufare" (Ungläubigen) orientalische Kleidung tragen wolle oder nicht. Diese Debatte hat sich bis heute fortgesetzt.

In diesen Meinungsäußerungen spiegelt sich das fast ausweglose Dilemma, in dem besonders an Jahren und Erfahrung jüngere deutsche Moslems stecken. Die Ablehnung der deutschen Gesellschaft als ,,Gesellschaft der Ungläubigen" und der deutschen Kultur als ,,Kultur der Ungläubigen" – dieses Thema wurde insbesondere in den Jahren von 1975 bis 1979 heftig und kontrovers diskutiert – steht in einem unüberbrückbaren Widerspruch zur Betonung der deutschen Identität. Denn der Gedanke der Identität geht vom Prinzip der Einheit von Sein und Denken, Natur und Geist, von Subjekt und Objekt aus. Ein deutscher Moslem, der sich zu seinem Deutschsein bekennt – Mohammad Abdul Karim Grimm spricht sogar von Patriotismus –, muß zwangsläufig auch die deutsche Gesellschaft und Kultur bejahen, muß sich als Moslem in dieser säkular-pluralistischen Gesellschaft bewähren und unter ihren Bedingungen Islam verwirklichen. Erfreulich ist übrigens die Tatsache, daß die deutschen Moslems kein gestörtes Verhältnis zu den Institutionen ihres

ehemaligen Bekenntnisses haben. Knapp 90 Prozent der Befragten sprachen sich für den christlich-islamischen Dialog aus; 83 Prozent waren sogar der Meinung, daß die deutschen Moslems aus ihrer Erfahrung heraus das Gespräch mit den Kirchen als erste suchen sollten. Dabei hielten mehr als die Hälfte die katholische Kirche gesprächsbereiter und offener als die evangelische.
Wenngleich die deutschen Moslems innerhalb ihrer Glaubensgemeinschaft eine verschwindend kleine Minderheit sind, könnte ihnen eines Tages sehr wohl eine führende Rolle unter den über 1,7 Millionen Anhängern des Islams in der Bundesrepublik zuwachsen, dann nämlich, wenn es einer ihrer Organisationen gelingen sollte, die Anerkennung als Körperschaft öffentlichen Rechts zu erlangen. Diese Erkenntnis hat sich seit 1979 zunehmend in einigen islamischen Ausländer-Gemeinschaften niedergeschlagen. So sind beispielsweise die administrativen Führungspositionen beim Dachverband „Islamische Gemeinde Dortmund", dem nahezu 10.000 vornehmlich türkische Moslems angehören, von deutschen Islamanhängern besetzt. Ebenso verhält es sich beim „Landesverband Islamischer Gemeinschaften in Nordrhein-Westfalen". Die Satzung der rund 20.000 Mitglieder zählenden „Islamischen Gemeinschaft Deutschlands" in Frankfurt am Main schreibt ausdrücklich vor, daß die Verwaltungsämter eines Tages deutschen Moslems übertragen werden müssen. Deutsch ist zudem die offizielle Sprache dieser Gemeinschaft. Andere Verbände, wie etwa die Nurdschuluk-Bruderschaft oder die „Islamische Gemeinde in Bremen", lassen sich von deutschen Moslems beraten.
Bereits in den fünfziger Jahren hatte die „Deutsche Muslim-Liga" in Hamburg sich um die Verleihung der öffentlichen Körperschaftsrechte bemüht. Ihr wurde beschieden, daß die Anerkennung als Körperschaft öffentlichen Rechts von zwei Kriterien abhängig sei: die Mitgliederzahl (die Zahl der Mitglieder einer Religionsgesellschaft mit öffentlichem

Rechtscharakter soll ein Promille der Bevölkerung des Landes, in dem der Antrag gestellt wird, nicht unterschreiten) und die „Gewähr auf Dauer". Diese Kriterien sind in den „Empfehlungen der Kultusministerkonferenz über die Verleihung der öffentlichen Körperschaftsrechte an Religionsgesellschaften und Weltanschauungsvereinigungen" vom 12. März 1954 fixiert. Was den geforderten Nachweis einer bestimmten Mitgliederzahl angeht, so trifft die Empfehlung der Kultusministerkonferenz den Islam nicht. Nach dem Grundgesetzkommentar von Maunz-Dürig ist die Zahl der Mitglieder einer Religionsgemeinschaft für ihre Anerkennung dann ohne Bedeutung, wenn diese Religionsgemeinschaft in ausländischen Staaten von Bedeutung ist. Und das dürfte beim Islam der Fall sein.

Die Gewähr auf Dauer wird, fußend auf diesem Kommentar, also allein durch das Vorhandensein und die Geschichte des Islams in Deutschland – des „deutschen Islams" – beantwortet.

Derzeit liegen sowohl bei der Landesregierung in Düsseldorf als auch beim Senat in Bremen Anträge ausländischer islamischer Organisationen auf Verleihung der öffentlichen Körperschaftsrechte vor. Sowohl in Nordrhein-Westfalen als auch in Bremen wird befürchtet, daß es extremistischen Organisationen gelingen könnte, mit unter das schützende Dach dieses Rechtsstatus zu schlüpfen. Die Auswirkungen wären in der Tat kaum auszudenken.

Auf der anderen Seite sind sich die meisten deutschen Landespolitiker durchaus im klaren, daß der Gleichbehandlungsgrundsatz auch gegenüber dem Islam Gültigkeit besitzt.

Hier bietet sich der deutsche Islam als Alternative an, vorausgesetzt, daß es den deutschen Moslems gelingt, ihre internen Schwierigkeiten zu überwinden; auch bezüglich ihrer Staatsauffassung und ihres Gesellschaftsverständnisses. Das intellektuelle Potential ist zweifellos vorhanden, der Wille zur Einheit ist dagegen noch unterentwickelt. Dennoch: 250 Jahre eigene Geschichte sollten Verpflichtung genug sein; zumal die hier lebenden ausländischen Moslems letztendlich ein Recht darauf haben, daß ihnen die einheimischen Glaubensbrüder den Weg in eine bessere Gegenwart und Zukunft bereiten.

9 DIE „AHMADIYYA-MISSION IM ISLAM" (QADIANI)

In der Begegnung mit Moslems, mit dem Islam, wird heute leicht übersehen, daß es nicht etwa orthodoxe Gemeinschaften waren, die den Islam nach dem Zweiten Weltkrieg erneut nach Deutschland getragen haben, die das Christentum in Europa zum ersten Mal hautnah mit der Religion konfrontiert haben, die jahrhundertelang als „mächtigster Widersacher Christi" gegolten hatte.

Es waren nicht die großen islamischen Konfessionen – Sunniten oder Schiiten –, die im Nachkriegsdeutschland den Boden für die christlich-islamische Begegnung bereitet haben, sondern die Anhänger einer kleinen Sondergruppe, die heute im Abseits steht, nachdem sie 1974 auf dem ersten islamischen Weltkonzil als „verabscheuungswürdige Häresie" aus der Weltmoslemgemeinschaft ausgeschlossen wurde. Gemeint ist die „Ahmadiyya-Bewegung im Islam" aus Qadian/Rabwah (nicht zu verwechseln mit der Ahmadiyya Anjuman Isha'at-i-Islami Lahore in Berlin).

Wenngleich zahlreiche orthodoxe Moslemvereinigungen diesen historischen Hintergrund islamischer Existenz in der Bundesrepublik am liebsten verschweigen möchten oder gar leugnen, reden die Fakten eine andere Sprache. Dafür einige Beispiele:

Als erste kirchliche Institution hatte sich im Juni 1961 in Bochum die „Westfälische Missionskonferenz" mit der Anwesenheit des Islams in Deutschland befaßt. Seinerzeit erging ein Aufruf an die Gemeinden, sich „angesichts der

Tatsache, daß Tausende von jungen Moslems in der Bundesrepublik als Studenten und Praktikanten arbeiten, sorgfältiger mit dem Islam auseinanderzusetzen". Das sei besonders im Blick auf die Aktivitäten der Europazentrale der „Ahmadiyya-Mission" in Zürich dringend geboten.

Auch der erste Versuch eines christlich-islamischen Gesprächs – es fand im November 1966 in der Katholischen Akademie der Erzdiözese Freiburg in Mannheim statt – stand ausschließlich im Zeichen der Ahmadiyya-Theologie.

Ahmadiyya-Missionare erbauten auch die ersten Moscheen im Nachkriegsdeutschland: 1957 die Fazle-Omar-Moschee in Hamburg-Stellingen und 1959 die Nur-Moschee in Frankfurt am Main, die heute der Hauptsitz der Bewegung für die Bundesrepublik ist.

Diese für die Kirchen ungewohnte Entwicklung in der Religionslandschaft – man glaubte sich bis dahin im Besitz des Missionsmonopols – verführte bereits Mitte 1961 den „Schweizerischen Evangelischen Missionsrat" dazu, von einem „wahrhaft imponierenden Wachstum" der „Ahmadiyya-Bewegung" zu sprechen, „die mit ihrer Stoßkraft und ihren erstaunlichen Erfolgen für uns Christen – und wohl besonders für unsere jungen Leute – eine Herausforderung ist". Wenngleich inzwischen auch den seinerzeit völlig irritierten Kirchen allmählich deutlich geworden zu sein scheint, daß die Realitäten im europäischen Islam gänzlich anders aussehen, als ursprünglich vermutet oder gar befürchtet, sollte zurückschauend dennoch festgehalten werden, daß die meisten deutschstämmigen Moslems der sogenannten „zweiten Generation" über die „Ahmadiyya-Bewegung" zum Islam gekommen sind. Bezeichnenderweise schrieb im Herbst 1977 ein deutscher Moslem in der sunnitischen Zeitschrift *Al-Islam* (München): „Wie ist es denn uns und vielen anderen ergangen, die mit uns vor vielen Jahren zum Islam übergetreten sind? Wir suchten Auskünfte über den Islam und landeten bei den Ahmadiyya-Leuten, weil sie ...die einzigen waren, die eine Moschee ihr eigen nannten."

Zwar hatte sich die „Deutsch-Moslemische Gesellschaft" wieder gesammelt – die Moschee konnte wieder notdürftig instand gesetzt werden –, aber die Teilung Deutschlands als Folge des Zweiten Weltkrieges hatte die Entwicklung des Berliner Zentrums endgültig unterbrochen. Alle Wiederbelebungsversuche waren in den darauffolgenden Jahren an der Insellage der Stadt gescheitert.

In dieses Vakuum stieß die heute im pakistanischen Rabwah beheimatete „Ahmadiyya-Bewegung im Islam". Am 20. Januar 1949 gründete der Pakistani Abdul Latif in Hamburg die erste „Ahmadiyya-Mission" auf deutschem Boden.

Die Mission, die inzwischen zahlreiche kleinere Zirkel im Bundesgebiet gegründet hat, gibt mehrere Zeitschriften in deutscher Sprache heraus und ist auch durch ansprechbare Buchpublikationen an die Öffentlichkeit getreten, darunter mit einem arabisch-deutschen Koran, der 1954 erstmals erschien und seither drei Neuauflagen erlebt hat.

Daß die „Ahmadiyya" auf ihre Arbeit in Deutschland für die Zukunft große Hoffnungen setzt, geht aus einem Schreiben hervor, das 1957 der damalige Kalif der Bewegung, Mirza Bashir-uddin Mahmud Ahmad, anläßlich der Einweihung der Moschee in Frankfurt am Main an seine Anhänger richtete. Darin hieß es: „Ich beabsichtige, in einigen anderen Städten Deutschlands weitere Moscheen erbauen zu lassen. Gebe Gott, daß die deutsche Nation schnell den Islam annimmt, damit sie auch in religiöser Hinsicht in Europa eine leitende Funktion annehmen kann." Und im August 1973 erklärte dessen Nachfolger im Kalifenamt, Mirza Nasir Ahmad, er sei davon überzeugt, daß die deutsche Jugend in einem Zeitraum von etwa 30 Jahren die Lehren des Islams „stärker als bisher akzeptieren" werde. Mirza Nasir Ahmad gab sich auch bei einem erneuten Besuch Frankfurts, im Jahre 1978, ausgesprochen optimistisch. In „hundert bis hundertfünfzig Jahren" werde Europa zum Islam bekehrt sein, meinte er. Danach werde es keine Kriege mehr geben.

Nun gibt es in der Tat hierzulande keine sich zum Islam

zählende Gruppierung, die ähnlich intensiv missioniert wie die „Ahmadiyya-Bewegung", wenngleich man genaue Erfolgsbilanzen nicht erhalten kann. 1970 sprach der damalige Leiter der Missionen in Deutschland, Masud Ahmad, von rund 80 deutschen Ahmadi-Moslems. Die heutige Mitgliederzahl dürfte sich auf nicht mehr als 150 belaufen. Hinzu kommen etwa 500 ausländische Ahmadis.
Während sich die anderen islamischen Organisationen mehr oder weniger intensiv auf einen Dialog mit den Kirchen, auf ein partnerschaftliches Zusammenleben mit den Christen vorbereiten, sucht die „Ahmadiyya-Mission" die Disputation, das Streitgespräch. Mansur Ahmad Khan, Imam der Nur-Moschee in Frankfurt, sagte 1979, auf den Dialog angesprochen: „Der Islam erkennt die akademische Form des Dialogs nicht an. Er legt vielmehr Nachdruck auf die Notwendigkeit gegenseitiger Diskussionen, den Austausch von Argumenten und auf die Aufgabe, den anderen friedvoll zu überzeugen. ... Das Konzept des Dialogs basiert auf Kompromissen, auf einer heuchlerischen Annäherung in Glaubensdingen. Das aber muß scharf zurückgewiesen werden."
Nach Imam Ahmad Khan betrachtet sich die „Ahmadiyya-Bewegung" als Exponent des islamischen Glaubens- und Wertesystems. Sie wolle keine der grundlegenden Eigenschaften des Islams ändern oder modifizieren. Der Islam sei im Wesen eine missionarische Kraft, eine Religion, die Ausdehnung verlange: „Der heilige Koran bezeichnet den Islam als die einzige Religion, die von Gott anerkannt wird, und er weist ihn als den einzigen potenten und lebendigen Glauben aus, der letztlich über alle anderen Religionen siegen wird."
Ergänzend dazu erklärte der Sekretär der Missionen in der Bundesrepublik, der deutsche Schriftsteller Hadayatullah Hübsch: „Wir haben die Aufgabe übernommen, allen Menschen die Botschaft des Islam und des Koran zu verkünden. Das schließt Kompromisse aus, das stemmt sich gegen

Manipulation. Moslem sein heißt in der heutigen Zeit, da in der westlichen Presse die Verbreitung von Lügen über den Islam... gefördert wird, sich ehrlich und offen, wahrheitsliebend und demütig darum zu bemühen, daß jede Form von Unterdrückung und Heuchelei aufgegeben wird. Unsere Aufgabe als Moslems ist also die Mission; Mission ohne Schwert, aber mit Verstand; Mission ohne Feuer, aber mit Liebe."

Gerade in der letzten Zeit (1979) habe seine Organisation einen ungewöhnlichen Erfolg bei ihren Bemühungen, die Religion des Friedens, den Islam, den Menschen in der Bundesrepublik Deutschland nahezubringen.

In seinem Buch *Islam oder Christentum* (Zürich/Hamburg 1959) verneint der damalige Kalif Mirza Bashir-uddin Ahmad ausdrücklich die Möglichkeit einer Partnerschaft mit dem Christentum. Und in seinem dogmatischen Werk *Invitation to Ahmadiyyat* (1961, Seite 343) wird unmißverständlich festgestellt: „Es ist die Wahrheit, niemand kann in unseren Tagen zu Gott kommen, außer durch Ahmadiyyat."

Die „Ahmadiyya-Bewegung im Islam" war im März 1889 von dem damals 54jährigen Mirza Ghulam Ahmad in Qadian, im indischen Pandschab, gegründet worden. Aus der Literatur der Gemeinschaft ist zu erfahren, daß der Gründer im Alter von 40 Jahren die „ersten Offenbarungen von Gott empfangen" habe. So heißt es in der Schrift *Ahmadiyya – Eine Bewegung im Islam*: „Die Stimme Gottes, die er hörte, befahl ihm... als der Verheißene Messias aufzutreten und die Welt zu Gott einzuladen. ... Die sogenannten Moslems bildeten seine ersten Angeredeten. Er hatte auch viele Auseinandersetzungen mit den Christen, indem er sie auf die unrichtigen Glaubenssätze des heutigen Christentums aufmerksam machte..." (Zürich 1958). Nachdem Mirza Ghulam Ahmad seine Anhänger 1889 aufgefordert hatte, ihm als Mahdi des Islams und als neuen Propheten „im Geiste und Gewande Mohammads" zu huldigen, verkündete er im Jahre 1891, er sei zudem der Messias, die

Verkörperung der Wiederkunft Jesu Christi. Wiederum einige Jahre später beanspruchte er auch die Inkarnation Krischnas für sich.

Über Zweck und Ziel der neuen messianischen Bewegung heißt es in der bereits zitierten Schrift, sie „erstrebe die Vereinigung aller moslemischen Sekten und Richtungen in einem wahren Islam", wie er ursprünglich durch den Propheten Mohammed der Welt gegeben worden sei und wie er nun durch „seinen Schüler und Stellvertreter, den Propheten Ahmad, im Lichte der modernen Zeit interpretiert" werde (Seite 7, Spalte 1).

Mirza Ghulam Ahmad selbst hat über seine Mission eine ganze Reihe dogmatischer Aussagen gemacht. So sagte er beispielsweise: „Der allmächtige Gott hat verfügt, daß Menschenseelen in verschiedenen Erdteilen, in Europa oder in Asien, alle, die von gerechten Gefühlen geleitet sind, zu dem einzigen Gott gezogen und in einem einzigen Glauben vereint werden sollen. Das ist der Zweck meiner Ankunft in der Welt; also geziemt es sich für meine Anhänger, nach Erlangung dieses Ziels zu streben, aber immer durch Demut, Wohltat und Beten."

Und über die Zukunft seiner Gemeinde schrieb er: „Gott wird diese Religion und diese Bewegung außergewöhnlich segnen und wird jeden, der sie ausrotten will, vernichten. Diese Übermacht wird ewig bleiben – bis zum letzten Tage. ... Ehe drei Jahrhunderte vergangen sind, werden alle, die auf die Wiederkunft Jesu warten, die Moslems und die Christen, verzweifelt und mißtrauisch diesen Glauben aufgeben. ... Ich kam, nur um einen Samen zu säen, und diesen Samen habe ich gesät. Jetzt wird er wachsen und blühen, und niemand wird ihn vernichten können..." (Seite 9, Spalte 2; Seite 11, Spalten 1 und 2).

Die Bewegung, die heute in Rabwah, in Pakistan, ihren Hauptsitz hat, unterhält derzeit 70 Missionen in Asien, Afrika, Amerika und Europa. Lange bevor die großen islamischen Konfessionen darangingen, sich entwicklungspolitisch zu betätigen, bauten Ahmadi-Moslems in Afrika und Asien Schulen, Kindergärten, Krankenhäuser, Altenheime und Waisenhäuser. Die Bewegung schickt seit 1934 nicht nur Missionare in alle Welt, sondern auch Ärzte, Krankenschwestern, Lehrer, Ingenieure und andere Entwicklungsexperten. Die „Ahmadiyya-Bewegung im Islam", die laut dem Zentralorgan der Missionen in Deutschland, *Der Islam* (Auflage 400 Exemplare), heute weltweit „drei Millionen Anhänger" zählt (Juli 1967), kann also eine erstaunliche Bilanz guter Taten aufweisen. Das müssen ihr sowohl Skeptiker als auch Gegner neidlos zugestehen.

Nun sollte nicht verschwiegen werden, daß die Bewegung wegen ihres messianisch-prophetischen Anspruchs bis in die jüngste Zeit zahllosen Diskriminierungen und Verfolgungen ausgesetzt war. Wenn es in der Literatur der Gemeinschaft heißt, die Mission des „Verheißenen Messias" sei kein Rosenbett, daß dem, der sich zu ihr bekenne, „Schwierigkeiten auf Schritt und Tritt" begegnen würden, dann spricht daraus eine leidvolle Erfahrung.

Als der Ausschluß der Bewegung aus der Weltmoslemgemeinschaft in Pakistan bekannt wurde, war es dort wie bereits 1934, 1953 und 1971 zu blutigen Ausschreitungen gekommen. Will man den Berichten, die nach Europa gelangten, Glauben schenken, so wurden zahlreiche Anhänger der Gemeinschaft verfolgt, inhaftiert, verletzt und getötet. Ahmadi-Moscheen, Häuser und Geschäfte sollen seinerzeit geplündert und niedergebrannt worden sein. Die Bilanz: 20 Tote und über 2000 Obdachlose. Viele Ahmadi-Moslems haben seither Pakistan verlassen und unter anderem auch in der Bundesrepublik um politisches Asyl nachgesucht. Eine Zeitlang bestand beispielsweise im saarländischen Landesdurchgangslager Lebach eine Ahmadi-Moslem-Gemeinde. Die pakistanische Regierung erließ übrigens ein Gesetz, durch das die „Ahmadiyya-Bewegung" als „nichtislamische Minorität", als „eigenständige Religionsgemeinschaft außerhalb des Islams" eingestuft wurde. Allerdings hat dies die Mitglieder der Gemeinschaft nicht davon abhalten können, sich auch weiterhin als Moslems zu bezeichnen und ihre islamische Identität zu bekennen. Wie immer man auch zu den überspitzten heilsgeschichtlichen Ansprüchen der „Ahmadiyya-Bewegung" stehen mag, es bleibt festzuhalten, daß erst durch die Existenz ihrer Missionen der orthodoxe Islam wachgerüttelt und auf den Weg in die neue Zeit gebracht worden ist. Aber auch die Kirchen wurden nach dem Zweiten Weltkrieg zunächst durch das Auftreten von Ahmadiyya-Missionaren auf die Herausforderung aufmerksam, die der erwachende Islam zweifellos für sie darstellt. Es erfüllt den ständigen Beobachter der islamischen Szene deshalb mit ein wenig Wehmut, daß diese kleine, aber sehr aktive Bewegung nun von den orthodoxen Gemeinschaften überrollt und in eine nahezu bedeutungslose Randposition abgedrängt worden ist. Aller Opfermut der Ahmadis wird nicht ausreichen, die einstige Führungsrolle in der westlichen Diaspora wiederzugewinnen. Etwas anderes anzunehmen wäre törichte Illusion. Es stimmt daher tröstlich, wenn heute in orthodox-progressiven Kreisen in Westeuropa erste zaghafte Überlegungen angestellt werden, die auf einen „ökumenischen Dialog" mit der „Ahmadiyya-Bewegung" hinzielen *(Der Gerade Weg*, Wien, Nr. 11/12, Dezember 1978). Dennoch gebietet es die Chronistenpflicht, noch einmal auf das Islamische Weltkonzil von 1974 einzugehen, das den Ausschluß der „Ahmadiyya-Bewegung" aus der islamischen Weltgemeinschaft ausgesprochen hat. In dem Ausschlußdokument heißt es: „Die Ahmadiyya (Qadiani) ist eine ungläubige Sekte, die mit dem Weg des Islam nichts gemein hat. Die Qadianis mißbrauchen vielmehr den Namen des Islam, um Menschen für sich und ihre Ziele zu gewinnen." Die 300 höchsten islamischen Würdenträger, die unter dem Vorsitz des damaligen saudiarabischen Justizministers und jetzigen Generalsekretärs der „Weltmoslemliga", Shaikh Mohammad ʿAlī al-Ḥarakān, den Ausschluß aussprachen, warfen den Ahmadis vor allem vor, daß sich ihr Gründer die

Prophetenwürde angemaßt habe. Den Regierungen der Moslemstaaten wurde aufgegeben, alle Aktivitäten der Bewegung zu unterbinden. Den Moslems wurde verboten, mit der „antiislamischen Sekte" zusammenzuarbeiten. Ehen zwischen Moslems und Qadianis wurden verboten, denn, so das Dokument zum Schluß: „Die Qadianis sind gleich den Zeugen Jehovas den antiislamischen Mächten dieser Welt zuzurechnen."
Im Oktober 1979 hat sich der „Islamische Weltkongreß" besorgt zur Situation der christlich-islamischen Beziehungen in der Bundesrepublik Deutschland geäußert. In einer in Karachi veröffentlichten Verlautbarung heißt es, während die orthodoxen Gruppierungen in Deutschland anscheinend mit sich selbst beschäftigt seien, sei es nach zuverlässigen Berichten der aus der islamischen Weltgemeinschaft ausgeschlossenen „Ahmadiyya-Mission" gelungen, bei kirchlichen Institutionen an Einfluß zu gewinnen. Die „Ahmadiyya" präsentiere ihre Anhänger insbesondere im kirchlichen Bildungsbereich als „islamische Experten". Dagegen feiere unter den Moslems die „Uneinigkeit seltsame Triumphe".
Die augenblickliche Entwicklung sei daher geeignet, den christlich-islamischen Dialog ernsthaft zu belasten: „Es liegt im Interesse der Beziehungen zwischen dem Islam und den Kirchen..., daß dieser verderbliche Einfluß zurückgedrängt wird." In der Verlautbarung wird zudem die Befürchtung ausgesprochen, daß es der „Ahmadiyya" auch in anderen westeuropäischen Ländern gelungen sein könnte, ihren Einfluß zu vergrößern *(The Muslim World,* 6. Oktober 1979).
Nun gibt es allerdings auch Aussagen, denen zufolge Mirza Ghulam Ahmad das Prophetenamt niemals für sich reklamiert haben soll. In seinem letzten Buch *Ḥaqīqat al-Waḥy* soll stehen: „Das Prophetentum ist abgeschlossen mit dem Propheten Mohammad", und in *Hamamat-ul-Buschra*: „Die Leute erdichten eine Lüge, wenn sie behaupten, daß ich einen

Anspruch auf Prophetentum erhebe." Umgekehrt soll er auch ausgeführt haben: „Wir rufen den Fluch Gottes herab auf den, der das Prophetentum für sich beansprucht" *(Ischtehar,* April 1897). Weiter heißt es: „Ich halte den für einen Lügner und ‚kafir', der den Anspruch auf Prophetentum erhebt" *(Moslemische Revue,* Berlin, Nr. 2, April 1936).

10 DIE DEUTSCHEN IM DIENSTE DES KORANS

Im Jahre 1938 vollendete in Berlin der damalige Imam der „Deutsch-Moslemischen Gesellschaft", Maulana Sadr-ud-Din, eine Übersetzung der heiligen Schrift des Islams in die deutsche Sprache. Es war die erste arabisch-deutsche Koranausgabe aus der Feder eines Moslems. Die Geschichte der deutschen Koranübersetzungen ist jedoch wesentlich älter; sie reicht zurück bis in das 16. Jahrhundert.
Der angesehene Islamforscher Emile Dermenghem hat einmal geschrieben: „Das heilige Buch des Islam kann nicht als ein literarisches Werk, dessen Verfasser Mohammad wäre, aufgefaßt werden. Sein Wert und seine Schönheit gehen über das Literarische hinaus und spiegeln seinen Ursprung und die ihm zugesprochene Natur wider."
Vor diesem Hintergrund wird verständlich, weshalb die islamische Theologie bis vor wenigen Jahren konsequent daran festgehalten hat, daß der Koran unübersetzbar sei, schöpft er seine Kraft und Schönheit doch vor allem aus der Poesie der arabischen Sprache, in der er durch den Mund des Propheten Mohammed vor 1400 Jahren offenbart wurde. Auch die vom Koranwerk der „Weltmoslemliga" in Mekka genehmigten Übersetzungen haben keinen Anspruch auf die Bezeichnung „Koran". Sie geben lediglich Sinn, Inhalt und Bedeutung wieder als „Meaning of the Qur'an".
Der Islam überließ es aus den vorgenannten Gründen jahrhundertelang christlichen Wissenschaftlern, seine heilige

Schrift in die Sprachen Europas zu übertragen und zu kommentieren. Daß diese Arbeit nicht immer in der Absicht geschah, den Islam verstehen zu wollen, steht außer Frage. Eine der ersten moslemischen Übersetzungen überhaupt war die von Maulana Sadr-ud-Din, der Berliner Koran, der zwischen 1928 und 1938 entstanden ist.
Nun ist Deutschland im Laufe der Jahrhunderte das geradezu klassische Land der Orientalistik und auch der Koranübersetzungen geworden. 1964 schrieb der in Paris und Istanbul lehrende moslemische Professor Dr. Mohammad Hamidullah einen vielbeachteten Aufsatz zum Thema: „Die Deutschen im Dienste des Koran" (Al-Almān fī khidmati l-Qur'ān). In der Tat waren Latein und Deutsch die ersten Fremdsprachen, in die die heilige Schrift des Islams übersetzt worden ist; es existiert sogar eine Auswahlübersetzung in das Plattdeutsche.
In Europa wurde die erste Übersetzung von Petrus Venerabilis, Abt von Cluny, angeregt und gemeinsam von dem Engländer Robert von Katena und dem Deutschen Hermann von Dalmatien unternommen und im Jahre 1143 vollendet. Sie wurde 1543 in Basel von Theodor Bibliander, dem Nachfolger des schweizerischen Reformators Ulrich Zwingli als Prediger am Großmünster von Zürich, veröffentlicht und bald nachher ins Deutsche und Italienische übertragen. Zu dieser ersten Ausgabe schrieben die Reformatoren Martin Luther und Philipp Melanchthon ein Vorwort. Gleichwohl rügte später ein anderer Übersetzer: „Was Bibliander als eine Übersetzung bezeichnet hat, verdient diesen Namen nicht. Die unverantwortlichen Freiheiten, die er sich dabei herausgenommen hat, und die unzähligen Fehler lassen von dem Original kaum eine Ähnlichkeit übrig" (Einleitung zum Lemgoer Koran, 1746).
Diese erste auf Bibliander fußende deutsche Übersetzung wurde 1616 von dem Nürnberger Pfarrer Salomon Schweigger veröffentlicht. Dieser hatte 1547 in Istanbul die ungenaue lateinische Übersetzung kennengelernt. Das Urteil, das über

den Bibliander-Koran gesprochen wurde, trifft auch auf Schweiggers Werk zu. Auch Gustav Pfannmüller schrieb 1923: „Die lateinische Übersetzung verdient jedoch eigentlich diesen Namen nicht und hat kaum eine Ähnlichkeit mit dem Original."
Es folgen dann drei weitere Übertragungen, die ebenfalls nicht auf das Original zurückgreifen: 1688 von dem Kandidaten der Medizin Johannes Lange (veröffentlicht in Hamburg), 1703 von David Nerreters (veröffentlicht in Nürnberg) und 1746 von Theodor Arnold (veröffentlicht in Lemgo). Arnold geht interessanterweise mit seinen Vorgängern hart ins Gericht (siehe Bibliander-Kritik) und unternimmt eine Rehabilitierung des Propheten Mohammed. Die „allererste teutsche Übersetzung aus der Arabischen Urschrift verfertigt" veröffentlichte 1772 der Frankfurter Professor David Friedrich Megerlein. Ein Jahr später – 1773 – folgte eine Übertragung des Quedlinburger Konsistorialrats Friedrich Eberhard Boysen, die 1774 eine zweite, verbesserte Auflage erlebte.
Im Jahr 1828 trat an die Stelle einer dritten Auflage der Boysen-Übersetzung eine Arbeit von Friedrich Günther Wahl.
Die heute in Deutschland gebräuchlichsten Ausgaben sind der sogenannte Goldmann-Koran, erstmals im Jahre 1840 übersetzt von Ludwig Ullmann, und die Übersetzung von Max Henning, die 1901 im Reclam-Verlag erschienen ist. Diese beiden Übersetzungen erlebten inzwischen je vier Neuauflagen und erfreuen sich infolgedessen einer großen Verbreitung. Sie sind auch als Unterrichtsmaterial an den deutschen Schulen zugelassen und werden auch im kirchlichen Raum benutzt.
Hier sind noch zwei weitere Übersetzungen zu erwähnen – 1901 von Theodor Fr. Grigull (Halle) und 1916 von Goldschmidt (Berlin) –, die aber weniger populär und bekannt wurden.
Der Goldmann-Koran wird von führenden islamischen

Übersetzern nicht so geschätzt wie die Reclam-Übertragung, die der bereits zitierte Professor Hamidullah als „die beste deutsche Koran-Übertragung" bezeichnet hat. Über die dem Goldmann-Koran zugrundeliegende Ullmannsche Übersetzung schrieb der bekannte deutsche Islam- und Koranforscher Theodor Nöldeke übrigens, sie sei „eine jämmerliche Schülerarbeit".

Die letzte Auflage des Reclam-Korans wurde von Professor Annemarie Schimmel verantwortet, die in der islamischen Welt als anerkannte Iqbal-Spezialistin und Übersetzerin moslemischer Mystik einen ausgezeichneten Ruf genießt. Die Ausgabe zeichnet sich vor allem auch durch eine neugefaßte und erweiterte Einleitung aus, in der versucht wird, dem deutschen Leser zu zeigen, welch ungeheuren Einfluß der Koran noch heute auf das Leben der Moslems hat und wie er seit dem 7. Jahrhundert tiefgehende Wirkungen auf allen Gebieten der Kultur ausgeübt hat.

Die jüngste deutsche Koranübersetzung stammt aus der Feder des Tübinger Arabisten Rudi Paret, der in zahlreichen Schriften für den Abbau der christlich-islamischen Konfrontation eingetreten ist. Der Paret-Koran erschien 1966. Er eignet sich allerdings kaum als Einführung in die Lehren des Islams für den Laien. Dagegen ist er für Sachkenner inzwischen unentbehrlich geworden, da er im Text jeweils mehrere Interpretationsmöglichkeiten anbietet. In den Kreis der neueren Übersetzungen gehört schließlich auch die Koranauswahl des Frankfurter Orientalisten und Dichters Friedrich Rückert aus dem Jahre 1888. Rückert hat versucht, bei aller Treue zum Urtext die poetische Form des Originals beizubehalten.

Hier ein Textbeispiel aus der fünften Sure. Sie lautet bei Reclam:

„Jedem von euch geben wir eine Norm und eine Heerstraße. Und so Allah es wollte, wahrlich er machte euch zu einer einzigen Gemeinde; doch will er euch prüfen in dem, was er euch gegeben. Wetteifert daher im Guten. Zu Allah

ist eure Heimkehr allzumal. Und er wird euch aufklären, worüber ihr uneins seid."
Rückert übersetzt diese Stelle folgendermaßen:
„Wir haben jedem Volk sein Gesetz gegeben
Und eine Laufbahn für sein Streben.
Hätt' es gewollt Gottes Macht,
Er hätte *ein* Volk aus euch gemacht.
Allein, daß er euch prüf' im Leben,
Hat er Besonderes euch gegeben.
So eilet nun im ganzen Chor
Einander euch im Guten vor.
Zu Gott ist eurer aller Fahrt,
Da wird euch werden offenbart,
Worüber ihr uneinig wart!"

Nach dem Zweiten Weltkrieg kamen zwei weitere deutschsprachige, von Moslems bearbeitete Koranausgaben auf den Markt, herausgegeben von der „Ahmadiyya-Bewegung im Islam". Außerdem veröffentlicht das „Islamische Zentrum München" sporadisch einzelne Suren, die später einmal als Buch erscheinen sollen. Als Manuskript liegt inzwischen auch die erste Übersetzung eines deutschen Moslems vor, von Mohammad Aman Hobohm, bis 1954 Imam der Moschee Berlin-Wilmersdorf.

Nun hat nicht nur die Übertragung der heiligen Schrift des Islams in die deutsche Sprache eine reiche Tradition. Auch der erste gedruckte arabischsprachige Koran der Welt wurde in einem deutschen Verlagshaus hergestellt – im Jahre 1694. Bis dahin existierten im Abendland nur einige wenige wertvolle Handschriften arabischer Theologen und Korankommentatoren. Entsprechend schwierig war der Zugang zum Originaltext der islamischen Gründungsurkunde. Dieser erste gedruckte Koran trug den lateinischen Titel *Al-Coranus Lex Islamitica Muhamedis* und war bearbeitet worden von dem Hamburger Pastor Abraham Hinckelmann. Hinckelmanns Werk war seinerzeit ein echtes Wagnis;

denn der erste Versuch, den vollständigen arabischen Text in gedruckter Form zu veröffentlichen, war 1530 gescheitert. Seinerzeit hatte Paganini aus Brixen in Venedig eine Reihe von Exemplaren hergestellt, die sofort nach ihrem Erscheinen auf päpstlichen Befehl verbrannt worden waren. Und Papst Alexander VII. (1655–1667) hatte sowohl den Druck als auch die Übersetzung des heiligen Buches der Moslems strikt verboten.

Will man den Aufzeichnungen aus jener Zeit folgen, so wurde Pastor Hinckelmann „von sachkundigen Männern" zwar höchste Anerkennung zuteil, aber es wird auch von „großen Anfechtungen" berichtet, denen er ausgesetzt gewesen sei. In einer Schrift, die im 18. Jahrhundert erschien, ist die Rede davon, „sein arabischer Koran habe ihm beinahe Amt und Ehren gekostet". Vor allem warfen ihm seine Gegner vor, daß er dem Urtext „keinen Kommentar, keine Übersetzung und auch keine Widerlegung" beigefügt habe. Zudem komme eine solche Arbeit einem christlichen Theologen nicht zu, „vor allem nicht einem Hamburger Pastor". Trotz dieser Angriffe sollte diese erste gedruckte arabische Koranausgabe länger als ein Jahrhundert für die europäische Islamforschung von großem Wert bleiben.

Im Jahre 1834 erschien in Leipzig schließlich unter dem Titel *Corani textus arabicus* eine Neubearbeitung des arabischen Textes, die in den darauffolgenden Jahrzehnten eine überaus weite Verbreitung finden sollte und die nach Auffassung vieler Fachleute noch in unseren Tagen „die beste Ausgabe des arabischen Textes des Koran" ist. So der international bekannte Schweizer Islamwissenschaftler und Koranforscher Ernst Zbinden 1953 in einem Vorwort zu Friedrich Rückerts Auswahl *Aus dem Koran – Die Offenbarungen des Propheten Mohammad Ibn Abdallah*.

Hergestellt und betreut wurde die Leipziger Ausgabe, die – revidiert von Gustav Mauritius Redslob – bis 1922 zehn Auflagen erleben sollte, von Gustav Flügel. Von Flügel stammt auch die erste brauchbare Korankonkordanz, die

1842 veröffentlicht wurde. Ein Kuriosum am Rande: 1701 erschien in Berlin eine nur in wenigen Exemplaren vorhandene Koranausgabe mit arabischem, persischem, türkischem und lateinischem Text.

Hervorzuheben ist auch der prachtvoll aufgemachte sogenannte Nazifi-Koran, der zuletzt von der Hamburger Firma Brandes herausgegeben wurde. Dieser Koran ist in den Farben Gold-Rot-Schwarz gedruckt und trägt den Titel *Kur'an-i-Kerim*. Das Manuskript wurde von dem Kalligraphen Mustafa Nazif angefertigt, der vor allem unter dem Namen „Quardirgharli" bekannt geworden ist. In einem Gespräch teilte die Firma Brandes mit, daß ihr über die Geschichte dieser mit Goldschnitt versehenen Ausgabe leider nichts bekannt sei. Sie habe die Druckrechte 1969 von einer Cuxhavener Druckerei erworben, nachdem deren Inhaber verstorben sei. Der Nazifi-Koran ist vergriffen. Er könnte bei entsprechendem Interesse jedoch jederzeit wieder aufgelegt werden.

Die deutsche Korandruck-Tradition wurde 1975 schließlich von türkischen Gastarbeitern und Studenten aufgegriffen und fortgesetzt. In diesem Jahr erwarb die Nurdschuluk-Bewegung für eine Million DM in West-Berlin einen Druckereibetrieb und gründete den „Ittihad-Verlag", der sich seither vornehmlich mit der Herstellung und dem Vertrieb des sogenannten Amidi-Korans befaßt.

Fachleute und Bücherliebhaber in aller Welt sind sich einig, daß dieser Koran die schönste und anspruchsvollste Ausgabe der heiligen Schrift des Islams ist, die jemals veröffentlicht wurde. In der Tat haben wir es mit einer bibliophilen Besonderheit zu tun. Bei dem Amidi-Koran handelt es sich nämlich um die in Leder gebundene Reproduktion einer Koranhandschrift, die Hamid al-Amidi, der letzte osmanische Reichskalligraph, in über zehnjähriger Arbeit fertiggestellt hatte. Hamid-al-Amidi verwendete seinerzeit allein drei Jahre auf die ornamentale Ausschmückung des wertvollen Manuskripts. Charakteristisch für diese Koranausgabe ist weiterhin, daß der Gottesname, der ja bekanntlich auf jeder Seite vorkommt, jeweils übereinander in senkrechter Linie gedruckt und in roter Schrift vom übrigen Text abgehoben wurde. Eine zweite Auflage dieses Korans ist 1979 in Stuttgart gedruckt worden. Bliebe schließlich noch zu erwähnen, daß in den Jahren 1973/74 und 1976/77 in der Universitätsdruckerei Stützel AG in Würzburg und in dem zum Bertelsmann-Konzern gehörenden Mohndruck in Gütersloh größere arabische Korandruckaufträge durchgeführt wurden. Dagegen kam ein Großauftrag über eine Million Koranexemplare und vier Millionen Taschenbücher religiösen Inhalts nicht zustande, da der Auftraggeber – das Königreich Saudi-Arabien – sich 1978/79 aus dem angekündigten Geschäft zurückgezogen hatte.

ZWEITES KAPITEL

Die Migration Ausländische Moslems in der Bundesrepublik

1 AM VORABEND DER GROSSEN MIGRATIONSWELLE (1950–1970)

Im Jahre 1963 versuchte der bekannte Nahost- und Islamkorrespondent H. L. Kaster eine Prognose über die Zukunft des Islams in Europa. Er schrieb: „Der Muselman kann stolz darauf sein, einer Religionsgemeinschaft von Weltbedeutung anzugehören, deren apostolischer Eifer sich an vielen Stellen bemerkbar macht. Aber dem nachdenklichen Muselman entgeht nicht, daß trotz des propagandistischen Eifers und missionarischen Schwungs sich die Wirksamkeit des Islam in Grenzen hält. In Europa ist er, überblickt man das letzte halbe Jahrhundert, in zunehmendem Maße zurückgegangen. ... Der Rückgang des Islam in Europa, der mit der Reconquista Spaniens im Mittelalter einsetzte und mit den türkischen Niederlagen zum Abschluß gekommen zu sein schien, setzt sich unter unseren Augen fort. Daran ändert auch nichts, daß er in unserer Zeit einige ‚Gewinne' in Europa zu verzeichnen hat. Bei ihnen handelt es sich in erster Linie einmal um die dreihunderttausend muselmanischer Arbeiter aus Nordafrika, die sich in den letzten Jahren in Frankreich und in einigen anderen europäischen Ländern, teilweise mit ihren Familien, niedergelassen haben. Es sind auch Europäer zum Islam übergetreten, in der Hauptsache in Großbritannien und in einigen mitteleuropäischen Staaten, die zum weitaus größten Teil der ‚Ahmadyya', einer musel-

manischen Missionsorganisation aus Pakistan, nahestehen.
... Aber von einer Wiederbelebung des Islam kann in Europa keine Rede sein" (H. L. Kaster, *Islam ohne Schleier*, Gütersloh 1963).

Heute wissen wir, daß Kaster sich mit seiner Prognose geirrt hat. Das Thema Islam wurde gleichwohl bis in die siebziger Jahre allenfalls von den christlichen Missionsgesellschaften diskutiert oder im Zusammenhang mit den politischen Vorgängen in Nah- und Mittelost bzw. in Nordafrika. Die Entwicklung in Deutschland wurde in Fachkreisen zumeist ausschließlich unter dem Aspekt der missionarischen Bemühungen der „Ahmadiyya-Bewegung" (Qadiani) gesehen. Aus den Jahren von 1950 bis 1970 liegen nur spärliche Informationen über den Islam in der Bundesrepublik vor. Um die Entwicklung dennoch einigermaßen verdeutlichen zu können, seien hier die wichtigsten Veröffentlichungen aus der damaligen Zeit chronologisch aufgezeichnet.

Im November 1956 berichteten die *Nachrichten aus der Evangelisch-Lutherischen Kirche in Bayern* in ihrer monatlichen Beilage *Blick in die Welt*, daß die islamischen Gemeinden in Deutschland geplant hätten, ihre Vereinigung vorzubereiten. In diesem Zusammenhang wurden folgende Zahlen genannt: 32 Deutsche und vier Ausländer der „Deutschen Moslem-Bruderschaft" in Bremen, 31 Deutsche der „Deutschen Muslim-Liga" in Hamburg, 243 Ausländer und fünf Deutsche der „Islamischen Gemeinde Mannheim" und 3000 Moslems, darunter ein Deutscher, der „Islamischen Gemeinde in Westeuropa" in München (*Blick in die Welt*, „Der Islam im Angriff", November 1956). Am 27. Februar 1962 gab die *Stuttgarter Zeitung* die Zahl der in Deutschland lebenden Moslems mit 16.000 an. Und in einem ersten Bericht über das Leben der islamischen Minderheit in der Bundesrepublik hieß es am 27. Mai 1962:

„Während die Ahmadyya-Bewegung an Menschen schwach, aber an Aktivität stark ist, leben andere stattliche islamische Gruppen unter uns, deren missionarische

Impulse jedoch bislang kaum zu spüren sind. Es sind die meist vorübergehend in Deutschland und einigen Nachbarländern lebenden Studenten und Araber aus islamischen Ländern, ferner eine kleine Gruppe von Flüchtlingen aus der Sowjetunion. Zu ihrer religiösen, sozialen und politischen Betreuung wurde eine eigene Organisation gegründet, die ‚Jamiat-al-Islam', deren Zentrale 1961, erst ein Jahr nach ihrer Gründung, von Wien nach München verlegt wurde. Ihr Leiter ist ein Türke, Uneit Sahkul.
In München wird auch ein großes Islam-Zentrum mit Moschee für 500 Menschen, Kulturhaus und Studentenwohnheim ausgebaut. Genaue Zahlen über die Muslim sind kaum zu bekommen; die Angaben der Muslim selbst haben keinen statistischen Wert. Sie rechnen für Mitteleuropa mit 10.000 ‚Neu-Muslim', sagen aber nicht, welche Länder damit gemeint sind. ...
Die islamischen Hauptkonfessionen sind aber durch Studenten, Praktikanten und Arbeiter, wahrscheinlich mit mehr als 50.000 Menschen bei uns vertreten. Die Arbeiter sind meist sozial kaum integriert. Die Studenten andererseits, etwa 8000, stehen offenbar in der akuten Gefahr, ihrer Religion zu entfremden und sich ‚völlig kritiklos' ihrer europäischen Umwelt anzupassen; von missionarischen Aktivitäten kann kaum die Rede sein. Die Betreuer ihrer – nach christlichem Vorbild so genannten – ‚Studentengemeinden' haben alle Mühe, die Studenten an ihre islamischen religiösen Pflichten zu erinnern, die sich ja auch auf tägliche Sitten und Gebräuche erstrecken."
Das Blatt zitiert sodann einen Artikel von Malik Assmann, dem damaligen Redakteur der Zeitschrift *Al-Islam*, in dem ausdrücklich versichert wird, ,,daß die ausländischen Moslems in Deutschland ohne Existenzgefährdung ihren Glauben bekennen können. Nur Feiglinge und Ignoranten flüchten sich ängstlich in weltanschauliche Neutralität" (*Sonntagsgruß*, ,,Moscheen, aber kaum Bekehrte", 27. Mai 1962).
Über das Arbeitsleben der damals eingewanderten ersten

Türkinnen schreibt die eben zitierte Kirchenzeitung: „Zumeist gehören die Türkinnen dem Islam an. So hat sich beispielsweise eine westfälische Konfektionsfabrik von vornherein darauf eingestellt, daß zu bestimmten Zeiten in den Arbeitsräumen der Gebetsteppich hervorgeholt und das vorgeschriebene Gebet verrichtet wird, auch wenn das mitten in der Arbeitszeit vor sich geht" (*Sonntagsgruß,* „Sie sind so anders und so interessant", 30. September 1962). Ein weiterer ausführlicher Situationsbericht liegt aus dem Jahre 1964 vor:

„Die Moslems in der Bundesrepublik sind zu einer beachtlichen Minderheit geworden – ihre Zahl nähert sich der 100.000-Grenze. Um den eigenartigen Gebetsruf des Muezzins vom Minarett einer Moschee zu hören, braucht man nicht mehr nach Kairo, Tunis oder Marakesch zu reisen. Die Moscheen in Frankfurt und Hamburg empfehlen sich als nächstes Ziel. ...

Die nahezu 100.000 Anhänger Mohammeds in der Bundesrepublik sind nun keineswegs ausschließlich Studenten oder Praktikanten, deren Anteil bei 15 Prozent liegt. Im Gegenteil, wir haben es hauptsächlich mit Gastarbeitern zu tun, von denen die Türken mit nahezu 40.000 Personen die größte Gruppe stellen.

Rundfunk und Fernsehen berichteten in den letzten Monaten, daß viele deutsche Betriebe sich weitgehend den Lebensgewohnheiten dieser Menschen angepaßt hätten – eine Tatsache, die in unserer materialistisch eingestellten Zeit gar nicht mehr so selbstverständlich ist. Als Beispiel mag die Deutsche Bundesbahn dienen. Sie leistet in geradezu vorbildlicher Weise einen eigenen Beitrag zur Entwicklungshilfe und, wenn man so will, zur europäischen Integration.

Das magische Wort von der ‚traditionellen deutsch-türkischen Freundschaft' war ausschlaggebend, daß die Bundesbahndirektion Essen trotz anderweitiger Angebote und trotz schlechter Verständigungsmöglichkeiten auf

Arbeiter aus der Türkei zurückgriff, als sich bemerkbar machte, daß der italienische Arbeitsmarkt nahezu erschöpft war. ... Die türkischen Arbeitskräfte sind vorbildlich und sauber in Ein- und Zweibettzimmern untergebracht. Ihnen stehen Kochgelegenheiten und Aufenthaltsräume mit Radio und Fernsehen zur Verfügung. Die Wände der Räume sind dekoriert mit Bildern aus der Heimat, mit der Halbmondfahne und mit Bildern von Kemal Atatürk. Damit der Sender Ankara empfangen werden kann, wurden eigens Hochantennen errichtet.
Jedes Wohnheim verfügt über eine kleine Moschee, die mit schönen Teppichen ausgelegt ist. Damit die Waschungen ordnungsgemäß vollzogen werden können, ließ die Bundesbahn Duschen einbauen. Von den Heimleitern war zu erfahren, daß die Gebetsverpflichtungen von rund 90 Prozent der Türken eingehalten werden.
Abteilungspräsident Gies, der für diese Maßnahmen verantwortlich zeichnet, bereut seine Bemühungen nicht. Die Türken sind diszipliniert, sauber, arbeitsfreudig und ehrgeizig, bestätigt er: ‚Hoffentlich können wir noch lange Jahre auf Gastarbeiter aus der Türkei zurückgreifen.'
In einem Erlaß der Bundesbahndirektion Essen an die ihr angeschlossenen Bahnämter heißt es: ‚Nach den bei der Arbeitsverwaltung und verschiedenen Beschäftigungsbetrieben eingeholten Auskünften werden die türkischen Kräfte als arbeitswillig, leistungsfähig, unterordnungsbereit bezeichnet, sofern es seitens des deutschen Arbeitgebers gelingt, ihnen Verständnis entgegenzubringen und ihnen im Arbeitsleben eine gerechte Behandlung unter Berücksichtigung ihrer besonderen Mentalität angedeihen zu lassen. Hierzu gehört auch, daß der religiöse Glaube der Türken (die Türken sind nahezu alle Mohammedaner) und ihre religiöse Betätigung unbedingt geachtet werden. Die mohammedanischen Glaubensvorschriften verbieten insbesondere den Genuß von Schweinefleisch. Außerdem muß das Betreten der noch einzurichtenden kleinen Ge-

betsräume durch Nichtmohammedaner unterbleiben'" (*Sonntagsgruß,* „Koran und Dienstplan bei der Bundesbahn", 16. Februar 1964).

Die Zeitschrift *Der Islam* ergänzte diesen Bericht im März 1964:

„Im Bereich der räumlich größten Bundesbahndirektion Essen bestehen acht Moscheen und im Bereich Hannover konnte im Januar [1964] die zweite islamische Andachtsstätte eingeweiht werden. Aber auch die Bundesbahndirektionen Köln und München haben inzwischen entsprechende Vorkehrungen getroffen, damit unsere türkischen Brüder ihren religiösen Verpflichtungen nachgehen können. Einmalig auf der Welt dürften die zwei ‚rollenden Moscheen' der Bundesbahndirektion Hannover sein. Sie dienen den 150 türkischen Streckenarbeitern, die oft tagelang von ihrem Heimatbahnhof entfernt sind, als Gebetsstätte. Auch diese ‚rollenden Moscheen' sind mit Teppichen ausgelegt und mit Duschanlagen für die Waschungen versehen. ...
Abteilungspräsident Gies lobte vor allen Dingen die hohe Moral seiner türkischen Arbeitskräfte: ‚Einmal kam ein Türke zu mir und erklärte, daß er Heimweh bekommen hätte und gerne in seine Heimat zurückkehren möchte. Er legte mir hundertfünfzig Mark auf den Tisch und sagte, daß er den Arbeitsvertrag brechen müsse und sich deshalb verpflichtet fühle, die Fahrtkosten zurückzuerstatten. Er ließ sich nicht bewegen, das Geld zurückzunehmen.' "
(*Der Islam,* „Sie geben ein leuchtendes Vorbild", 1. März 1964).

Im Herbst 1966 heißt es in derselben Zeitschrift:

„Ein echtes Phänomen der Nachkriegszeit ist die dritte islamische Gruppe in Deutschland, die größtenteils türkischen Gastarbeiter. Sie strömten infolge der mit der fortdauernden Industrialisierung der Bundesrepublik verbundenen Verknappung der Arbeitskräfte nach Deutschland ein. Ihre Zahl beträgt nach Auskunft des Bundes-

arbeitsamtes derzeit 117.000. Ihre oberste Betreuungsstelle ist die Diyanet Isleri Reisligi.
Es muß an dieser Stelle unterstrichen werden, daß die türkischen Arbeiter und Arbeiterinnen von ihren deutschen Arbeitgebern zum Teil vorbildlich aufgenommen wurden und auch vorbildlich betreut werden. Ihnen wurden Wohnheime gebaut und Gebetsräume eingerichtet. Man nimmt auch während des Arbeitsprozesses weitgehend Rücksicht auf die religiösen Vorschriften der Moslems. ... Die türkischen Arbeiter in der Bundesrepublik sind ein lebendiges Zeugnis des Islam. Die deutschen Arbeitgeber loben ihre Arbeitswilligkeit, Ehrlichkeit und Zuverlässigkeit."
Mitte 1969, am Vorabend der großen Migrationswelle, belief sich die Zahl der Moslems in der Bundesrepublik laut Information Nr. 46 der „Evangelischen Zentralstelle für Weltanschauungsfragen" in Stuttgart auf „mindestens 250.000", darunter waren 231.571 Gastarbeiter vornehmlich aus der Türkei, Jugoslawien und den arabischen Ländern.
Es bleibt festzuhalten, daß die moslemische Einwanderung bis zu diesem Zeitpunkt den Betrieben und Behörden keinerlei Probleme bereitete, die nicht hätten zur beiderseitigen Zufriedenheit gelöst werden können. Die Türken sahen sich in ihren romantischen Gefühlen für Deutschland bestätigt. Die Haltung der deutschen Bevölkerung gegenüber den neuen Mitbürgern war nicht unfreundlich, sondern eher distanziert, was allerdings auch damit zusammenhängen mag, daß es sich bei ihnen ja zumeist „nur" um Hilfsarbeiter handelte. Distanziert gegenüber ihren Glaubensbrüdern aus der Türkei verhielten sich allerdings auch zahlreiche islamische Gemeinden insbesondere im Bereich „deutscher Islam". Die *Sonntagsgruß*-Überschrift „Sie sind so anders und so interessant" fängt treffend das Stimmungsbild ein, das vorherrschte, wenn es einmal zu einer echten und offenen Begegnung zwischen Türken und Deutschen, Moslems und Christen kam.

Noch war das Stichwort „Familienzusammenführung" nicht in der Diskussion aufgetaucht, noch gab es keine „Türkenghettos" in den industriellen Ballungsräumen. Die moslemischen Arbeitnehmer waren zumeist in betriebseigenen Heimen bzw. in Häusern und Wohnungen untergebracht, die von den Arbeitgebern angemietet worden waren. Es gab keine Schulprobleme. Die wenigen moslemischen Kinder hatten kaum Schwierigkeiten. Von Koranschulen und -kursen hatte in Deutschland kaum jemand eine Vorstellung. Die große Migrationswelle aus der Türkei brachte nicht nur eine Fülle von sozialen und kulturellen Problemen mit sich, sie schwemmte vielmehr auch politischen Zündstoff ins Land. Insbesondere die extremistischen türkischen Parteien warben um Anhänger unter ihren Landsleuten in der Bundesrepublik. Es kam zu ersten Auseinandersetzungen zwischen rechts- und linksradikalen Gruppierungen. In der Türkei verbotene Parteien, insbesondere der Linken, gründeten in Deutschland Exilorganisationen und griffen von hier aus in die innenpolitischen Auseinandersetzungen in ihrem Herkunftsland ein.

Während die Behörden die brisante religiöse Frage vernachlässigten, weil sie ihr wenig Wert beimaßen, kam es auch hier zu Frontenbildungen. Die religiösen Gruppen erlebten im Bundesgebiet zum ersten Male die vom Völkerrecht garantierte Glaubens- und Religionsfreiheit. Eine Auseinandersetzung mit den zumeist militanten Atheisten war unausbleiblich geworden, zumal religiöse Fanatiker und nationalistische Extremisten schon bald ein verhängnisvolles Zweckbündnis eingehen sollten.

2 ISLAMISCHE PRÄSENZ 1980/81[1]

Seit der großen Einwanderungswelle sind zehn Jahre ins Land gegangen. Mit dem Anbruch eines neuen Jahrzehnts kann der Islam in Deutschland auf eine 250jährige Geschich-

te zurückblicken. Die richtige Zeit also für eine Bestandsaufnahme islamischer Präsenz in der Bundesrepublik.
Man sollte es nüchtern sehen: Die Bundesrepublik Deutschland ist kein christliches Land mehr. Bereits 1975 schrieb Pfarrer Michael Mildenberger von der Evangelischen Zentralstelle für Weltanschauungsfragen in Stuttgart, Europa beginne sich mit Verwirrung der Tatsache bewußt zu werden, daß der Islam zu einem unübersehbaren und offenbar dauerhaften Stück europäischer Wirklichkeit geworden sei (Michael Mildenberger, „Muslime in der Diaspora", in: *Lutherische Monatshefte,* Nr. 6/1975).
War das Verhältnis zwischen der christlichen Mehrheit und der moslemischen Minderheit in der Bundesrepublik bis weit in die Mitte der siebziger Jahre weitgehend von einer gewissen Gleichgültigkeit geprägt – es war weder gut noch schlecht –, so ist die Szene heute von einer zunehmenden allgemeinen Ausländerfeindlichkeit überschattet, die primär gegen die hier lebenden Türken gerichtet ist. Wo früher Distanz und Gleichgültigkeit vorherrschten, greift heute Mißtrauen Platz, alte Vorurteile leben wieder auf. Gelegentlich aufflammende Gewalttätigkeit hat tiefe Betroffenheit und Unruhe bei all jenen ausgelöst, die für eine Vertiefung der christlich-islamischen Begegnung eintreten.

2.1 *Zahlenspiegel*
In der Bundesrepublik Deutschland leben heute rund 1,7 Millionen Moslems, das sind 2,8 Prozent der Wohnbevölkerung. Der Islam ist also nach der römisch-katholischen und der evangelischen Kirche die drittgrößte Religionsgemeinschaft in Deutschland. Von den 1,7 Millionen Moslems sind etwas mehr als 1,4 Millionen Türken,[2] 120.000 sind jugoslawischer Nationalität, rund 80.000 sind Araber, 40.000 kommen aus Schwarzafrika und Fernost, rund 20.000 aus dem Iran, 6000 sind Flüchtlinge aus kommunistischen Ländern und etwa 1500 sind gebürtige Deutsche.[3]
Die in der Bundesrepublik lebenden Moslems sind, soweit es

sich bei ihnen um praktizierende Gläubige handelt, in rund 700 Gemeinden oder gemeindeähnlichen Vereinigungen organisiert mit ebenso vielen Moscheen. Dabei handelt es sich allerdings nicht um strahlend weiße Paläste mit schlanken Minaretten und goldenen Kuppeln. Bis auf wenige Ausnahmen – so in Berlin (erbaut 1926), Aachen (erbaut 1967), Hamburg (erbaut ab 1959) und München (erbaut 1973) – müssen sich die Anhänger des Islams in Deutschland zum gemeinschaftlichen Gebet in Hinterhofschuppen, abbruchreifen Scheunen oder verlassenen Fabrikhallen versammeln, die von ihnen mit erheblichen finanziellen Opfern zu Moscheen umgewandelt worden sind (allein die türkischen Gemeinden müssen jährlich über drei Millionen DM an Mieten für ihre Behelfsmoscheen aufbringen).
Nun hat der Deutsche Städtetag kürzlich umfangreiche „Statistische Materialien zur Ausländerfrage" veröffentlicht. Daraus geht hervor, daß am Stichtag September 1979 fast 60 Prozent der Türken bereits länger als sechs Jahre oder mehr in Deutschland leben (17,9 Prozent seit zehn Jahren). 39 Prozent gaben einer zusätzlichen Umfrage des Diakonischen Werkes zufolge an, daß sie für immer hier bleiben möchten. Das bedeutet: Der türkische Islam wird eine dauerhafte Erscheinung im religiösen Leben der Bundesrepublik sein und keine vorübergehende Episode, wie ursprünglich angenommen.
Mit knapp 95 Prozent bekennt sich die überwiegende Mehrheit der in Deutschland lebenden Moslems zum sunnitischen Islam. Der Rest – etwa 90.000 Personen – sind Schiiten. 20.000 von ihnen gehören der sogenannten „Zwölferschia" an, die im Iran Staatsreligion ist. Die Mehrheit der Schiiten sind hingegen türkische Aleviten.[4]
Es ist bei der Betrachtung des Islams jedoch zu berücksichtigen, daß wir es hier nicht etwa mit religiösen Sekten zu tun haben, sondern mit Gemeinschaften und Bewegungen einer Weltreligion, zu der sich nach moslemischen Angaben über 900 Millionen Menschen bekennen.[5]

Auffällig beim Islam in Deutschland ist der extrem niedrige Organisationsgrad. Nur knapp 20 Prozent der 1,7 Millionen Moslems werden von religiösen Gemeinschaften betreut; lediglich 5 Prozent sind in deren Mitgliederlisten eingetragen. Hochgerechnet ergibt sich daraus eine Kerngemeinde von etwa 340.000 Personen. Aus diesen Zahlen kann jedoch kaum auf die tatsächliche Glaubenstreue und -praxis der hier lebenden Anhänger des Islams geschlossen werden. Das wird nicht zuletzt dadurch unterstrichen, daß die Zahl der regelmäßigen und unregelmäßigen Besucher des Freitagsgebets bei 58 Prozent liegt, darunter sind 30 Prozent regelmäßige Teilnehmer. Das Ramadanfasten wird von etwa 45 Prozent der gläubigen Erwachsenen und Berufstätigen eingehalten. Bei den regelmäßigen Moscheebesuchern liegt der Prozentsatz bei 70 v. H.

Diese 1979 vom „Islam-Archiv Deutschland" in Saarbrükken ermittelten Daten werden durch eine Befragung türkischer Kinder an Essener Schulen gestützt. Demnach gaben 66,1 Prozent der Schüler an, daß bei ihnen zu Hause ein Gebetsteppich vorhanden sei. Aber nur 43 Prozent erklärten, daß die vorgeschriebenen Gebete regelmäßig verrichtet würden. Es entspricht diesem Anteil der Prozentsatz aller Befragten, die zu Hause mitbeten müssen (43,8 Prozent). Daraus folgert das Essener Befragungsteam: „Man kann hier wohl von einer Kerngemeinde sprechen, die ihren Glauben ernst nimmt und zu Hause mit den Kindern danach lebt: Für rund 34 Prozent aller Befragten gilt, daß zu Hause ein Gebetsteppich vorhanden ist, daß das rituelle Gebet verrichtet wird und daß sie daran teilnehmen müssen. In der hier auftauchenden islamischen Kerngemeinde bedeutet die religiöse Erziehung im Elternhaus offensichtlich etwas Selbstverständliches: Um diesen Kreis der ernsten Moslems herum zeichnet sich ein Ring von Gläubigen ab (etwa 30 Prozent), der weniger einheitlich strukturiert scheint" (Heyo E. Hamer: *Türkische Schulkinder – wo sind sie innerlich zu Hause?*).

Wenngleich diese Zahlen zu imponieren vermögen, ist auch beim Islam in der Bundesrepublik eine „abnehmende Tendenz" in der praktizierten Frömmigkeit zu beobachten. Nach einer Repräsentativumfrage in rund 200 islamischen Gemeinden Anfang 1979 stimmten 70 Prozent der befragten Moslems (Arbeitnehmer, Hausfrauen, Jugendliche und Schüler) der These zu, daß unter ihnen eine Abnahme der Religiosität im „hergebrachten Sinne" festzustellen sei. Gestützt auf diese Umfrage, sind etwa 45 Prozent der in Deutschland lebenden ausländischen Moslems dem Kreis derjenigen zuzurechnen, die mit dem Islam in der modernen Arbeitswelt nicht mehr zurechtkommen und die aus diesem Grunde religiösen Fragen mehr oder weniger gleichgültig gegenüberstehen. Interessant nur, daß lediglich ein Prozent offen zugaben, daß der Islam ihnen völlig gleichgültig sei. Weiter ist deutlich geworden, daß sich das Klima zwischen dieser großen Gruppe der „Gleichgültigen" und den praktizierenden Moslems in den letzten Jahren extrem verschlechtert hat. Anstatt nach den Ursachen dieser negativen Entwicklung zu forschen und sich mit den Argumenten und Fragen der Zweifler auseinanderzusetzen, werden sie von den „Frommen" pauschal und ungeprüft als „Kommunisten" und „Atheisten" verleumdet, die man „um des Glaubens willen bekämpfen" müsse. Die „Gleichgültigen" wiederum sind in ein anderes Extrem verfallen. Sie neigen dazu, islamische Frömmigkeit, ja Frömmigkeit schlechthin, grundsätzlich als „Faschismus" abzuqualifizieren, und verlangen immer lauter von den deutschen Behörden ein generelles Verbot aller religiösen Moslemorganisationen und -vereinigungen in der Bundesrepublik ohne Rücksicht darauf, daß hier Anhänger des Islams aus rund 40 Nationen leben, darunter auch deutsche Staatsbürger.

Aber auch im religiösen Lager selbst herrscht beileibe keine brüderliche Eintracht. Die Kluft zwischen den sogenannten kooperativen Gemeinden, Verbänden und Gemeinschaften und den Gruppen, die eine partnerschaftliche Zusammen-

arbeit mit der deutschen Gesellschaft ablehnen, hat sich seit 1980 weiter vertieft. Man bezichtigt sich gegenseitig der „Verschwörung gegen den Islam" und scheut in diesem Zusammenhang auch vor Gewalttaten gegen den jeweils andersdenkenden Glaubensbruder nicht zurück.
Seit Mitte 1980 versuchen jedoch die liberalen Moslemgemeinden mit einigem Erfolg ein gesundes Gegengewicht zu den fundamentalistisch orientierten Verbänden aufzubauen.

2.2 *Soziale Stellung und Einordnung*[6]
Der Islam in Deutschland ist weitgehend von der osmanischen Kultur und Tradition geprägt. Gerade die türkische Minderheit – und damit die Mehrheit der Moslems – hat nun die Ausländermisere in der Bundesrepublik in bisher nie dagewesener Schärfe erhellt; denn für keine ethnische Gruppe ist die Kluft zwischen den heimischen Lebensbedingungen und der hochtechnisierten, pluralistisch strukturierten Industriegesellschaft so tief wie bei ihnen. Sie verkörpern auch heute noch als sozial schwächste Randgruppe am deutlichsten die gesellschaftspolitische Problematik ausländischer Arbeitnehmer, verschärft obendrein durch ihre religiöse und kulturelle Andersartigkeit. Für Türken bedeutet „Gastarbeit" ja nicht nur Begegnung mit einem fremden Land, sondern auch Verlust einer vom Islam geprägten Lebensform.
In einer Untersuchung, die ein internationales Markt- und Sozialforschungsinstitut im Auftrage des Auswärtigen Amtes und des Bundesministeriums für Arbeit und Sozialordnung durchgeführt hat, heißt es bezeichnenderweise: „Die Mentalität der Türken, besonders im Hinblick auf ihre Religion Islam, bewirkt naturgemäß größere Schwierigkeiten bei der Anpassung, als sie die Italiener hatten, die gleich den Deutschen demselben christlich-abendländischen Kulturkreis angehören"; oder: „Hier kommt vor allem zum Ausdruck die absolut andere Mentalität der Türken, ihre Sitten und Gebräuche, auch hinsichtlich Essen und Trinken,

also die Schwierigkeit, wenn nicht gar Unmöglichkeit, sich anzupassen (religiöse Vorschriften)."[7]
Und in der Tat: Der Islam ist ein das ganze Leben des Menschen umfassendes Gefüge religiöser Traditionen, gesellschaftlicher Ordnungen und politischer Bindungen. Daß das den Aufenthalt eines Moslems in einer nicht vom Islam geprägten Umwelt erschwert, steht außer Frage. Hinzu kommt, daß Integrationsschwierigkeiten naturgemäß umso krasser zutage treten, je unterentwickelter das intellektuelle Niveau eines Menschen ist. Diese Feststellung ist keineswegs abwertend gemeint. Es ist jedoch zu bedenken, daß die überwiegende Mehrheit der Türken sprachlich, kulturell und politisch aus der weitesten Peripherie kommen. Sie liefern in der Bundesrepublik ein Exempel dafür, daß gesellschaftlich nicht eingebundene Minderheiten zur räumlichen Absonderung drängen und in der Fremde vertraute Lebensgewohnheiten suchen, indem sie eng zusammendrängen. Das wird unterstrichen durch die Existenz von Türkenkolonien – um das Wort Ghetto zu vermeiden – in den industriellen und wirtschaftlichen Ballungsräumen überall in der Bundesrepublik.
Diese Türkenkolonien zeigen inzwischen alle Züge sozialer Problemgebiete: Schlechte Wohnverhältnisse, damit verbunden ein hohes Maß an gesundheitlichen Risiken, Stagnation der Investitionen, Verfall der Häuser und – leider auch – Kriminalität. Mit anderen Worten: An den Erosionsstellen deutscher Städte wächst ein neues Subproletariat heran, keimt die Saat sozialer Krankheiten. Harlemsymptome sind seit Jahren sichtbar geworden.

2.3 *Moslemische Kinder und Jugendliche*
In diesem gefährdeten Umfeld wachsen derzeit rund 600.000 moslemische Kinder und Jugendliche unter 16 Jahren heran. Ihre Gesamtsituation kann durch drei Stichworte charakterisiert werden: Grundschule (keine ausreichende Qualifikation für weiterführende Schulen, beängstigender Rückstand

in der deutschen Sprache, weithin Isolation); Hauptschule (etwa 70 Prozent der moslemischen Schüler erhalten kein Abschluß-, sondern lediglich ein Abgangszeugnis); Berufsschule (kaum Aussicht auf eine qualifizierte Berufsausbildung).

Die Grundfrage im Blick auf die in Deutschland heranwachsenden moslemischen Jugendlichen ist: Wie kann man ihre kulturelle und religiöse Identität in einer westlichen Industriegesellschaft erhalten und gleichzeitig eine menschliche und gesellschaftliche Entwicklung bei ihnen fördern, die dieser Gesellschaft angemessen ist?

Vor diesem Hintergrund muß nüchtern gesagt werden: Die bisherigen Versuche und Regelungen vermochten insgesamt gesehen nicht zu verhindern, daß die moslemischen Kinder kaum eine Chance haben für eine qualifizierte Erziehung und Ausbildung im Ausland, die es ihnen allein ermöglichen würden, aus dem Hinterhof herauszukommen, um in der deutschen Gesellschaft einen ihnen angemessenen Platz zu erringen.

Erschwert wird die hier geschilderte Situation obendrein zweifellos durch den bildungsbedingten Verfall der türkischen Familienstruktur, hervorgerufen durch den immer deutlicher werdenden Widerspruch zwischen den Wertvorstellungen des Elternhauses und den erklärten Erziehungszielen der deutschen Schule, denen auch türkische Kinder unterworfen sind. Die dadurch entstehenden Spannungen führen vielfach zur Auflösung bzw. Infragestellung bis dahin gültiger und unantastbarer Autoritäten. Allzuoft enden Tragödien dieser Art in völliger Entwurzelung der Kinder.

Am 22. Oktober 1980 hat sich die „Islamisch-Christliche Arbeitsgruppe zu Ausländerproblemen" (ICA) mit der Situation moslemischer Kinder an den deutschen Schulen befaßt. Die anschließende Presseerklärung zeigt, daß die ICA das eigentliche Problem schulischer Integration erkannt hat. Es ist daher zu hoffen, daß ihre Vorschläge und

Anregungen bei den Kultus- und Schulbehörden die nötige Aufmerksamkeit und Resonanz finden, zumal im Jahre 1985 voraussichtlich jeder zehnte Schüler in der Bundesrepublik ein Moslem sein wird.
Die ICA vertritt den Standpunkt, daß angesichts dieser Entwicklung vor allem in den Ballungsgebieten Veränderungen für das schulische Angebot erforderlich sind. Schon jetzt seien Planungen der Schulbehörden nötig, damit die absehbaren Konflikte zwischen deutschen und moslemischen, vorwiegend türkischen Schülern in Grenzen gehalten werden können. Bisher, so die ICA, seien weder die Eltern, die Lehrer noch die Schulbehörden auf diese Herausforderung vorbereitet.
Von den moslemischen Teilnehmern der ICA-Sitzung vom 22. Oktober 1980 ist laut Pressemitteilung in diesem Zusammenhang der Wunsch ausgesprochen worden, daß moslemische Kinder in deutsche Regelklassen integriert werden und daß im Rahmen der öffentlichen Schulen islamischer Religionsunterricht in deutscher Sprache erteilt wird. Ein Hinweis, der in den Kultusbehörden aufmerksam registriert werden sollte, zumal nur der Vertreter des Verbandes Islamischer Kulturzentren sich diesem Wunsch nicht angeschlossen hat. Wörtlich heißt es in der Erklärung: „Nur dadurch könne es zu der notwendigen Verständigung zwischen christlichen und moslemischen Schülern kommen. Ein solcher Unterricht kann ein Ansatzpunkt sein, um die kulturellen und religiösen Inhalte entsprechend der neuen Situation zu reflektieren und zu verstehen. So sei es z. B. nötig, sich langfristig dafür einzusetzen, daß Mädchen und Jungen gemeinsam unterrichtet werden können. Eine intensive Arbeit unter moslemischen Eltern ist erforderlich, damit sie lernen, daß dies im Sinne des Korans und der islamischen Tradition ist. Voraussetzung für diese Lösung ist es, daß die moslemischen Kinder und Familien ihre kulturelle und religiöse Identität wahren können. Dem können von den islamischen Gemeinschaften getragene Korankurse, in

denen die Unterweisung im Koran und in der religiösen Praxis erfolgen kann, dienen.[8]
Damit hat die ICA eine besondere Notlage im Bereich von Schule und Erziehung angesprochen: die Unterweisung der moslemischen Kinder in der eigenen Religion. Zwar ist nach deutschem Recht an allen öffentlichen Schulen die Möglichkeit gegeben, einen islamischen Religionsunterricht zu erteilen, aber es fehlen Religionslehrer, die zudem den in Deutschland erforderlichen pädagogischen Anforderungen genügen müssen. Religionsunterricht in einer pluralistischen Gesellschaft muß dialogisch ausgerichtet sein, d. h., die islamischen Religionslehrer müßten auch über profunde Kenntnisse des Christentums verfügen. Da diese Fachlehrer zudem von der islamischen Seite gestellt werden müßten, wird die Einführung eines ordentlichen islamischen Religionsunterrichts an deutschen Schulen noch lange auf sich warten lassen. Eine Folge dieser Situation ist, daß es im Bereich der öffentlichen Schulen in der Bundesrepublik so gut wie keinen ordnungsgemäßen islamischen Religionsunterricht für moslemische Kinder gibt. Ein unbefriedigender Zustand, wie auch von der deutschen Seite eingeräumt wird. Die privaten – und auch oft umstrittenen – Korankurse islamischer Gemeinden allein können dieses Vakuum nicht ausfüllen, zumal sie zum einen kein religiöses Wissen vermitteln und zum anderen lediglich von knapp zehn Prozent der moslemischen Kinder besucht werden.[9]
Zwar hat der „Verband türkischer Lehrer in NRW" (NRW-T.Ö.B.) es jahrelang verstanden, der Landesregierung in Düsseldorf, den politischen Parteien, den Gewerkschaften und den Kirchen glaubhaft zu machen, die sogenannten Korankurse würden von 70 bis 80 Prozent der schulpflichtigen türkischen Kinder besucht,[10] aber die bereits zitierte Umfrage unter türkischen Schülern in Essen spricht vom Gegenteil. Auf die Frage „Bekommst du Koranunterricht?" antworteten 72,7 Prozent mit „Nein" und 15,7 Prozent mit „Ja"; 11,6 Prozent der Schüler blieben eine Antwort schul-

dig, 5,8 Prozent wiesen auf eine Unterweisung zu Hause hin. Lediglich 5 Prozent gaben an, Unterricht in einem der sogenannten Korankurse zu erhalten. Man hat seitens der deutschen Kultusbehörden zu spät erkannt, daß in den islamischen Ländern Religion keine Privatsache ist, sondern ein wesentlicher Bestandteil der Identität. Man hat nicht erkannt, daß Religionsunterricht für die islamische Minderheit, die hier in einer andersgläubigen, dazu noch säkularen Umwelt leben muß, gleichbedeutend ist mit Identitätsunterricht. Der Islam ist auf seine Erteilung angewiesen, wenn er unter den Bedingungen der europäischen Gesellschaftsordnung überleben will. Es ist daher zu begrüßen, daß sich die Landesregierung von Nordrhein-Westfalen in ihren neuen Leitlinien zur Ausländerpolitik auch des Problemkreises religiöse Unterweisung für moslemische Kinder annimmt. Dort heißt es:

„In eine besondere Problemsituation können ausländische Kinder kommen, die dem islamischen Glauben angehören und in Familien mit starker Bindung an den Islam aufwachsen, in denen die gesamte Lebenshaltung primär religiös geprägt ist.

In diesem Zusammenhang ist auf den ‚Koranunterricht' hinzuweisen, der fälschlicherweise häufig als ‚Koranschule' bezeichnet wird. Gegen diesen ‚Koranunterricht' werden folgende Vorwürfe erhoben:

der Unterricht wird von pädagogisch ungeeigneten Personen erteilt;

Kinder werden körperlich gezüchtigt;

durch den zusätzlichen Unterricht werden die schulischen Leistungen der Kinder negativ beeinflußt;

insgesamt werden die Kinder physisch überfordert;

die schulische und soziale Integration wird gefährdet.

Einzelne Vorwürfe sollen hier nicht diskutiert werden, festzustellen ist aber, daß

der Koranunterricht in unterschiedlicher Form und Trägerschaft angeboten und erteilt wird;

der Koranunterricht in die Auseinandersetzungen ausländischer links- und rechtsextremistischer Gruppierungen in der Bundesrepublik Deutschland aus unterschiedlicher Motivation einbezogen wird;
für ein generelles staatliches Eingreifen gegen den Koranunterricht die Rechtsgrundlage fehlt;
es bisher nicht möglich war, Straftatbestände zu beweisen und zur Grundlage eines Gerichtsverfahrens zu machen.
Gründe für islamische Eltern, ihre Kinder am Koranunterricht teilnehmen zu lassen, sind u. a.:
Die religiöse Bindung an den Islam soll auch während des Aufenthalts in einem Land, das von christlicher Kultur geprägt ist, aufrechterhalten werden;
die religiöse Bindung wird als Voraussetzung für eine erfolgreiche Reintegration in die heimische Gesellschaft angesehen;
nicht in allen Schulen wird islamischer Religionsunterricht erteilt.
Die Landesregierung erstrebt darum:
Dem unzulänglich oder in negativer Form erteilten Koranunterricht primär positiv und konstruktiv zu begegnen. Dies wird ermöglicht
a) durch das ausreichende Angebot islamischen Religionsunterrichts in den Schulen. Damit würde der Koranunterricht in die Schulen verlagert;
b) die Auswahl geeigneter Lehrkräfte;
c) die Erstellung von Lehrplänen und Unterrichtsmaterialien;
d) die objektive Behandlung des Themas ‚Koranunterricht' im Rahmen der Schulmitwirkung;
e) eine stärkere Rücksichtnahme auf kulturelle und religiöse Eigenarten bei Maßnahmen und in Einrichtungen der Jugendhilfe und Jugendförderung.
Die nachdrückliche und konsequente Anwendung unseres Rechts bei Feststellen von Gesetzesverstößen im Zusammenhang mit der Erteilung von Koranunterricht.

Die Regierungen der betroffenen Herkunftsländer sollten im Geiste gegenseitiger Achtung konstruktiv an der Bewältigung der Probleme mitarbeiten und zum Wohle der betroffenen Kinder und ihrer schulischen Förderung beitragen."[11]
Von islamischer Seite ist dazu anzumerken, daß sich bei einer Repräsentativumfrage im Frühjahr 1979 immerhin 32 Prozent der befragten türkischen Eltern und Jugendlichen für die Einführung eines islamischen Religionsunterrichts als ordentliches Lehrfach an den öffentlichen Schulen ausgesprochen haben. Diese Zahl entspricht genau dem Anteil der ständigen Moscheebesucher. Nur drei Prozent der Befragten votierten seinerzeit für eine Ausweitung des Koranschulnetzes. Während die deutsch-türkische Schulexpertenkommission sich im Juli 1980 dafür einsetzte, alle türkischen Kinder „so schnell wie möglich in die deutschen Regelklassen zu überführen", wobei die türkische Muttersprache anstelle der ersten sonst üblichen Fremdsprachen treten soll („Keine Koran-Schulen und Nationalklassen", in: *Neue Westfälische Zeitung,* 29. Juli 1980),[12] war bereits im März 1980 der Beauftragte der evangelischen Landeskirchen in Nordrhein-Westfalen, Kirchenrat Albrecht von Mutius (Düsseldorf), für die Einrichtung von „islamischen Schulen in privater Trägerschaft" eingetreten. Nach Meinung des kirchlichen Beauftragten sind weder der Koranunterricht noch ein staatlich verordneter Religionsunterricht für moslemische Kinder an öffentlichen Schulen geeignet, den Ausländerkindern islamischen Glaubens zu anerkannten Schulabschlüssen zu verhelfen, ohne daß sie ihrer Kultur entfremdet werden.
In einem Interview mit dem *Evangelischen Pressedienst* betonte von Mutius, daß die Kinder bei der Einrichtung besonderer islamischer Schulen den Vorteil hätten, „eine den hiesigen Anforderungen entsprechende Schulbildung mit anerkannten Abschlüssen zu erhalten, ohne ihrer Kultur entfremdet zu werden".

Von Mutius räumte in dem Gespräch mit *epd* ein, daß durch die Einrichtung solcher Schulen die Tendenz zur Ghettobildung, also zum extremen Gegenteil einer gesellschaftlichen Integration, verstärkt werden könnte. Diese Gefahr müsse aber in Kauf genommen werden, denn: „Menschen anderer Nationalitäten und anderen Glaubens, noch dazu, wenn sie aus einem anderen Kulturkreis kommen, muß man doch die Möglichkeit, ja das Recht zubilligen, ihre Identität zu wahren, sofern sie das wünschen" *(epd, Nordrhein/Mittelrhein-Saar,* Nr. 36, 12. März 1980).
Sosehr man Kirchenrat von Mutius unterstellen muß, daß er angesichts der Schulmisere der moslemischen Kinder ein hilfreiches Wort sagen wollte, so deutlich muß dem entgegengehalten werden, daß sein Vorschlag, islamische Privatschulen einzurichten, genau jenen Kräften in die Arme arbeitet, die eine Integration der islamischen Minderheit um jeden Preis verhindern wollen. Es darf nicht übersehen werden, daß sich auch unter den religiös eingestellten türkischen Eltern die Meinung durchzusetzen beginnt, daß nur durch die Einschulung in die deutsche Regelklasse die Zukunft ihrer Kinder gesichert zu werden vermag. Dieser Prozeß, der von massivem Widerstand militanter Gruppierungen und ihrer Hodschas begleitet wird, sollte behutsam von den deutschen Behörden und der Öffentlichkeit gefördert werden. Pressekampagnen, wie etwa die sensationell aufgeputschte und wohl auch antireligiöse Berichterstattung über die „Koranschulen", schaden dem Integrationsprozeß. Sie schaffen ungewollte Solidaritäten und treiben integrationswillige ausländische Moslems in die Arme der Extremisten.
Um die Zukunft der moslemischen Kinder optimal zu sichern, müßten die Integrationsbemühungen im vorschulischen Alter einsetzen, also im Kindergarten. Ist nämlich der Kindergarten schon für die einheimischen Kinder im Hinblick auf die spätere schulische und gesellschaftliche Entwicklung von größter Wichtigkeit, so erst recht für die moslemischen. Die Chancen stehen derzeit gut. Anders als in

den ersten Jahren der Migration haben viele Kindergärten infolge des starken Geburtenrückgangs bei der einheimischen Bevölkerung Mühe, ihre Kapazitäten auszunutzen. Es sind also genügend Plätze für moslemische Kinder vorhanden. Doch die sich bietenden Gelegenheiten werden von den Eltern nur wenig oder zögernd genutzt. Pater Werner Wanzura, Leiter der Ökumenischen Kontaktstelle für Nichtchristen im Erzbistum Köln, versucht im Pastoralblatt seiner Diözese eine Erklärung für die Haltung der moslemischen Eltern: „Die Gründe sind verschieden. Viele Eltern scheinen die Kosten zu scheuen und lassen ihre Kleinkinder in der Obhut ihrer Geschwister. ... Ein anderer Grund ist ohne Zweifel die Angst der Moslems, daß ihre Kinder in den christlichen Kindergärten zu stark vom christlichen Glauben beeinflußt werden. ... Manche Moslems sind äußerst allergisch geworden gegen aktive Bekehrungsversuche gewisser evangelikaler Einrichtungen, einzelner Katholiken und von Sekten" („Moslemkinder in Kindergärten und Schulen"). In *Landtag intern* vom 17. November 1980 hat Heinz-Josef Nüchel (CDU) ein Bündel von Maßnahmen gefordert, um ausländische Eltern von der „unwiederbringlichen Chance des Kindergartens" zu überzeugen. Er schreibt: „Je mehr Kinder unserer Gastarbeiter diese Chance nutzen, umso weniger Probleme kommen auf die Gesellschaft der späteren Jahre zu." Die von Nüchel aufgestellten konkreten Forderungen und Aspekte verdienen Aufmerksamkeit:

1. Wichtig sind verstärkte Bemühungen um Information ausländischer Eltern, die dem Abbau von Vorurteilen gegen den Kindergarten dienen. Sie wissen zuwenig über Ziele, Inhalte und Methoden der Kindergartenerziehung. Islamische Eltern haben oft Sorge, daß ihre Kinder religiös beeinflußt werden. Diese Elternarbeit muß muttersprachlich und nicht nur mit Schriften durchgeführt werden.

2. In die Kindergärten gehören zusätzliche Hilfskräfte, die als muttersprachliche Bezugspersonen eingesetzt werden. Im Kindergartenalter braucht das Kind einen Ansprech-

partner, der dem Kind das volle Mittun sprachlich erleichtert und ermöglicht.

3. Notwendig sind Aus- und Fortbildungsprogramme für Erzieher, die mit deutschen und ausländischen Kindern arbeiten. Erzieher benötigen Kenntnisse über die Vermittlung der deutschen Sprache sowie über die Sozialisationsbedingungen in den Herkunftsländern.

4. Nur die Tagesstätte wird dem angestrebten Ziel gerecht, da weit über die Hälfte der Ausländereltern beide außerhäuslich berufstätig sind.

5. Die Öffnungszeiten der Kindergärten müssen neu überdacht werden. Notwendig ist, schon um sieben Uhr zu öffnen, Mittagessen zu reichen und abends später zu schließen.

6. Integration wird nur erreicht, wenn der Anteil deutscher und ausländischer Kinder ausgewogen ist. Es gibt in manchen Tagesstätten schon eine Ausländerquote von 80 bis 90 Prozent. In Wohnbereichen mit hohem Ausländeranteil ist der Bedarf an Plätzen besonders hoch. Unkonventionelle Mittel sind nötig, um dem Nachholbedarf abzuhelfen. Durch zeitlich befristete Anmietung von Wohnungen, in denen Tagesstätten eingerichtet werden, könnte wirkungsvoll geholfen werden *(Landtag intern, Nordrhein-Westfalen,* „Integration in den Kindergärten", Seite 2, 17. November 1980).

Nun hat beispielsweise die Synode des Kirchenkreises Duisburg-Nord die Gemeinden, in deren Kindergärten in der Vergangenheit wegen Mangels an Kindern Gruppen geschlossen wurden, inzwischen aufgerufen, mit Rücksicht auf ausländische Kinder diese Gruppen wieder neu einzurichten, da der Ausländeranteil in den evangelischen Kindergärten in Duisburg gestiegen sei *(epd, Region West,* 26. November 1980). Dennoch kommt die Landesregierung in ihren Richtlinien zur Ausländerpolitik insgesamt gesehen zu dem Schluß, daß „die Teilnahme ausländischer Kinder an der Kindergartenerziehung weit hinter dem Platzangebot zurückbleibt". Von den etwa 80.000 ausländischen Kindern im Kindergartenalter hätten Ende 1978 nur 32,4 Prozent einen Kindergarten besucht.

Um die Beteiligung zu erhöhen, muß nach Ansicht der Landesregierung in den Kindergärten eine Atmosphäre geschaffen werden, „in der das ausländische Kind sich angenommen und verstanden fühlt und seinen Eltern deutlich wird, daß die besondere Situation des Kindes ausreichend berücksichtigt wird". Außerdem müsse dem Kind geholfen werden, in die Gruppe der Kindergartenkinder hineinzuwachsen und sich in sie zu integrieren.

In der Tat versuchen seit Mitte 1978 kirchliche Kreise den Integrationsschwierigkeiten von Kindern islamischen Glaubens mit einem verstärkten Angebot an Kindergartenplätzen frühzeitig entgegenzuwirken. Um die deutschen Kindergärtnerinnen auf diese neue Situation vorzubereiten, führt die bereits erwähnte Ökumenische Kontaktstelle für Nichtchristen im Erzbistum Köln besondere Fortbildungskurse durch, in denen den Erzieherinnen das nötige Wissen über den Islam und die Mentalität seiner Gläubigen vermittelt wird. Dazu gehören insbesondere auch die genaue Kenntnis der religiösen Praxis und der rituellen Speisevorschriften. Diese Arbeit wird seit 1980 von einer Handreichung über den „Umgang mit türkischen Kindern" unterstützt, die von der Dokumentationsleitstelle für christlich-islamische Begegnung (CIBEDO) in Köln herausgegeben worden ist. An diesen Fortbildungskursen nehmen regelmäßig auch evangelische und kommunale Kindergärtnerinnen teil.

Seit August 1978 liegt auch im Bereich der westfälischen evangelischen Landeskirche ein Arbeitspapier zum Thema „Moslemische Kinder in evangelischen Kindergärten" vor, das zukunftsweisend sein könnte. Darin wird, „um türkischen Kindern in evangelischen Kindergärten ein Heimatgefühl zu geben", unter anderem vorgeschlagen, ab etwa 15 Prozent der Plätze, die mit moslemischen Kindern belegt sind, eine türkischsprechende Kraft einzustellen, „die auch die religiöse Unterweisung der Kinder übernehmen soll". Um qualifizierte Mitarbeiterinnen für diese Aufgabe zu gewinnen, wird in dem Papier vorgeschlagen, „türkische Mädchen in die Erzieherausbildung" zu übernehmen. Angesichts der Befürchtung vieler moslemischer Eltern, ihre Kinder würden in den deutschen Kindergärten „christianisiert" und von ihrem Glauben abtrünnig gemacht, betont das Papier, daß „die Bezeugung christlichen Glaubens nur in der Respektierung der Identität und Kenntnis der Lebensweise des anderen geschehen" könne. Auf keinen Fall dürfe die Begegnung von Christen und Moslems in ihrer ganzen Problematik auf dem Rücken der Kinder ausgetragen werden. Hier sei größte Fairneß den anderen gegenüber notwendig. „Bei der Aufnahme türkischer Kinder in den Kindergarten ist Integration statt Assimilation anzustreben: Assimilation würde zur Aufgabe des eigenen Glaubens zwingen und kann nicht das Ziel sein", heißt es abschließend. Wobei angemerkt werden muß, daß das hier erwähnte Papier noch nicht die Billigung der zuständigen Spitzengremien gefunden hat. Daß trotz dieser Ansätze das Mißtrauen der moslemischen Eltern verständlich ist, wird deutlich, wenn man beispielsweise aus dem *Wuppertaler Generalanzeiger* vom 20. Oktober 1978 erfährt, daß Kindergartendienst „reine Volksmission" sei. Dort heißt es unter anderem, man könne der großen Zahl der ausländischen Kinder nicht auf „unsere Art" begegnen, „sie leben in der Mentalität ihres Elternhauses. Kindergartendienst ist reine Volksmission." Wenngleich der Landesbischof der evangelisch-lutherischen Landeskirche von Schaumburg-Lippe, Heubach, noch am 14. Januar 1981 in einem Gespräch mit dem Beauftragten des „Islamischen Weltkongresses" für das Land Niedersachsen feststellte, daß sich für ihn die Begegnung mit Moslems in „Beziehungen zu Objekten diakonischer Arbeit" erschöpfe, muß festgehalten werden, daß dieses offensichtlich nicht der Standpunkt der gesamten Evangelischen Kirche in Deutschland ist. So stellte das Diakonische Werk der EKD in Stuttgart am 1. August

1980 in einem Diskussionspapier zum Thema „Muslimische Kinder in evangelischen Kindergärten" unter anderem heraus, daß die Begegnung mit der anderen Religion für die christlichen wie für die moslemischen Kinder und Eltern die Chance tieferer und bewußterer Erfahrung des jeweils eigenen Glaubens biete. Dabei gehe es nicht darum, in irgendeiner Weise einer Vermischung der eigenen Zugehörigkeit Vorschub zu leisten. Die Begegnung mit dem anderen Glauben könne vielmehr das Erleben der eigenen Religion vertiefen und damit die Achtung vor der Überzeugung des Andersgläubigen ermöglichen. Beides müsse für die Kinder beider Religionen angestrebt werden. „Sie sollen Gemeinsamkeiten wie Unterschiede im Glauben und in der Lebensgestaltung kennen und bewußt beurteilen lernen."
Es ist erfrischend, wenn die Teilnehmer eines Lehrganges des Evangelischen Fachverbandes der Tageseinrichtungen in Westfalen und Lippe die evangelischen Pfarrer auffordern, sich mit dem Koran auseinanderzusetzen und ihren Beitrag zu Fragen der christlich-islamischen Begegnung zu liefern. Wenn sie sich betroffen zeigten über die tendenziöse Art, der in der Öffentlichkeit über die ihren Glauben bekennenden Moslems gesprochen wird *(epd, Ruhr,* Nr. 114, 3. November 1980). Ermutigend auch, daß sich 100 evangelische Erzieherinnen und Erzieher auf einer Fachtagung in Mühlheim-Ruhr gegen jene evangelischen Kindergärten gewandt haben, „die darauf achten, ‚türkenfrei' zu sein" *(epd, Ruhr,* Nr. 100, 25. September 1980). Man sollte also nicht den Mut verlieren, weder auf der christlichen noch auf der islamischen Seite.
Es bleibt also letztlich die Frage, ob die deutsche Gesellschaft frei genug ist, einer Minderheit freie Entfaltung zu gewähren, und ob sie bereit ist, die kulturellen, sozialen und religiösen Eigenarten der Moslems zu respektieren. Eine solche Bereitschaft würde den Teufelskreis von Mißtrauen und Furcht durchbrechen können und damit der großen Zahl moslemischer Kinder den Weg zur Integration öffnen.

3 RELIGIÖSE UND POLITISCHE VERBÄNDE

Von den in der Bundesrepublik Deutschland lebenden ausländischen Moslems sind etwa 24 Prozent in Vereinen oder Verbänden organisiert. Davon 20 Prozent im religiösen Bereich (Mitglieder und Betreute) und vier Prozent in politischen Zusammenschlüssen. In der ZDF-Nachrichtensendung *heute* vom 27. Juni 1980 wurde die Zahl der politisch organisierten Türken mit insgesamt 58.000 angegeben: 30.000 seien dem rechts- und 28.000 dem linksextremistischen Spektrum zuzurechnen. Diese Angaben decken sich exakt mit denen, die der Verfassungsschutzbericht für das Jahr 1979 veröffentlicht hat.

Gleichzeitig wurde in der Sendung verdeutlicht, daß die rechtsextremistischen Kräfte ihre Aktivitäten bislang ausschließlich gegen andersdenkende Landsleute gerichtet hätten. Dagegen richte sich die Offensive der neuen Linken auch gegen politische Kräfte in der Bundesrepublik.

3.1 Islamische Verbände und Organisationen

3.1.1 „Verband Islamischer Kulturzentren" e. V. (Süleymanli-Bewegung), Sitz in Köln

Dem Verband gehören 210 islamische Gemeinden im Bundesgebiet mit etwa 18.000 fast ausschließlich türkischen Mitgliedern an. Nach eigenen Angaben stehen rund 20 Prozent der Mitglieder der „Gerechtigkeitspartei" (AP) nahe, während fünf Prozent anderen Rechtsgruppierungen angehören bzw. mit ihnen sympathisieren. Die Süleymanli sind eindeutig konservativ ausgerichtet. Sie waren ursprünglich lediglich als Korankurs-Bewegung im Widerstand gegen den kemalistischen Laizismus konzipiert und nahmen erst in der Bundesrepublik „volkskirchlichen" Charakter an. Die Bewegung ist hierarchisch organisiert. Ihre Kader sind in bedingungslosem Gehorsam an das jeweilige geistliche Oberhaupt gebunden. Der Kader in der Bundesrepublik umfaßt etwa 200 bis 300 Personen.

In der Türkei trägt die Bewegung den Namen „Föderation der Korankurse" mit Sitz in Sirkeci-Istanbul. Sie gilt als illegal, da sie sich der Kontrolle der Obersten Religionsbehörde in Ankara entzieht. Wenngleich der „Verband Islamischer Kulturzentren" in jüngster Zeit immer wieder in Verbindung mit rechtsextremistischen Kräften (MHP/ Graue Wölfe) gebracht wird, betont seine Führungsspitze, daß sie sich der freiheitlich demokratischen Grundordnung der Bundesrepublik verpflichtet fühle.

Die Süleymanli-Bewegung geht auf den Derwisch Süleyman Hilmi Tunahan zurück, der im Jahre 1888 in Silistre geboren wurde. Sein Vater Osman Effendi gehörte einer Familie an, die von Sultan Mehmed Fatih mit dem Fürstentum Tuna belehnt worden war. Die Legende erzählt, daß Osman Effendi während seines Studiums in Istanbul einen Traum hatte: Ein von seinem Körper abgetrenntes Glied steigt zum Himmel auf und strahlt von dort aus auf die Erde zurück. Er deutete diesen Traum dahin, daß sein Sohn Süleyman einst von Gott erleuchtet werden würde.

Süleyman studierte zunächst in Istanbul Rechtswissenschaften und wandte sich dann der Theologie zu. Der Überlieferung zufolge stießen seine Predigten in den Moscheen von Istanbul auf große Beachtung.

Süleyman gehörte dem Nakshbendi-Orden an, der auf Moḥammad ibn Moḥammad Bahā' al-Dīn al-Bukhārī (1317–1389) zurückgeht. Er hat kein schriftliches Zeugnis hinterlassen. Seine Tätigkeit erschöpfte sich in der Gründung von Korankursen und in der Unterrichtung von Schülern.

Im Jahre 1933 wurde Süleyman das erste Mal verhaftet. Ein Gericht sprach ihn jedoch frei. Als er 1957 in der Moschee von Bursa von einem seiner Anhänger zum Mahdi proklamiert wurde, griffen die Staatsschutzbehörden ein zweites Mal zu. Auch dieses Verfahren endete mit einem Freispruch. Am 16. September 1959 ist Süleyman Hilmi Tunahan gestorben. Seine Anhänger werden „Süleymanli" oder „Schüler des Süleyman Effendi" genannt.

Auf dem 2. Bundestreffen der Bewegung, am 26. Mai 1980 in Hagen (Westfalen), hat der Vorstand des „Verbandes Islamischer Kulturzentren" ein Positionspapier vorgelegt, das Aufschluß über die Zielvorstellungen der Süleymanli in der Bundesrepublik vermittelt. Da es sich bei dem Papier zudem um eine Art Selbstdarstellung der Bewegung handelt, soll es hier wörtlich wiedergegeben werden:

„1. Was sind wir? Was sind wir nicht?

Wir sind türkische Moslems. Weil die islamische Religion zwischen Rassen und Hautfarben keinen Unterschied macht, gibt es unter uns Moslems aus verschiedenen Nationen, besonders eine große Anzahl von Deutschen. Unsere Religion ist der Islam. Man nennt uns Mohammedaner: Wir beten in Richtung der Ka'ba. Unser Prophet ist Mohammad. Wir beschreiten den von ihm vorgeschriebenen Weg, nämlich den der sunnitischen Glaubensrichtung. Mit all unseren Handlungen und unserem Glauben sind wir Angehörige der sunnitischen Glaubensrichtung. Was allein die Handlungen betrifft, so gehört die größte Mehrheit unter uns der ‚Hanafitischen' Glaubensrichtung an. Vom Glauben her gesehen sind wir ‚Maturidisten'.[13] Unsere innere und mystische Eigenschaft ist das Bewundern vom ‚Nakschibenditum'.[14] Wir möchten hier noch einmal betonen, daß wir reine mohammedanische Türken sunnitischer Glaubensrichtung sind. Wir erwarten weder von türkischen Behörden, die uns ins Ausland geschickt haben, noch von unseren westeuropäischen Freunden, für deren Wirtschaft wir als Gastarbeiter tätig sind, irgendeine Hilfe. Als idealistische Mohammedaner bemühen wir uns, unsere religiöse Identität zu bewahren und unsere Kinder in religiösen Angelegenheiten zu unterweisen. Wir vermeiden Auseinandersetzungen mit denjenigen, die auch keinen Streit mit uns anfangen wollen. Wir sind dagegen, daß die Religions- und Glaubensunterschiede unter den Menschen zu Auseinandersetzungen und zum Kampf führen. Hier wollen wir noch einmal bemerken, daß man uns in

Angelegenheiten, die unseren Glauben und unsere Glaubensrichtung angehen, mit Gewalt oder mit anderen Mitteln nie von unserem Weg abbringen und zu Konzessionen zwingen kann. Wir möchten jedoch zu Moslems aller Glaubensrichtungen und mit unterschiedlichen religiösen Eigenschaften, zu Christen und Juden und zu Ungläubigen, die nicht religionsfeindlich sind, durch bewährte Methoden im Rahmen der üblichen sozialen Umgangsformen Kontakte knüpfen und mit denen in ständiger Beziehung bleiben. Denn das ist der von unserer Religion und in unserem heiligen Buch vorgeschriebene Weg, den jeder Vernünftige befolgen soll. Falls wir irgendwie angegriffen werden sollten, würden wir in Notwehr uns zu verteidigen wissen und uns nicht einschüchtern lassen. Dieser Angriff könnte von Leuten kommen, die sich als Mohammedaner ausweisen, oder von Gruppierungen, die den Islam als ihr Monopol betrachten wollen sowie Andersdenkende nicht als Mohammedaner anerkennen, dabei selbst die Religion als ein Mittel zur Ausbeutung der Massen benutzen und deren Lebensweise mit Vorschriften des Islam nicht zu vereinbaren ist. Es könnte aber auch von gedankenlosen Religionsmännern, die wegen persönlicher Vorteile an die Religion gebunden sind, unternommen werden.

2. Was streben wir an?

Wir streben einzig und allein an, den im heiligen Buch vorgeschriebenen Pflichten nachzugehen. Ich betone hier ausdrücklich, daß wir bei der Ausübung der religiösen Pflichten die Gesetzgebung in der Türkei sowie in den Gastgeberländern voll anerkennen und respektieren. Dabei erwarten wir von niemandem finanzielle Unterstützung.

Wir haben im Auftrage der moslemischen türkischen Arbeitnehmer bei den deutschen Behörden den Antrag gestellt, als Körperschaften öffentlichen Rechts anerkannt zu werden. Aber weder in diesem Antrag noch in unserer

offiziellen oder inoffiziellen Korrespondenz und in unseren Besprechungen mit deutschen Behörden haben wir verlangt, von unseren Landsleuten eine ‚Moscheesteuer' in Form einer Kirchensteuer zu erheben.
In Ihrer Anwesenheit möchte ich noch einmal unseren diesbezüglichen Gesichtspunkt erörtern. Uns mit der Erhebung einer ‚Moscheesteuer' zu beschuldigen ist ein schwerer Fehler. Diese Anschuldigungen haben den Zweck, die Öffentlichkeit zu verwirren. In der Bundesrepublik Deutschland und anderen westeuropäischen Staaten werden wir unsere Bemühungen fortsetzen. Wir werden uns im Rahmen der Gesetzgebung dieser Staaten bemühen, daß der Islam als öffentlich-rechtliche Körperschaft anerkannt wird. Den Islam offiziell anerkennen ist für die europäischen Staaten eine Ehre und eine Notwendigkeit. Falls die Bundesrepublik Deutschland den Islam als öffentlich-rechtliche Körperschaft anerkennt, werden sie und unsere christlichen Mitbürger – und nicht wir oder die islamische Religion – bei Moslems im eigenen Lande sowie deren ca. eine Milliarde zählenden Glaubensbrüdern in aller Welt große Achtung genießen.
Die vor 50 Jahren in San Francisco paraphierte und später in Straßburg verabschiedete Deklaration der Menschenrechte schreibt an erster Stelle Religions- und Glaubensfreiheit vor. Die Deklaration ist noch heute gültig, und wir sind der festen Meinung, daß die Bundesrepublik, die die Menschenrechte hoch respektiert, über kurz oder lang uns dieses Recht zuerkennen wird.
Ich wiederhole: Wir verlangen von unseren deutschen Mitbürgern, daß sie unsere Religion, den Islam, offiziell anerkennen. Wenn unser Wunsch erfüllt wird, dann gehört die Ehre nicht uns, sondern der Regierung, die solch einen kühnen Schritt getan hat. Die tiefe Achtung vor Menschenrechten und Glaubensfreiheiten, so wie sie in westeuropäischen Staaten fest etabliert ist, ermöglicht uns heute, unseren religiösen Pflichten frei und unbe-

schränkt nachzugehen. Deswegen möchten wir uns hier bei den Bundesbehörden herzlich bedanken. Wenn aber der Islam als öffentlich-rechtliche Körperschaft akzeptiert werden sollte, dann werden unsere Kinder in deutschen Schulen in religiösen Angelegenheiten besser betreut, die berufstätigen Eltern werden freitags für das Mittagsgebet beurlaubt, so daß sie diese wichtige Pflicht nicht versäumen. Sie werden jährlich zweimal anläßlich der religiösen Ramadan- oder Opferfeste jeweils drei oder vier Tage Urlaub bekommen. Aber auch bei Bestattungen, Hochzeiten und Beschneidungen der Kinder werden sie die religiösen Vorschriften besser und leichter erfüllen können.

Wir werden uns immer im Rahmen demokratischer Prinzipien betätigen. Unser hohes Ziel wird daher nie in der Politik enden. Unsere um des Islam willen geführten Bemühungen werden nie mit dem ‚Dreck der Politik' beschmiert. Aus diesem Grunde werden wir unser Recht nie, wie es manche Gruppierungen tun, auf den Straßen in einer ungehörigen Weise zu erstreiten suchen. Wir sind seit 50 Jahren im Dienste der Gläubigen. Wir werden ihnen auch in Zukunft unbeirrt dienen. Unsere Dienste werden aber denjenigen, die es wirklich wünschen, angeboten. Sonst werden wir auf niemanden Druck ausüben, damit er zum Islam übertritt oder im Koran liest.

3. Was sind unsere Erwartungen?

Wir haben nur eine Bitte an unsere deutschen, moslemischen und türkischen Freunde: Beurteilen Sie uns und unsere Dienste nicht aus der Ferne mit oberflächlich erworbenen Kenntnissen! Lassen Sie sich von Verleumdungen, Anschuldigungen unserer Feinde nicht beeinflussen! Falls Sie aber uns noch mit Skepsis betrachten und sich uns nicht nähern möchten, dann lassen Sie sich bitte von Leuten und deren Berichten, die sich zwar als Moslems ausweisen, aber schon längst ihr Gewissen für ein paar ‚Rubel' verkauft haben, nicht betrügen. Lassen Sie

sich nicht beschwindeln, wie es dem DGB passiert ist. Die vom Bundesverfassungsschutzamt und Bundesinnenministerium veröffentlichten positiven Berichte über die Islamischen Kulturzentren sind jedem zugänglich."
Nun wird dem Hauptimam des „Verbandes Islamischer Kulturzentren", Harun Reşit Tüylüoğlu, in einer Reihe von Artikeln in der Tagespresse vorgeworfen, er habe sich am 14. Juli 1979 in der Recklinghäuser Vestlandhalle zum „Eroberer von Europa" ausgerufen und angekündigt, „er werde kämpfen und, falls erforderlich, mit seinen Anhängern sterben, bis es von Zypern bis Oslo überall Koranschulen und Moscheen gebe, auf denen türkische Fahnen wehen".
Außerdem soll er am 9. November 1979 in der Zeitschrift *Anadolu* geschrieben haben: „Nicht wir haben den Juden gedient, sondern wir haben schon vor Jahren dafür Sorge getragen, daß die dreckigen Antlitze der Judendiener dem islamischen Volk präsentiert werden" (*Vorwärts,* „Mit Knüppel und Koran", 31. Januar 1980, und *Junge Kirche,* Nr. 1/1980). Andere Äußerungen über Christen und andere gesellschaftliche Gruppierungen, insbesondere in der bereits herangezogenen Zeitschrift *Anadolu* aus den Jahren von 1978 bis 1980, legen die Vermutung nahe, daß Tüylüoğlu alles unternimmt, um die Integration der islamischen Minderheit zu verhindern. So etwa in der Ausgabe vom 6. Juni 1979, wo es heißt: „ . . . Wir sind eine edle und adelige Nation, die die Fahnen des Islam tausend Jahre getragen hat. Wir sind gottseidank Mohammedaner. Deshalb werden wir uns nicht wie damals die Polen in Deutschland assimilieren. Wir haben den Glauben und die Absicht, nicht unter die Deutschen zu verschwinden, sondern ihnen das Licht des Islam zu zeigen und ein Beispiel zu geben..."[15]
Ganz abgesehen davon, daß der Geistliche hier offensichtlich Integration mit Assimilation verwechselt hat, ließ das „Islamische Kulturzentrum" in Köln am 9. Februar 1980 auf Anfrage mitteilen, die Pressezitate seien „unsinnig", um

hinzuzufügen, der Hauptimam wisse nicht, „wo oder wie diese Ausdrücke" gebraucht worden seien.
Gleichwohl sah es das geistliche Oberhaupt der Süleymanli, Kemal Kacar, am 19. August 1980 für angebracht an, sich bei dem Vorsitzenden der Deutschen Bischofskonferenz, Kardinal Höffner, und anderen kirchlichen Persönlichkeiten zu entschuldigen. Der Brief ist es wert, hier festgehalten zu werden:
„Ich bedaure, daß Sie diesen Brief, den ich vor über einem Monat an Sie hätte schreiben sollen, erst jetzt erhalten. Ich bitte Sie daher erst um Verzeihung.
Der CDU-Abgeordnete, Herr Hasinger, mit dem ich freundschaftlich verbunden bin, erzählte mir während eines Gespräches von manchen Sorgen, die Sie bewegen. Ihre Sorgen rühren daher, daß einige der Verantwortlichen der Islamischen Kulturzentren in einer türkischen Zeitung manche Artikel veröffentlichten, die nicht schickliche Ausdrucksformen über das Christentum enthielten, und daß es so aussehe, als ob die Islamischen Kulturzentren eine islamische Missionsaufgabe erfüllten.
Hierzu gestatte ich mir anzuführen, daß dies nicht zutrifft. Die Islamischen Kulturzentren versuchen nur einen geringen Teil der religiösen Bedürfnisse der muslimischen türkischen Arbeiter zu befriedigen.
Für die in einigen Aufsätzen verwendeten Ausdrücke, die Ihnen Sorge bereiten und die Gegenstand Ihrer Beschwerde sind, möchte ich Sie hiermit in aller Form um Entschuldigung bitten. Ich werde künftig nach bestem Vermögen damit bestrebt sein, daß entsprechende Ausdrucksformen unterlassen und nie wieder verwendet werden. Ich darf Sie bitten, ... bei dieser Gelegenheit meine besten Wünsche für Sie und die von Ihnen vertretene christliche Kirche entgegenzunehmen.
Kemal Kacar
Abgeordneter von Istanbul in der Großen Türkischen National-Versammlung."

Die Süleymanli-Bewegung in der Bundesrepublik wird sich künftig an den Aussagen dieses in der Tat ungewöhnlichen Briefes messen lassen müssen. Ihre Glaubwürdigkeit steht zur Debatte, wobei es eigentlich selbstverständlich sein sollte, daß die Entgleisungen eines einzelnen Geistlichen nicht der gesamten Gemeinschaft angelastet werden können.

3.1.2 *"Nurdschuluk-Bewegung" (Jama'at un-Nur e. V.), Sitz in Köln*

Bei der Nurdschuluk-Bewegung (Gemeinschaft des Lichts) handelt es sich um eine ordensähnliche Vereinigung, die in der Bundesrepublik und Westberlin derzeit 28 Medresen (Lehrhäuser) unterhält. Diese Lehrhäuser haben jeweils eine „Stammbesatzung" von 10 bis 15 Personen (Schülern des Lichts), die teils dem konservativen Flügel, teils dem aufgeklärt liberalen Flügel der „Gerechtigkeitspartei" (AP) nahestehen. Allerdings betonte in einer Sitzung in Saarbrücken im Januar 1981 ein Führungsmitglied aus Istanbul, daß seine Organisation, was ihre sozialen und gesellschaftspolitischen Ziele angehe, in ihrer Gesamtheit eher der deutschen Sozialdemokratie und den freien Gewerkschaften in Westeuropa verwandt sei.

Die Nurdschuluk-Bewegung ist noch während des Osmanischen Reiches entstanden und gehört zu den Gruppen, die dem kemalistischen Absolutismus aktiven Widerstand entgegengesetzt haben. Der Stifter der Bewegung, Said Nursi, von seinen Anhängern als „Bediüzzamen" (Erleuchteter der Zeit) verehrt, wurde im Jahre 1873 in Nurs in der Osttürkei geboren. Es wird überliefert, daß ihm von seinem neunten Lebensjahr an von seinem älteren Bruder Abdullah die Grundkenntnisse des Islams vermittelt wurden. Der junge Said besuchte in dieser Zeit die Koranschule des Mullah Mohammad Amin in Tagh. Später wechselte er zu dem Korangelehrten Syed Nur Mohammad über. Während dieser Zeit nahm Said Nursi brieflich mit zahlreichen bekannten Moscheepredigern und Religionsführern in der Osttürkei

Verbindung auf und absolvierte auf diese Weise eine Art
„theologischen Fernkurs". Zuletzt wurde er von Shaikh
Mohammad Jalali unterwiesen.
Said Nursi wurde mit der Zeit so bekannt, daß ihn der
Gouverneur von Van, Hasan Pascha, in seine Provinz berief,
um den dort lebenden Stämmen Glaubensunterricht zu
erteilen. An der Horhor-Medrese (Religionsschule) von Van
führte Said Nursi die erste Unterrichtsreform der Türkei
durch. Vor allem war er um die Gründung einer modernen
islamischen Hochschule in der Osttürkei nach dem Vorbild
der Al-Azhar-Universität bemüht. Zwar hatten der Sultan
und das Kabinett seinen Plänen schließlich zugestimmt, sie
konnten jedoch infolge Ausbruchs des Ersten Weltkrieges
nicht mehr realisiert werden.
Bereits in seiner später berühmt gewordenen Predigt in der
Umayyaden-Moschee von Damaskus (1911) hatte Said
Nursi auf den desolaten Zustand des Islams hingewiesen und
damit das Ziel seiner Bewegung skizziert. Seine damals
gestellte Diagnose lautete: Die moslemische Gemeinschaft
ist krank, sie ist gekennzeichnet von einem totalen Zusammenbruch ihres sozialen und politischen Systems, durch
wachsende Feindschaft unter den Moslems selbst, durch
Vernachlässigung der Solidarität in den Beziehungen der
islamischen Völker untereinander sowie durch die Anbetung
des Totalitarismus und durch wachsenden Egoismus. Die
Lösung der vielfältigen Probleme sieht Said Nursi ähnlich
wie bereits Mohammad 'Abduh in einer Rückbesinnung auf
die Glaubensquellen und in der Praktizierung einer am
Koran orientierten Lebensweise. Im Ersten Weltkrieg befehligte Said Nursi ein Freiwilligenregiment, das aus seinen
Schülern gebildet worden war. Er geriet in russische Gefangenschaft und schrieb in Sibirien einen ersten Korankommentar. Nach zweieinhalb Jahren glückte ihm die Flucht.
Über St. Petersburg, Warschau und Wien kam er im Jahre
1918 nach Istanbul zurück und erhielt alsbald eine Berufung
als Mitglied des „Dar al-Hikmet al-Islamia" (Haus der

Weisheiten des Islams = Oberste Religionsbehörde des Osmanischen Reiches).
In der Mitte der zwanziger Jahre kam es – wie Said Nursi einmal schrieb – „zum Bruch zwischen dem alten und dem neuen Said". Er konzentrierte sich fortan allein auf den Koran als maßgeblichen Führer der islamischen Gemeinschaft. Der Bruch zwischen dem „alten und neuen Said" führte aber auch zur Entzweiung mit Mustafa Kemal Pascha (Atatürk), der ihm zuvor noch die Stellung eines Obersten Moscheepredigers in Ostanatolien angeboten hatte. Die Gegensätze zwischen den beiden Männern waren unüberbrückbar geworden.
Während die junge Republik im Auftrage ihres Staatspräsidenten die islamische Organisationsstruktur zerschlug, das Eigentum der Gemeinden konfiszierte, die Orden aufhob, Moscheen schließen ließ und die Geistlichkeit zum Teil blutig verfolgte, d. h. den Islam völlig aus dem öffentlichen Leben der Türkei verbannte, verfolgte Said Nursi ebenfalls öffentlich die Auffassung, daß der Niedergang der Türkei nur durch eine Rückbesinnung auf die eigenen kulturellen und sozialen Werte, auf die eigene vom Islam geprägte Identität aufgehalten werden könne. Dazu schreibt das „Risale-i-Nur-Institut von Amerika": Said Nursis „Gegnerschaft den europäisch orientierten Reformen gegenüber muß vor diesem Hintergrund verstanden werden. Der Einbruch Europas ist für ihn gewissermaßen die Folge der unter den Moslems herrschenden Verhältnisse. Nur dadurch, daß die Moslems sich wieder auf den Koran besinnen und ihr Leben an ihm orientieren, kann der Niedergang der islamischen Welt in einen neuen Aufstieg verwandelt werden" (*Lichter für die Nacht, die Zukunft heißt,* Berkeley/Cal. 1977). Im Jahre 1925 wurde Said Nursi für acht Jahre nach Barla verbannt. Während dieser Zeit verfaßte er sein Hauptwerk, das *Risale-i-Nur* (Abhandlungen des Lichts), das der Bewegung ihren Namen geben und zur Mitte der neuen Bruderschaft werden sollte.

1935 stand Said Nursi erneut vor Gericht. Wie bereits vorher war er angeklagt, den Islam politisch zu mißbrauchen. Die Anklage verwies dabei auf das *Risale-i-Nur*, das trotz scharfer Überwachung durch die Behörden in den Kreisen der Schüler des Bediüzzaman zirkulierte und studiert wurde. Das Urteil: erneut acht Jahre Verbannung; dieses Mal nach Kastmoun. Weitere Prozesse folgten 1944, 1948, 1952, 1956 und 1958. In dieser Zeit wuchsen die Zahl der Schüler und die damit verbundene Verbreitung der *Risale-i-Nur* sprunghaft an. Ab den fünfziger Jahren konnten die Schriften von Said Nursi schließlich auch in der Türkei öffentlich gedruckt und vertrieben werden.

Said Nursi starb am 23. März 1960 in Urfa. Er erlebte die letzte große Verfolgung seiner Schüler nach dem Staatsstreich vom 27. Mai 1960 nicht mehr.

Die Nurdschuluk-Bewegung versteht sich als religiöse Reformbewegung, die die moderne Technologie und Wissenschaft mit dem Islam versöhnen möchte. Ihr Ziel ist daher eine Neuinterpretation des Korans im Lichte unseres Jahrhunderts. Die Bewegung geht davon aus, daß das *Risale-i-Nur* ein logisches und wissenschaftlich fundiertes Konzept für die Bewältigung der heutigen Probleme und Herausforderungen anbietet, mit denen sich die Moslems in verstärktem Maße konfrontiert sehen.

Auf die missionarische Komponente der Bewegung angesprochen, meinte Mehmet Emin Birinci, Mitglied des Leitungsgremiums der Nurdschuluk, im Juli 1978 in einem Gespräch mit der *Deutschen Welle,* daß der missionarische Einsatz von Nurdschuluk nach innen gerichtet sei. Diese Ausrichtung komme der Bewegung heute besonders in der Diaspora zugute. Hier betrachte sie es als vordringlichste Aufgabe, den Glaubensbrüdern zu helfen, die angesichts der hochtechnisierten Arbeitswelt verstärkt geistigen Beistand benötigen, um ihre Religion, den Islam, in rechter Weise verstehen und praktizieren zu können. Besondere Aufmerksamkeit widme die Bewegung daher den moslemischen

Jugendlichen, von denen ein großer Teil Gefahr laufe, dem Atheismus zu verfallen, ohne vorher die Chance gehabt zu haben, die Religion ihrer Eltern kennenzulernen und zu erproben: „Unsere Arbeit ist umso wichtiger, als man davon ausgehen muß, daß die Anwesenheit des Islam in Deutschland keine vorübergehende Erscheinung ist." Im übrigen sei Nurdschuluk gegen jegliche Form von Proselytenmacherei und könne sich auch nicht mit einem Missionsverständnis anfreunden, wie es von einigen christlichen Gruppen praktiziert werde: „Gleichwohl sind wir entschlossen, den Islam im Westen anzubieten. Jeder von uns ist geradezu verpflichtet, möglichen Interessenten den Zugang zum Koran, zum Islam einzuräumen." Nicht mehr und nicht weniger verstehe die Nurdschuluk-Bewegung unter Mission (*Deutsche Welle,* Kirchenfunk, „Moscheen in Deutschland – Die Nurdschuluk-Bewegung", 8. Juli 1978).

Wie bereits erwähnt, ist die Nurdschuluk-Bewegung eine ordensähnliche Vereinigung mit einer offenen Struktur. Sie ist von der sunnitischen Tradition geprägt. Ihr gehören heute etwa 1,5 Millionen Brüder (Schüler) in 61 Ländern der Erde an. Die Gesamtleitung der Bewegung liegt in der Verantwortung einer „Arbeitsgemeinschaft" gleichberechtigter Brüder in Istanbul.

Der Aufbau der Bewegung, deren akademisches Potential überdurchschnittlich groß ist, geht von unten nach oben. Die einzelnen Lehrhäuser (Medresen) sind autonom und regeln ihre Angelegenheiten selbst. Sind Entscheidungen zu fällen, so tritt der „Mesveret" (Beratungsgremium) zusammen. Diesem Gremium gehören alle Brüder an, die zum Zeitpunkt der Einberufung in der Medrese anwesend sind. Niemand ist ausgeschlossen.

International bedeutende Entscheidungen werden in der „Mesveret-i-Nurijje" in Istanbul entschieden. Jede einzelne Medrese ist berechtigt, in dieses Gremium einen Vertreter zu entsenden. Die Bewegung unterhält in Berkeley/Kalifornien ein theologisches Institut. Dieses Institut hat die Aufgabe, das *Risale-i-Nur* in Fremdsprachen zu übertragen und weltweit zu verbreiten. Der Ausbreitung des Gedankengutes von Said Nursi dienen auch die Tageszeitung *Yeni Asya* (Istanbul) und die Monatsschriften *Kötry* (Istanbul) und *The Light* (Berkeley). In West-Berlin unterhält die Nurdschuluk eine Korandruckerei; Buchverlage bestehen in Istanbul, Berkeley und in Köln.

Die Brüder (Schüler) sind verpflichtet, einen Teil ihres Lebens, ihrer Freizeit und ihres Einkommens der Bewegung zur Verfügung zu stellen. Sie sind aufgefordert, sich mit dem Werk Said Nursis, insbesondere mit dem *Risale-i-Nur,* zu beschäftigen und die daraus gewonnenen Erkenntnisse anzuwenden und weiterzuverbreiten. Sie gehen bei ihrem Eintritt in die Gemeinschaft keinerlei äußerliche Verpflichtung ein. Alle Regeln ergeben sich aus dem Koran, der Sunna und aus dem Werk von Said Nursi. Die Verpflichtung gegenüber der Gemeinschaft ist eine persönliche und innere Entscheidung und umfaßt u. a. Tugenden wie Schweigsamkeit über die Angelegenheiten eines Bruders oder der Gemeinschaft, Treue, Aufrichtigkeit und Solidarität gegenüber den Mitbrüdern.

Die Nurdschuluk-Bewegung hat sich für einen gleichberechtigten Dialog mit den Kirchen ausgesprochen.[16]

3.1.3 *„Islamische Gemeinde Dortmund" e. V.,*
in Dortmund

In den frühen sechziger Jahren setzte eine verstärkte Einwanderung ausländischer Arbeitnehmer islamischen Glaubens – vornehmlich aus der Türkei – in das Ruhrgebiet ein. Erste Zeitungsberichte über die Einrichtung islamischer Andachtsräume an Rhein und Ruhr tauchten bereits 1964 auf. Relativ früh wird auch von der Konstituierung moslemischer Gemeinden berichtet. So gründeten türkische Moslems im Jahre 1966 in der westfälischen Industriemetropole Dortmund den „Verein Türkischer Arbeitnehmer in Dortmund und Umgebung", der 1973 von der evangelischen Johannis-

gemeinde die alte Kirche in der Kielstraße anmietete. Die im ehemaligen Kirchsaal des Gebäudes untergebrachte moslemische Gebetsstätte erhielt den Namen „Yeni Camii" (Neue Moschee).
Heute leben im Großraum Dortmund rund 20.000 Moslems, die, soweit es sich bei ihnen um praktizierende Gläubige handelt, in 13 religiösen Gruppierungen organisiert sind. Von diesen wiederum gehören zehn dem Dachverband „Islamische Gemeinde Dortmund" an, der am 22. September 1979 gegründet worden ist.
Nach dem Willen des Dachverbandes soll Dortmund eines Tages das geistige und kulturelle Zentrum des Islams in Westfalen werden. Das von der Föderation zu diesem Zweck geplante Islam-Zentrum soll daher nicht nur eine Moschee umfassen, sondern es soll vor allem auch als Begegnungsstätte dienen. Auf diese Weise will die „Islamische Gemeinde" den Dialog mit Christen und Juden sowie die Begegnung von deutschen und ausländischen Mitbürgern aktiv fördern.
Der Dialog hat in Dortmund bereits Tradition. So hieß es am 10. Mai 1970 im *Evangelischen Pressedienst:* „An der ersten islamisch-christlichen Gebetsandacht auf deutschem Boden haben am vergangenen Wochenende in Dortmund im Rahmen des Seminars ‚Dialog zwischen Islam und Christentum' 150 Christen und Moslems teilgenommen. Die Andacht in der evangelischen Reinoldi-Kirche begann mit dem Gebetsruf des Muezzins... dann folgten Kirchenmusik von Bach, evangelische Kirchenlieder sowie Lesungen aus dem Koran und aus der Bibel."
Weiter arbeitet die „Islamische Gemeinde" mit dem „Islam-Arbeitskreis" der Rheinisch-Westfälischen Auslandsgesellschaft zusammen, dem Christen und Moslems, Ausländer und Deutsche angehören. Die in der „Islamischen Gemeinde Dortmund" zusammengeschlossenen Organisationen betreuen derzeit 9500 Moslems. Dafür stehen sieben Imame zur Verfügung, von denen sechs von der Obersten Religionsbehörde der Türkei mit dem Gemeindedienst beauftragt

sind. Bei dem siebten Imam handelt es sich um den Geistlichen der marokkanischen Moslems.
Die Gemeinde arbeitet eng mit der eben erwähnten Religionsbehörde und mit deren Beauftragten bei der türkischen Botschaft in Bonn zusammen. So ist der erste Imam der Gemeinde, Ismail Zengin, gleichzeitig der Vorsitzende der staatlichen Diyanet-Stiftung für die Bundesrepublik. Enge Kontakte bestehen auch zur Vertretung des „Islamischen Weltkongresses" für die Bundesrepublik Deutschland.
In § 2 Abs. 1 der Satzung vom 22. September 1979 heißt es: „Der Verein ist bestrebt, den islamischen Verpflichtungen nach den Grundsätzen des Koran und der Sunna (Verhaltensweisen des Propheten Mohammad durch Wort und Tat) nachzukommen. Somit dient die Islamische Gemeinde Dortmund ausschließlich religiösen Zwecken. Sie steht loyal zum deutschen Staat und seiner Verfassung und fühlt sich der freiheitlich-demokratischen Ordnung der Bundesrepublik Deutschland verpflichtet. Sie enthält sich jeder parteipolitischen Betätigung. Extremismus und Fanatismus in jeglicher Form werden abgelehnt."
Und weiter in Abs. 2: „Die Islamische Gemeinde Dortmund dient der Begegnung zwischen den Angehörigen der verschiedenen Religionen und den ausländischen und deutschen Bürgern unserer Stadt." In einem weiteren Positionspapier wird der Weg beschrieben, den die Gemeinde als Diasporaorganisation zu gehen beabsichtigt: „Die Islamische Gemeinde Dortmund e. V. fühlt sich selbstverständlich der islamischen Tradition verpflichtet, sie ist jedoch bemüht, den Umgang mit Koran und Sunna dem Erkenntnisstande unserer heutigen Gesellschaft entsprechend zu vollziehen, d. h. die islamische Praxis soll so interpretiert werden, daß sie die Lebensumstände in unserem Alltag den deutschen Verhältnissen entsprechend einbezieht. Die Darstellung der islamischen Glaubenslehre soll ebenfalls dem Glaubensverständnis der Gegenwart entsprechen. Die Islamische Gemeinde Dortmund bemüht sich um die Einbeziehung des

deutschen Kulturgutes in den Islam und ist auf diese Weise bestrebt, dem Islam einen angemessenen Platz in der deutschen bzw. europäischen Gesellschaft zu sichern; wohlgemerkt vor dem Hintergrund der islamischen Tradition."[17]

3.1.4 „Landesverband Islamischer Gemeinschaften in Nordrhein-Westfalen"

Dortmund ist auch der Sitz des „Landesverbandes Islamischer Gemeinschaften in Nordrhein-Westfalen". Dieser Landesverband wurde am 2. Februar 1980 auf Betreiben des „Islamischen Weltkongresses" in der Moschee des „Vereins Türkischer Arbeitnehmer in Dortmund und Umgebung" in der Kielstraße gegründet.

Träger des Landesverbandes sind derzeit: die „Islamische Gemeinde Dortmund", die „Nurdschuluk-Bewegung" in Köln und die „Gemeinschaft deutschsprachiger Muslime in Nordrhein-Westfalen". Andere islamische Spitzenverbände in Nordrhein-Westfalen haben zwischenzeitlich ihr Interesse an einer Mitgliedschaft signalisiert. Der Landesverband versteht sich als Dachorganisation islamischer Gemeinschaften und Gemeinden im Lande Nordrhein-Westfalen. Er vertritt die ihn tragenden Gruppierungen gegenüber den staatlichen Organen, politischen Organisationen sowie religiösen und weltanschaulichen Gemeinschaften im Lande (§ 2 der Satzung).

Er soll darüber hinaus Träger der von seinen Mitgliedsorganisationen getrennt beantragten öffentlichen Körperschaftsrechte werden.

Nach der Satzung können dem Landesverband nur solche islamischen Vereinigungen angehören, die sich ausschließlich der religiösen Betreuung der Moslems in Nordrhein-Westfalen widmen. Parteipolitisch gebundene Organisationen sind dagegen ausgeschlossen. Die Mitgliedsorganisationen müssen sich zudem zur freiheitlich-demokratischen Ordnung bekennen und zu einer partnerschaftlichen Zusammenarbeit mit den staatlichen Organen bereit sein (Satzung

§ 4; s. a. *epd, ZA,* Nr. 55 vom 18. März 1980 und *epd, Nordrhein/Mittelrhein-Saar,* Nr. 38 vom 17. März 1980). Der Vorsitz des Landesverbandes wird derzeit in Personalunion mit dem Vorsitz der „Islamischen Gemeinde Dortmund" geführt. Auch der Landesverband arbeitet eng mit der Obersten Religionsbehörde der Türkei und mit dem „Islamischen Weltkongreß" zusammen.[18]

3.1.5 *„Islamische Gemeinschaft Deutschlands" e. V., mit Sitz in Frankfurt am Main*
Die erste moslemische Gemeindegründung im Raum Frankfurt am Main ging nicht etwa von orthodoxen Gruppierungen aus, sondern von der „Ahmadiyya-Bewegung". Sie eröffnete am 12. September 1959 an der Babenhäuser Landstraße eine kleine Moschee, die seit 1970 Sitz der Ahmadiyya-Gemeinschaft für die Bundesrepublik Deutschland ist. Von orthodoxer Seite wurde erstmals im Jahre 1974 der Bau einer zentralen islamischen Einrichtung in Frankfurt am Main ins Auge gefaßt. In ihrer Ausgabe vom 7. Mai 1974 schrieb die *Frankfurter Rundschau* unter der Überschrift: „Moschee in Frankfurt – Scheichtum Abu Dhabi bezahlt zentrale Islam-Einrichtung": „Das Scheichtum Abu Dhabi wird den Bau einer Zentral-Moschee für den deutschen Islam in Frankfurt am Main finanzieren. Diese Mitteilung machte die Regierung von Abu Dhabi dem Rat der für die islamische Diaspora zuständigen ‚Weltmoslemliga' (Rabita al-Alam al-Islami) in Mekka. Wie dazu aus moslemischen Kreisen zu erfahren war, will die islamische Orthodoxie mit dem Bau einer großen Moschee, eines islamischen Kulturzentrums und einer Religionsschule in der Mainmetropole gleichzeitig unter den Moslems in Hessen und im Südwesten der Bundesrepublik eine religiöse ‚Flurbereinigung' vornehmen. Bisher waren die Moslems nämlich auf die kleine Moschee der ‚Ahmadiyya-Muslim-Gemeinde', einer außerhalb der offiziellen Lehre stehenden pakistanischen Sondergruppe, angewiesen, wenn sie das Bedürfnis hatten, an gemeinsamen

religiösen Handlungen teilzunehmen. Die ‚Weltmoslemliga‘ möchte diesem für den Weltislam auf die Dauer untragbaren Zustand ein Ende setzen. ..."
Dann hörte man bis März 1978 nichts mehr von den Plänen aus Abu Dhabi. Zu diesem Zeitpunkt bemühte sich ein vom Rechtsberater der „Vereinigten Arabischen Emirate" beauftragtes deutsches Consulting-Unternehmen um die Klärung der Standortfrage für ein „Islamisches Zentrum", das nach Vorbild der Zentren in New York oder Genf gebaut werden und „auf hohem Anspruchsniveau arbeiten und möglichst einer wissenschaftlichen Institution angeschlossen sein" sollte. Den Plänen zufolge sollte dieses islamische Zentrum auch Nichtmoslems als Studienstätte offenstehen. Auch in diesem Bereich ist bis heute noch keine Entscheidung gefallen.
Zwischenzeitlich war im Juni 1975 von den Vorsitzenden mehrerer islamischer Organisationen die „Islamische Gemeinschaft Deutschlands" gegründet worden mit dem Ziel, die öffentlich-rechtliche Anerkennung für den Islam durchzusetzen. In § 5 Abs. 1 der Satzung der Gemeinschaft heißt es: „In Erkenntnis der Notwendigkeit zur Organisierung und Gründung einer islamischen, religiösen, kulturellen, gesellschaftsbildenden und missionarischen Gemeinschaft und eines Gemeinschaftszentrums zugunsten und zur Erfüllung der geistlichen und weltlichen Bedürfnisse der Muslime jeglicher Staatsangehörigkeit sowie zur Förderung und Bildung anderer islamischer Gemeinden sowohl auf lokaler als auch auf Landes- und Bundesebene, und zwecks Erlangung der offiziellen Anerkennung der Religion des Islam und der Muslime als eine der staatlichen Religionsgemeinschaften in der Bundesrepublik Deutschland, wird hiermit die Gründung der ‚Islamischen Gemeinschaft Deutschlands‘ beschlossen."
Eine Rückfrage bei der Gemeinschaft ergab, daß mit dem von ihr verwendeten Begriff „staatliche Religionsgemeinschaft" die Verleihung der öffentlichen Körperschaftsrechte durch den Staat gemeint sei.

Als Nahziel strebt die Gemeinschaft eine föderative Zusammenfassung aller 60.000 im Großraum Frankfurt lebenden Moslems und ihrer Vereinigungen und Gruppen an. Dabei wurde den einzelnen Mitgliedsorganisationen von vornherein die Beibehaltung ihrer nationalen und kulturellen Autonomie zugestanden. Die Gemeinschaft versteht sich als „übernationaler und liberaler islamischer Bund, der sowohl sunnitischen als auch schiitischen Organisationen gleichberechtigt offensteht".
Im März 1980 machte sich die Gemeinschaft schließlich die Zentrumspläne von 1974 zu eigen. In einem Bericht heißt es dazu: „Am 9. März 1980 bekräftigten alle Vorsitzenden ihren Willen zur Zusammenarbeit und zum Bau eines islamischen Zentrums in Frankfurt am Main." Die Pläne werden sowohl vom „Islamrat für Europa" in London als auch vom „Islamischen Weltkongreß" in Karachi unterstützt.
Vorläufiger Sitz der „Islamischen Gemeinschaft Deutschlands" ist die Moschee des „Gebets- und Kulturvereins türkischer Arbeitnehmer" in Frankfurt am Main. Sitz der Verwaltung ist das „Islamische Informationsbüro" in Offenbach.
Der Gemeinschaft gehören derzeit 13 moslemische Gemeinden im Raum Frankfurt am Main an, unter ihnen auch jugoslawische, marokkanische, indonesische, schwarzafrikanische, pakistanische, amerikanische und deutsche Gruppen. Die Mitgliederzahl wird mit 20.000 angegeben, die von 10 Imamen und einem Mufti betreut werden.
Die Satzung sieht vor, daß alle Einrichtungen der Gemeinschaft „in Übereinstimmung mit den deutschen Gesetzen geführt" werden müssen. Die offizielle Sprache der Gemeinschaft ist Deutsch. Exekutivorgan der „Islamischen Gemeinschaft Deutschlands" ist der Gemeinschaftsrat, der von den Vorsitzenden der Mitgliedsvereine gebildet wird. Den Vorsitz führt ein von den Mitgliedsorganisationen unabhängiger Präsident, der tunlichst die deutsche Staatsbürgerschaft besitzen soll.

Die Gemeinschaft ist nach eigenen Angaben grundsätzlich offen für eine Begegnung mit dem Christentum. Für sie schließt Integration Begegnung und Gespräch mit der andersgläubigen Umwelt ein. Allerdings will sie nicht auf Mission im islamischen Verständnis verzichten. Zu diesem Zweck hat sie innerhalb einer „Kommission für die Verkündigung des Islam" ein „Komitee für Missionsarbeit" eingesetzt, das nach allen Beobachtungen eine rege Aktivität entfaltet. So sind beispielsweise seit der Gründung der Gemeinschaft weit über 130 Personen zum Islam übergetreten. In der Hauptsache handelt es sich bei den Konvertiten um farbige Angehörige der US-Stationierungsstreitkräfte. Die große Mehrzahl von ihnen gehörte vorher der Baptistengemeinschaft an.[19]

3.1.6 *„Islamischer Verein Bremen" e. V., Sitz in Bremen*
Bei dem 1973 von türkischen Moslems gegründeten „Islamischen Verein Bremen" handelt es sich um einen föderativen Zusammenschluß von acht moslemischen Gemeinden auf dem Gebiet der Freien Hansestadt und einer gleich großen Anzahl islamischer Gruppierungen im Lande Niedersachsen. Die Föderation betreut rund 10.000 Anhänger des Islams, darunter auch jugoslawische Moslems und eine deutsche Gruppe. Die Gemeinschaft, die von einem staatlich ausgebildeten und anerkannten Geistlichen religiös geleitet wird, ist dem liberal-konservativen Lager des türkischen Islams zuzuordnen. Gute Kontakte bestehen insbesondere zu evangelischen Kreisen. In einem 1980 verabschiedeten Positionspapier heißt es dazu: „ ... wir sind für eine offene und gleichberechtigte Begegnung mit den Kirchen und anderen gesellschaftlichen Gruppen. Als in Deutschland existierende Gemeinschaft ist es für uns eine Selbstverständlichkeit, daß wir eine Zusammenarbeit auch mit den staatlichen Instanzen suchen..."
Der Verein führt im übrigen ein umfangreiches Kultur- und Bildungsprogramm für seine Mitglieder durch. In diesem

Rahmen bietet er auch Deutschkurse für Kinder, Jugendliche und Erwachsene an.

3.1.7 *„Verein der Imame Deutschlands" e. V., vorläufiger Sitz in Bremen*

Der „Verein der Imame Deutschlands" wurde im Dezember 1980 in Bremen gegründet. Es handelt sich dabei um eine Standesorganisation der in der Bundesrepublik hauptberuflich tätigen islamischen Religionsdiener. Der Verein verfolgt das Ziel, die in Deutschland tätigen Imame, Religionslehrer und Hodschas zu beraten und ihre Interessen und Anliegen in der Öffentlichkeit zu vertreten. Gleichzeitig will die Organisation ihren Mitgliedern als Plattform für theologische Fachdiskussionen und Konferenzen dienen. Auch die kontinuierliche Weiterbildung der Mitglieder steht auf dem Programm.

Schwerpunkt der Tätigkeit des Vereins wird jedoch die Erstellung von religionsrechtlichen Gutachten sein. In der Satzung heißt es dazu, daß der Verein „den islamischen Gemeinden und ihren Mitgliedern durch die Erstellung von religiösen Gutachten das Leben in der Diaspora erleichtern und ihnen dadurch die nötige Sicherheit geben will, gemäß den Vorschriften des Islam zu handeln".

Daneben möchte die Organisation den deutschen Behörden und kirchlichen Organen „ein verbindlicher Gesprächspartner sein". Der „Verein der Imame Deutschlands" legt Wert auf eine enge Zusammenarbeit mit dem „Islamischen Weltkongreß" und will sich parteipolitischer Äußerungen enthalten.

Die Exekutivgewalt liegt bei einem „Rat der Imame Deutschlands", der aus zwölf gewählten Mitgliedern besteht, die für einen Zeitraum von zwei Jahren gewählt werden.

Zum Zeitpunkt der Gründung hatten sich bereits 140 islamische Geistliche um eine Mitgliedschaft in der neuen Standesorganisation beworben.

3.1.8 *„Föderation islamischer Vereinigungen und Gemeinden in Berlin 1400" e. V.*
Der am 31. Januar 1980 gegründeten Berliner Moslem-Föderation gehören derzeit 24 islamische Gemeinden bzw. Gruppen unterschiedlichster konfessioneller, gesellschaftspolitischer und nationaler Prägung an. Wenngleich in diesem Zusammenschluß das konservativ-religiöse Element überwiegt, existieren auch starke eher progressive Gruppen, ohne daß dadurch der Zusammenhalt der Föderation gesprengt würde.
Als Ziele der Föderation werden die Vertretung der Moslems in ihren religiös-sozialen Problemen genannt, Gespräche mit Juden und Christen, Zusammenarbeit mit den deutschen Behörden, Brüderlichkeit unter den islamischen Vereinigungen, Achtung vor allen Menschen, Angebot des Islams im Rahmen seiner humanitären Methoden auch an Andersdenkende und vorbildliche Erziehung zum Guten. Die Zahl der Mitglieder der Föderation wird mit 50.000 zuzüglich 8000 Koranschülern angegeben.

3.1.9 *Die „Moslem-Bruderschaft" (al-ikhwān al-muslimūn)*
Die „Moslem-Bruderschaft" ist in der Bundesrepublik offensichtlich in zwei Lager aufgeteilt. So gruppiert sich der sogenannte „syrische Zweig" um das „Islamische Zentrum Aachen" (Bilal-Moschee) und der sogenannte „ägyptische Zweig" um das „Islamische Zentrum München" (Islamische Gemeinschaft in Süddeutschland e.V.). Über die Mitgliederstärke der Bruderschaft in der Bundesrepublik sind kaum exakte Angaben zu erhalten. Fest scheint hingegen zu stehen, daß in allen islamischen Organisationen Moslembrüder aktiv mitarbeiten. Wenige Ausnahmen bestätigen die Regel. Die politischen Aktivitäten der Bruderschaft sind jedoch hauptsächlich auf das islamische Ausland gerichtet. An spektakulären Aktionen im Inland ist sie kaum interessiert, es sei denn an der ideologischen Durchdringung des Islams in Deutschland.

Man wird der Bruderschaft nicht gerecht, wenn man sie in einem Atemzuge mit der „Partei der Nationalistischen Bewegung" (MHP) des Oberst Türkesch nennt. Die MHP ist keine religiöse Gruppierung. Sie ist vielmehr ursprünglich als radikal antiislamische Partei gegründet worden und hat sich lediglich aus taktischen Gründen ein religiöses Mäntelchen umgehängt. Dagegen ist die „Moslembruderschaft" eine klar religiös ausgerichtete Gruppierung, deren Ziele, egal wie man auch zu ihnen stehen mag, eindeutig islamisch motiviert sind.

Wenngleich die Bruderschaft in europäischen Augen zweifellos auch militante Positionen vertritt, gehören viele gegen sie erhobene Vorwürfe sicherlich in das Reich der Legende.

In Europa tauchte die Bruderschaft erstmals im Oktober 1954 auf, als einer ihrer prominentesten Führer, der Ägypter Said Ramadan, vor dem Zugriff der ägyptischen Behörden in die Schweiz flüchten mußte, wo er die Leitung des „Islamischen Zentrums Genf" übernahm.

Von Genf aus hatte Said Ramadan seinerzeit bald Kontakte zu den islamischen Gemeinschaften in der Bundesrepublik aufgenommen. Die Gründung einer rein deutschen Zweigorganisation war im Sommer 1955 in Augsburg zwar gescheitert, aber bald konnte die Bruderschaft in München Fuß fassen. Bis 1975 war der Aufbau einer eigenen organisatorischen Infrastruktur in der Bundesrepublik abgeschlossen. Said Ramadan hat im übrigen mit Prädikat auf dem Gebiet des islamischen Rechts an der Rechtswissenschaftlichen Fakultät der Universität Köln promoviert. Er hat 1980 bei Harrassowitz in Wiesbaden ein Buch mit dem Titel *Das Islamische Recht – Theorie und Praxis* veröffentlicht, das von einem hohen Maß an Liberalität und Weltzugewandtheit gekennzeichnet ist. Gerhard Kegel, Professor für Internationales Recht an der Universität Köln, schreibt dazu: „Herr Dr. Said Ramadan, ein weithin bekannter Mitstreiter in der Islamischen Bewegung, versucht in seinem Buch zu zeigen, was unter islamischem Recht zu verstehen ist und welche

Verdienste es sich um die Förderung der Gerechtigkeit erworben hat. Es ist ein großes Unternehmen und verdient die Achtung und das Wohlwollen aller unvoreingenommenen Menschen guten Willens, wenn jemand ein altes Recht, das auf streng religiöser Ethik beruht, so wirksam den rasch wechselnden Bedingungen der modernen islamischen Welt anpaßt, ohne seine großen sittlichen Werte zu beeinträchtigen, ja, indem er diese Werte genau in die Mitte rückt. Dies Unternehmen ist besonders zu begrüßen, weil Herr Dr. Ramadan das islamische Recht genau kennt und auf Dinge aufmerksam machen kann, die dem Außenstehenden verborgen bleiben. Sein Buch ist ein bemerkenswerter Beitrag zu unserer Kenntnis der islamischen Völker und – vielleicht – zum Frieden zwischen allen Völkern."
Eines der führenden Mitglieder des syrischen Zweigs ist Leiter und Imam des „Islamischen Zentrums Aachen". Es handelt sich um den international bekannten islamischen Gelehrten Issam el-Attar. Er war nach den Unruhen von 1964 aus Syrien geflohen und war schließlich über Libanon und Saudi-Arabien in die Bundesrepublik gekommen.
Nachdem es jahrelang um Issam el-Attar ruhig geblieben war, wandte er sich 1979 mit einem Aufruf „An das standhafte gläubige Volk von Syrien" an die Öffentlichkeit. Darin wirft el-Attar der Regierung in Damaskus – sie wird von der alevitischen Minderheit gestellt – willkürliche Festnahmen, barbarische Foltermethoden und „geheimgehaltene Morde an politischen Gefangenen" vor.
Wörtlich heißt es in dem in Aachen verbreiteten Aufruf: „Wenn wir kämpfen müssen um unsere Freiheit und Würde, unseren Glauben und unsere Zukunft, so dürfen wir nie für einen einzigen Moment den Feind vergessen, der auf dem Boden sitzt, den er von uns genommen hat. Und wir müssen immer wachsam allen Verschwörungen des Zionismus und des Imperialismus und allen regionalen und überregionalen Verschwörungen begegnen, die unsere gerechte Sache abschaffen wollen. ... Wir müssen zu jeder Zeit bereit sein,

standhaft miteinander in einer Reihe zu kämpfen, und die Verschwörungen überwinden."
Die Aktionen der „Moslem-Bruderschaft" in der Folgezeit haben deutlich gemacht, daß ihre internationalen Aktivitäten hauptsächlich von der Bundesrepublik aus koordiniert und gelenkt werden.

3.1.10 *„Islamische Union Deutschlands", mit Sitz: „Islamisches Zentrum Köln", e. V.*

Bei der „Islamischen Union Deutschlands" haben wir es mit einem Konglomerat von national-religiösen Gruppierungen (Milli Görüş Teşkilatı = Nationale Sicht) zu tun, die augenfällig der türkischen „Nationalen Heilspartei" (MSP) oder deren politischen bzw. ideologischen Zielen nahestehen. Von ihrer ideologischen Einstellung her kann die „Islamische Union Deutschlands" dem Lager des sogenannten islamischen Fundamentalismus zugerechnet werden. Sie tritt für die Umwandlung der Türkei in eine „islamische Republik" ein, sympathisiert mit revolutionären Bewegungen in der islamischen Welt und lehnt die Begegnung mit dem Christentum und der europäischen Gesellschaft strikt ab.
Wenngleich auch die „Islamische Union" die Anerkennung des Islams als öffentlich-rechtliche Körperschaft betreibt, betont sie in ihren Schriften, daß sie ihrer nicht bedürfe. Sie verwirft die von christlichen und islamischen Gruppen vorgeschlagenen Integrationsmodelle, die aus ihrer Sicht den Tatbestand des „Verrats am Islam" erfüllen.
In einem gegen die Süleymanli gerichteten Flugblatt des „Islamischen Zentrums Köln" aus dem Jahre 1980 heißt es:
„Seit sie sich in Deutschland befinden, haben die verräterischen Süleymanli versucht, ihre Landsleute finanziell auszubeuten und geistig zu spalten. Die Ausbeuter nutzten dabei jede Chance, um naive Landsleute zu vergiften und um ihnen ihr Vermögen und ihren Glauben zu stehlen.
Obwohl dieses anhand von Dokumenten nachgewiesen werden kann, haben die Verräter bis heute ihre Tätigkeit in

Zusammenarbeit mit der Kirche ungehindert fortgesetzt. Jetzt schließen sie sich zudem noch den von den Juden gegründeten Freimaurerlogen an.
Die Verräter wollen in Zusammenarbeit mit der deutschen Regierung von jedem Moslem mit Gewalt Steuern kassieren. Viele Glaubensbrüder haben am 3. Januar 1980 im WDR in türkischer Sprache gehört, daß sie [die Süleymanli] die Moslems in Deutschland vertreten. Sie möchten mit Unterstützung der von den christlichen und jüdischen Gemeinden gegründeten Freimaurerlogen in Deutschland jetzt anerkannt werden. Das würde bedeuten, daß jeder islamische Arbeiter offiziell 40 bis 90 Mark zahlen müßte. In Wirklichkeit vertreten sie [die Süleymanli] jedoch nicht einmal ein Prozent der Moslems.
Bis heute haben die Verräter den heiligen Koran dazu benutzt, um mehrere Millionen Mark offiziell ihren Führern in die Mägen zu pumpen! Von nun an versuchen sie jedoch offiziell Steuern zu kassieren.
Wir als ‚organisierte nationale Ansichtsbewegung' (Milli Görüş Teşkilatı) machen Sie im Namen Allahs darauf aufmerksam. Fallen Sie auf keinen Fall auf das Spiel der Juden- und Freimaurerzöglinge herein. Darauf möchten wir unsere naiven Landsleute ausdrücklich aufmerksam machen.
Während zwischen den gerechten Moslems und dem Westen der Krieg begonnen hat, arbeiten diese Verräter immer noch mit dem Westen zusammen. Diejenigen, die die Verräter unterstützen, werden danach auf der Erde und im Jenseits befragt.
Auf, mein Bruder... bevor der Tag gekommen ist. Im Namen Allahs treffen wir uns auf dem Wege des islamischen religiösen Gesetzes. Wir vereinigen uns und halten fest zueinander. Es ist unsere Aufgabe, Ihnen allen gute Botschaft zu übermitteln und Schlechtigkeit zu verbannen. Dieses ist im Namen Allahs die Wahrheit.
Islamisches Zentrum Köln
    Avrupa Milli Görüş Teşkilatı."

Die „Islamische Union" ist Mitglied der „Türkischen Union Europa" (Avrupa Türk Birliği) mit Sitz ebenfalls in Köln. Sie organisiert 70 bis 120 Gebetsstätten und Vereine (die Angaben schwanken), mit etwa 20.000 Mitgliedern. Erkennbar sind die Mitgliedsorganisationen zumeist an Bezeichnungen wie „Islamisches Zentrum", „Islamische Union" oder auch „Verein zur Erhaltung (dieser oder jener) Moschee".

Bei der Beurteilung und Einschätzung dieser Szene muß jedoch berücksichtigt werden, daß die der „Nationalen Sicht" nahestehenden Vereinigungen kein monolithischer Block sind. Man muß unterscheiden zwischen den Zentren, die politisch der MSP nahestehen, und solchen, die lediglich in der Person des MSP-Vorsitzenden Erbakan ihr religiöses, vom Sufismus geprägtes Leitbild sehen. Finanziert werden die Aktivitäten der MSP von der „Organisation zur Errichtung Islamischer Zentren", die von Libyen und den Vereinigten Arabischen Emiraten getragen wird.

Seit Mitte 1980 tritt die „Islamische Union" auch missionarisch hervor. So forderte der Leiter des „Islamischen Zentrums Köln", Mohammad Rassoul, eine Reihe kirchlicher Persönlichkeiten auf, zum Islam überzutreten. Unter den Aufgeforderten befand sich auch Kardinal Höffner.

Aus Anlaß des Monats Ramadan startete das „Islamische Zentrum Köln" eine gezielte Werbekampagne für den Islam im gesamten Bundesgebiet. Als Grundlage dieser Aktion dient ein Flugblatt, mit dem die Empfänger eingeladen werden, zum Islam zu konvertieren. In diesem Zusammenhang hatte das „Islamische Zentrum Köln" alle in Deutschland lebenden Moslems aufgefordert, von dem Flugblatt Abschriften anzufertigen und diese dann an nichtmoslemische Bekannte, Nachbarn, Arbeits- und Berufskollegen zu verteilen. Persönliche Schreiben gleichen Inhalts hatte das Zentrum an führende Persönlichkeiten aus Politik, Wirtschaft und Gesellschaft gerichtet; darunter an Bundespräsident Carstens und an den damaligen US-Präsidenten Jimmy Carter.

Nach Mohammad Rassouls Worten soll mit der Aktion
„eine solide Basis für den Islam in Deutschland aus der
deutschen Bevölkerung selbst geschaffen werden. Auch die
deutsche Bevölkerung habe ein Recht auf den Islam, da
dieser als Religion für alle Menschen verkündet worden sei."
Hier der Wortlaut des Missionsbriefes:
„Islamisches Zentrum Köln e. V.
Im Namen Allahs, des Gnädigen, des Barmherzigen.
Sehr geehrte Mitbürger,
mit diesem meinem Schreiben lade ich Sie ein, Muslim zu
werden. Im Islam gibt es weder Priester noch Päpste; daher
benötigen Sie für Ihren Übertritt zum Islam keinen
Vermittler. An Ihren Schöpfer können Sie sich zu jeder
Zeit und völlig allein wenden, um Ihr Glaubenszeugnis
zum Islam abzulegen, es lautet: ‚Kein Gott ist außer Allah,
und Muhammad ist Sein Gesandter.'
Mit diesem Glaubenszeugnis, arabisch ‚Al-Schahada' genannt, sind Sie Muslim geworden. Ihnen wird auch damit
– lt. Aussprache des Propheten Muhammad – das Paradies
im Jenseits garantiert, wenn Sie aufrichtig, erfüllend der
Gebote Allahs sind und in Ihrem irdischen Leben keinen
Verderb und kein Unrecht begehen. Die Verleugnung
Allahs wird dagegen überhaupt nicht verziehen am Tage
der Rechenschaft (lt. Koran). Laut Koran erwartet den
Verleugnern eine schmerzliche Strafe, auch dann, wenn sie
im irdischen Leben gute Taten verrichtet haben.
Sie sehen also, wie schwerwiegend der Unglaube ist und
wie einfach und unproblematisch der Übertritt zum Islam
ist. Doch müssen Sie sich vor diesem wichtigen und
wesentlichen Schritt vergewissern, daß Sie Ihre Entscheidung für den Islam völlig frei von weltlichen Zwängen und
Interessen getroffen haben. Auch müssen Sie vorher
gewußt haben, was Islam ist und was Allah von uns
Menschen verlangt.
Islam bedeutet sprachlich soviel wie ‚Erlangung von
Frieden durch Unterwerfung und Hingabe zu Allah, dem

Allmächtigen Gott für alle Menschen'. Allah ist der Eine und Ewige Gott, der die Himmel und die Erde, und was dazwischen liegt, erschaffen hat. Er ist der Gott Adams, Noahs, Abrahams, Mose, Jesus, Muhammad und aller anderen Propheten, Friede sei über ihnen allen. Sehen Sie? Muhammad ist also nicht der einzige Prophet, sondern nur der letzte von ihnen. Er ist laut Koran völlig ein Mensch wie wir. Der Koran ist das wahre und bis heute reinerhaltene Gotteswort; er ist die letzte Schrift nach vielen anderen Schriften wie die Thora und das Evangelium. Den Schutz des Koran vor Versehrtheit hat Allah übernommen. Deshalb ist der Koran seit 1400 Jahren in seiner jetzigen und selben Form geblieben, wie Muhammad, der Gesandte Allahs, ihn empfangen hat. Im Koran steht fest, daß Allah weder zeugt, noch gezeugt wurde und Ihm ist keiner gleich; Er hat weder eine Mutter noch Söhne und Töchter, sondern Er ist ihr Schöpfer. Jesus, Friede sei über ihm, ist lt. Koran nicht Gottes Sohn, sondern Gottes Prophet und Gesandter und treuer Diener. Im Koran sind ferner Dreifaltigkeit und Kreuzigung Jesus Christus entschieden abgelehnt, weil diese im Widerspruch stehen zur Einheit und Allmacht Allahs.
Der Glaube ohne Taten ist ein toter Glaube. Unser Prophet Muhammad lehrt uns, daß der Glaube allein nicht genügt, solange er nicht in die Tat umgesetzt wird. Der Koran lehrt uns, daß jeder Mensch für seine eigenen Taten verantwortlich ist, daher kennt er keine Erbsünde. Diese Information ist das wesentliche Kernstück des Islam. Habe ich Sie informiert? Allah ist mein Zeuge. Allah möge Sie und alle anderen Menschen rechtleiten und Ihnen den ‚Geraden Weg' Allahs zeigen. Ich hoffe, Ihr Herz wird bald für den Islam schlagen. Sollten Sie meine persönliche Hilfe in Anspruch nehmen wollen, stehe ich Ihnen gerne zur Verfügung.
gez. Rassoul
Mohammad Rassoul / Islamisches Zentrum Köln e. V."

3.1.11 *„Union Muslimischer Studenten-Organisationen"*
(UMSO) e. V., mit Sitz in Bonn
Die UMSO unterhält zwischenzeitlich an allen Universitäten im Bundesgebiet islamische Studentenorganisationen bzw. Studentengemeinden. Das geistliche Zentrum der islamischen Studenten ist die Bilal-Moschee in Aachen (Islamisches Zentrum Aachen), wo allmonatlich ein Bundestreffen islamischer Studenten stattfindet. Die UMSO organisiert etwa 50 Prozent der moslemischen Studenten in Deutschland. Die Mitglieder sind sehr aktiv und arbeiten auch in anderen Gemeinden mit. In ihren Reihen ist noch etwas vom frühislamischen Eifer und Puritanismus zu spüren. Das ideologische Spektrum reicht auch hier von konservativ bis liberal im Sinne eines aufgeklärten Traditionalismus.

3.1.12 *„Islamisches Zentrum Hamburg" e. V.*
Bis vor wenigen Jahren war der schiitische Islam in der Bundesrepublik noch vornehmlich durch die „Ithnā 'ashariyya", die sogenannte Zwölferschia, repräsentiert; von iranischen Moslems also. Die türkischen Aleviten haben erst vor wenigen Monaten damit begonnen, eine eigene Gemeindestruktur zu entwickeln. Sie leben vor allem im Rhein-Main-Gebiet um Frankfurt, in München und im industriellen Ballungsraum Heidelberg–Mannheim–Ludwigshafen.
Trotz konfessioneller Unterschiede auch zwischen den einzelnen schiitischen Gruppierungen weisen alle Wege nach Norden, nach Hamburg, der Hafenstadt an Alster und Elbe. Hier, am deutschen „Tor zur Welt", schlägt das Herz des schiitischen Islams in der Bundesrepublik.
Im Großraum Hamburg leben etwa 40.000 Moslems, unter ihnen rund 3000 schiitische Familien aus dem Iran, Afghanistan, der Türkei, Pakistan, Indien, aus den arabischen Ländern und aus Ostafrika. Sie bilden gewissermaßen die Kerngemeinde des schiitischen Zentrums.
In einem Gespräch mit der *Deutschen Welle* betonte Imam Said Mehdi Razvi im Dezember 1979 jedoch, daß es seiner

Gemeinschaft im Laufe der Zeit gelungen sei, außer zu den Schiiten der verschiedensten Schattierungen auch „sehr gute Kontakte zu den sunnitischen Brüdern" herzustellen. Die schiitischen Theologen betrachten sich – so der Geistliche – ohnehin als die Erben der rechtmäßigen Imame und fühlen sich aus diesem Selbstverständnis heraus nicht nur für die schiitischen Konfessionen verantwortlich, sondern auch für die Sunniten, für die gesamte islamische „umma". Diese Einstellung führt so weit, daß die Theologen – am Hamburger Zentrum wirken derzeit zwei Imame – ihre besonderen Ansichten und das, was Schiiten und Sunniten unterscheidet, nicht in den Vordergrund stellen.
In der Tat ist das „Islamische Zentrum Hamburg" in den letzten Jahren mehr und mehr zu einer ökumenischen Einrichtung geworden. Imam Razvi, der in erster Linie mit dem Aufbau einer deutschsprachigen Gemeinde betraut ist, weist denn auch darauf hin, daß seine Gemeinschaft es um der Einheit des Islams willen vorgezogen habe, unter dem Dach des „Islamischen Zentrums" zwei Parallel-Gemeinden aufzubauen. Auf diese Weise glaube man, der Zukunft der Moslems in der Diaspora besser und nachhaltiger dienen zu können: „Wir gehen davon aus, daß im Laufe der Zeit diejenigen, die hier in Deutschland fest ansässig geworden sind, und deren Nachkommen, eine deutschsprachige Gemeinde bilden werden. Sie sollen eine Synthese der deutschen und nichtdeutschen Sitten und Gebräuche innerhalb eines islamischen Rahmens und in Harmonie mit der gesamten islamischen Welt entwickeln."
Um diese Entwicklung zu fördern, hat jede Gruppe innerhalb der Gesamtgemeinde des Zentrums einen eigenen Wirkungskreis, in dem sie ihre eigenen Aktivitäten selbst entfalten kann. Jede Gruppe hat zudem eine eigene Leitung. Aber man trifft sich auch gemeinsam: beim großen Freitagsgebet, zu den hohen Feiertagen, bei Vortragsveranstaltungen, in den monatlichen Familiensitzungen und bei den regelmäßigen Generalzusammenkünften. Darüber hinaus

finden wöchentliche Korankurse statt, und zwar in arabischer, deutscher und persischer Sprache.
Da das „Islamische Zentrum Hamburg" die einzige schiitische Einrichtung dieser Art im deutschsprachigen Raum ist, werden seine Dienstleistungen auch von schiitischen Moslems in Süddeutschland, in der Schweiz und in Österreich in Anspruch genommen. Darüber hinaus legt man in Hamburg großen Wert auf gute Zusammenarbeit mit den anderen islamischen Einrichtungen und Gemeinden in der Bundesrepublik: „Wir gewähren anderen Zentren jegliche Unterstützung, soweit dieses möglich ist. Wir bitten aber auch um Hilfe, wenn wir ihrer bedürfen."
Imam Razvi verwies im Gespräch mit der Rundfunkstation ausdrücklich darauf, daß seine Gemeinschaft sich ausschließlich aus privaten Zuwendungen finanziere. Auch die ersten Geldmittel seien von iranischen Kaufleuten aus Hamburg aufgebracht worden und aus Spenden, die von den Anhängern des damals im Iran führenden Ayatollah Broudjerdi gesammelt worden seien.
Vor etwas mehr als fünfzig Jahren waren die ersten schiitischen Kaufleute mit ihren Familien nach Hamburg gekommen und hatten sich hier niedergelassen. Das hatte im Laufe der Zeit zur Gründung einer islamischen Gemeinde geführt. Im Jahre 1953 hatte die Gemeinde beschlossen, ein Zentrum für die religiöse Betreuung der Moslems im Norden der Bundesrepublik zu bauen.
Um dieses Vorhaben zu fördern, hatte das damalige religiöse Oberhaupt der Schiiten im Iran Imam Mohammad Mohagheghi nach Hamburg entsandt. Im Jahre 1959 wurde schließlich das Moscheebaugrundstück an der Außenalster erworben, und der Plan der Gemeinde konnte verwirklicht werden. Der Bau des Zentrums konnte aus finanziellen Gründen jedoch nicht in einem Zug durchgeführt werden. Kleinere Ausbauten sind auch heute noch nicht vollendet. Zur Zeit stehen neben der Gebetshalle, in der 600 Personen Platz finden können, ein Vortragsraum für 200 Personen, eine

geräumige Bibliothek und verschiedene Räume für Sitzungen, Konferenzen und Verwaltungszwecke zur Verfügung. Für die geistige Struktur und Entwicklung des Zentrums hat sich positiv ausgewirkt, daß jeder der bisherigen geistlichen Leiter auf jeweils unterschiedlichen Gebieten über besondere Fachkenntnisse verfügte. Auf Imam Mohagheghi, der ein guter Kenner der islamischen Mystik war, folgte 1962 Imam Beheschti.[20] Er war Jurist. Sein Organisationstalent kam vor allem dem endgültigen Ausbau der Gemeinde zugute.
Im Jahre 1970 übernahm Imam Mohammad Modjtahed Schabestari die Leitung des Zentrums. Er setzte sich mit großem Engagement für die christlich-islamische Begegnung ein. In dieser Zeit wurde das „Islamische Zentrum Hamburg" Mitglied in der „Islamisch-Christlichen Arbeitsgruppe zu Ausländerproblemen".
Der jetzige Erste Imam, Said Mohammad Khatami, möchte die Tradition eines „gezielten interreligiösen Dialogs zum besseren Verständnis und zur Zusammenarbeit" fortsetzen. Imam Khatami befaßt sich darüber hinaus besonders mit islamischer Philosophie. Nach der Zukunft des Islams in Deutschland befragt, wies Imam Razvi darauf hin, daß die Schiiten es gewohnt seien, als Minderheit in einer nichtschiitischen Umwelt zu leben. Das habe dazu geführt, daß sie im Laufe der Zeit eine Überlebenskraft entwickelt hätten, die ihnen ein hohes Maß an Selbstvertrauen verleihe. Zwar bringe das Leben in der europäischen Diaspora praktische Probleme mit sich, aber keine grundsätzlichen Schwierigkeiten: „Jeder Moslem muß in der nichtislamischen Umwelt Kompromisse eingehen. Daher sollten Art und Grad dieser Kompromisse nicht als Kriterium für die Recht- und Strenggläubigkeit gewertet werden." In diesen Worten schwingt eine Toleranz mit, die unter vielen sunnitischen Moslems fast vergessen zu sein scheint, die aber den einzigen gangbaren Ausweg aus dem gesellschaftspolitischen Dilemma weist, in das der Islam durch die Konfrontation mit den Realitäten der modernen Arbeitswelt geraten ist.

3.1.13 *Islamische Ordensgemeinschaften in der Bundesrepublik und West-Berlin*

Die Geschichte des Ṣūfītums[21] oder der Derwischorden in Deutschland beginnt im Herbst des Jahres 1910, als der in Baroda in Indien geborene Stifter des Ordens der Chesti-Derwische, Pir Inayat Khan, auf einer Reise nach den USA auch in Deutschland Station machte. Während seines Aufenthalts gewann er hier seine ersten Schüler. Da Pir Inayat Khan sich „von Gott dazu berufen fühlte, der Guru des Abendlandes zu sein", besuchte er auch England, Frankreich, die Niederlande, die Schweiz, Schweden, Norwegen und Italien, wo er jeweils „eine Gruppe von Menschen fand, die vom konfessionellen Christentum mehr oder weniger losgelöst waren und nach geistiger Verinnerlichung strebten".[22] Wie der Ordensstifter 1927, kurz vor seinem Tode, schrieb, gehörten seine ersten europäischen Schüler „zumeist den gebildeten, wenn auch nicht den ausgesprochen gelehrten Kreisen an". Das deutsche Sekretariat der Chesti-Derwische befindet sich in Nürnberg.

Bereits 1913 begann der damalige Sekretär der osmanischen Botschaft in Bern, Walter Ulrich Paul Schwidtal, damit, Jünger für den geheimnisumwitterten Bektaschi-Orden zu sammeln, der sich bald über den gesamten deutschsprachigen Raum ausbreitete. Schwidtals Nachfolger wurde seinerzeit der 1875 im sächsischen Hoyerswerda geborene Rudolf Adam Freiherr Glandek von Sebottendorf. Er veröffentlichte 1924 unter dem Titel „Die geheimen Übungen der türkischen Freimaurer" das bisher einzige deutschsprachige Exerzitienbuch eines Derwischordens.

Zwar hat man in der Vergangenheit immer wieder die Authentizität des Freiherrn aus Hoyerswerda angezweifelt, fest steht jedoch, daß sowohl er als auch Schwidtal im damaligen Zentrum der Bektaşi, in Seyitgazi, in die Geheimnisse des Ordens eingeweiht worden waren. Fest steht ferner, daß der Orden nach wie vor in der Bundesrepublik arbeitet; wie überhaupt auffällig ist, daß die moslemischen Intellektuellen in Deutschland von jeher eine enge Anlehnung an die Freimaurerlogen gesucht haben.

In den letzten Jahren ist insbesondere West-Berlin zu einem Zentrum der islamischen Mystik und des Ṣūfītums in Europa geworden. So wird die „Islamische Gemeinde Berlin" (Ummah-Gemeinschaft) von der Ordensgemeinschaft der Al-Burhāniyyah betreut. Ihr Ordensmeister ist der weit über die Grenzen der Bundesrepublik hinaus bekannte islamische Theologe Dr. Salah Eid.

Dr. Eid ist zugleich Shaikh des ägyptischen Rifāʿī-Ordens, Vertreter der Nakshbendi und Beauftragter anderer Orden. Diese Orden, zu ihnen gehört auch der Qādirī-Ṭarīqa, sind auch bekannt als „Tanzende Derwische". Die zugehörigen Gruppen der Ṣūfī-Ṭarīqa sind in Berlin-Wedding derzeit dabei, ein Institut für Ṣūfī-Forschung aufzubauen, aus dem eine umfassende Ṣūfī-Ausbildungsstätte für Friedensforschung hervorgehen soll. Die Orden beziehen auch Deutsche ein. Die Zahl der Konvertiten ist demgemäß relativ hoch.

In der ehemaligen Reichshauptstadt ist seit einigen Jahren auch der von Pir Djalāl ad-Dīn ar-Rūmī (gest. 1273) im türkischen Konya gegründete Orden der „Mevleviyye" ansässig. Der Shaikh der „Mevleviyye-Tariqat Deutschland" ist der deutsche Moslem Al-Hadsch Abdullah Khalis al-Mevlevi, der von seinen Oberen in der Türkei die Erlaubnis erhalten hat, in Deutschland in- und ausländische Schüler einzuweihen und zu leiten. Zwar ist die Zahl der Anhänger dieses großen Traditionsordens in der Bundesrepublik noch klein, Beobachter registrieren jedoch in jüngster Zeit ein kontinuierliches Wachstum. Die „Mevleviyye" beabsichtigen, in West-Berlin eine „Tekke" – ein Derwischkloster – zu errichten, und haben deshalb kürzlich an ihre Freunde in aller Welt appelliert, ihr Bauvorhaben tatkräftig zu unterstützen.

Über die genaue Zahl der Derwische in der Bundesrepublik sind kaum Angaben zu erhalten. Dieses mag einmal daran liegen, daß der sogenannte „Innere Kreis" der Orden

zahlenmäßig sehr beschränkt ist, während die Zahl der an den Übungen teilnehmenden Jünger stets im dunkeln bleibt. Hinzu kommt, daß auch Nichtmoslems, auch Christen, dem „Äußeren Kreis" angehören können, ohne daß sie deshalb gezwungen wären, ihr Bekenntnis zum Christentum beziehungsweise ihre Mitgliedschaft in der Kirche aufzugeben. Dr. Salah Eid sagte in einem Gespräch: „Es ist aus verschiedenen Gründen nicht möglich, Angaben über die zahlenmäßige Stärke der Ṣūfīs in der Bundesrepublik und West-Berlin zu machen. Man kann jedoch sagen: die Anhänger der verschiedenen Orden sind zahlreich, es sind einige Tausende." Der Ṣūfī-Meister unterstrich im übrigen, daß die Derwischorden unter den türkischen Moslems die meisten Anhänger hätten. Aber auch Deutsche, Araber, Albaner, Amerikaner, Kurden, Inder und Perser befänden sich in ihren Reihen beziehungsweise nähmen an den mystischen Übungen teil. Das sufische Spektrum sei sehr weit. Neben den organisierten Gemeinschaften seien praktisch alle Systeme durch Einzelanhänger oder kleinere Gruppen und Zirkel vertreten. Sie seien direkt mit ihren Shaikhs im Stammland des Ordens verbunden und würden von diesen auch geleitet. Salah Eid verwies darauf, daß es gerade die Ṣūfīs gewesen seien, die bei den Einigungsbemühungen der Moslems stets in führender Position gestanden hätten. Die Ṣūfī-Orden und ihre Derwische können auch die Zukunft der christlich-islamischen Begegnung positiv beeinflussen; denn niemand ist geeigneter als sie, interreligiöse Brückenfunktionen zu übernehmen. Nicht nur weil es sich erwiesen hat, daß Christen an sufischen Übungen teilnehmen können, ohne daß ihr Glaube an Jesus Christus verletzt würde, sondern vor allem deshalb, weil sufische Mystik ohne das „christliche" Liebesideal kaum denkbar wäre. Viele Frömmigkeitsideale der islamischen Mystik geben Botschaft davon, daß sie im Zusammenwirken von christlichen Eremiten und moslemischen Gottsuchern entstanden sind.
Johann Wolfgang von Goethe, dem nachgesagt wird, er sei

ein großer Freund sufischer Ideen gewesen – man lächle bei diesem Gedanken nicht –, hat mit seinem „Westöstlichen Divan" den deutschsprachigen Menschen das Tor zum Verständnis der islamischen Mystik geöffnet. Die Botschaft des großen deutschen Dichters ist aber auch im islamischen Orient gehört worden. Davon zeugt das Werk des Reformers und Mystikers Sir Muhammad Iqbal, von dem gesagt wird, er sei der größte Denker gewesen, den der Islam in den letzten tausend Jahren hervorgebracht habe. Sir Muhammad Iqbal war der erste islamische Mystiker, der sich für längere Zeit in Deutschland aufhielt. Er studierte in Heidelberg und München und wurde durch Goethes Werk angeregt, das sufische Ideengut neu zu interpretieren. Das war im Jahre 1908. Zwei Jahre später wurde von Pir Inayat Khan der erste deutsche Derwischorden gegründet.

3.1.14 *„Islamische Wissenschaftliche Akademie zur Erforschung der Wechselbeziehungen zur abendländischen Geistesgeschichte und Kultur" e. V., in Köln*

Die islamischen Diasporagemeinschaften in der Bundesrepublik haben sich in den vergangenen Jahren zahlreiche Einrichtungen geschaffen, um den Gläubigen das Leben in einer ihnen völlig fremden Umwelt zu erleichtern und um ihnen zu helfen, ihre besondere religiöse und kulturelle Identität zu wahren.

Eine Institution besonderer Art in diesem Reigen ist die „Islamische Wissenschaftliche Akademie" in Köln, die im Februar 1978 von dem Islamwissenschaftler Professor Dr. Abdoldjavad Falaturi gegründet worden ist. Professor Falaturi ist Lehrstuhlinhaber an der Universität in Köln.

Die islamische wissenschaftliche Akademie – die einzige ihrer Art in Westeuropa – hat sich zur Aufgabe gemacht, die religiösen, geisteswissenschaftlichen und gesellschaftlichen Probleme zu erforschen, die sich aus der Begegnung von Orient und Okzident in Geschichte und Gegenwart ergeben. Da die Berührung des islamischen Kulturkreises mit der

modernen Welt heute infolge des Imports moderner Technologien, der globalen Berichterstattung der Massenmedien und der zunehmenden Bildung ständig zunimmt, will die Akademie zudem Wege und Methoden entwickeln, um einer Überforderung und Entfremdung und damit möglichen geistigen Schädigung der im islamischen Kulturkreis verhafteten Menschen entgegenwirken. Dabei soll unter anderem auch dem christlich-islamischen Dialog und dem Gespräch mit dem Judentum und anderen Religionsgemeinschaften große Aufmerksamkeit gewidmet werden. Ein ebenso umfangreiches wie ehrgeiziges Programm.
In einem Gespräch mit der *Deutschen Welle* hat Professor Falaturi im Juni 1979 erläutert, wie es zur Gründung der Akademie gekommen ist. Er sei vor dem Hintergrund seiner langjährigen Erfahrungen im Dialog zwischen Christentum und Judentum zu der Überzeugung gelangt, daß auf Dauer ein Gespräch zwischen diesen beiden Religionen und dem Islam unumgänglich sei. Ebenso aber auch eine Begegnung zwischen dem Islam und anderen Ideologien. Diese Einsichten und Überzeugungen seien es schließlich gewesen, die dazu geführt hätten, analog zu den katholischen und evangelischen Akademien auch eine islamische Einrichtung dieser Art zu gründen. Falaturi: „Allen Ideologien und ganz besonders den Moslems wird eine solche Begegnung sehr nützlich sein. Dabei habe ich aber *nicht an eine Versöhnung der Religionen gedacht* – und ich möchte dies immer noch nicht als Ziel des Dialogs bezeichnen –, sondern vorwiegend daran, daß eine solche Begegnung im Rahmen einer Akademie das Gemeinsame und das Divergierende zwischen dem Islam und den anderen Religionen erläutert." Auf diese Weise könne den Moslems die eindeutige Möglichkeit eröffnet werden, sich in der heutigen Welt, im Wirrwarr der Ideologien, Thesen, Meinungen und Glaubensüberzeugungen neu zu orientieren, wo immer sie sich auch befinden. Voraussetzung sei allerdings, daß der jeweilige Partner so verstanden wird, wie er sich selbst versteht.

In einer zweiten Etappe – so Professor Falaturi – werde eine solche Neuorientierung des Islams auch dem abendländischen Christentum und anderen Kulturkreisen zugute kommen: „Es versteht sich von selbst, daß die Zielsetzung der Akademie sich nicht nur auf das rein Theologische oder spezifisch Religiöse beschränkt, sondern darüber hinaus alle anderen gesellschaftlichen und kulturellen Probleme zu erfassen versucht, zu denen von islamischer Seite eine Meinungsäußerung möglich ist. Mit anderen Worten: Judentum, Christentum, Islam und andere Religionen kommen bei der genannten Zielsetzung nicht nur als Religionen, sondern darüber hinaus als kulturbildende und kulturtragende Faktoren in Betracht. Insofern stehen alle Ideologien und Weltanschauungen im Mittelpunkt des wissenschaftlichen Interesses der Akademie." Im übrigen wird die „Islamische Wissenschaftliche Akademie", die in angemieteten Räumen in der Nähe der Kölner Universität arbeitet, nicht mit Ölgeldern finanziert. Sie existiert vielmehr in freier Trägerschaft. Nach Professor Falaturi handelt es sich bei den Gründern um eine kleine Gruppe „moderner, aber recht überzeugter Moslems, die jeder Politik und jeder engstirnigen Glaubensrichtung souverän gegenüberstehen". Der Islam werde von ihnen zeitgemäß in seiner ursprünglichen Reinheit vertreten. Daher möchten sie ihren Glaubensbrüdern bei der Suche nach ihrer Identität helfen: „Wieweit dieser Kreis, bestehend aus mittlerer Finanzkraft, die Akademie jedoch auf Dauer aufrechterhalten kann, hängt von ihrem Erfolg ab – auf dem vorgezeichneten Wege."

Obwohl die Akademie wegen der Entwicklung im Iran und des damit verbundenen immer stärker werdenden Interesses weiter Kreise der deutschen Bevölkerung am Islam gezwungen sei, zu vielen antiislamischen Erscheinungen Stellung zu nehmen, bleibe es ihr eigentliches Ziel, wissenschaftliche und praktische Anleitungen zu finden, die primär den Moslems in aller Welt und von da aus anderen Glaubensgemeinschaften

und den Anhängern anderer Ideologien helfen. Gleichwohl möchte Professor Falaturi bei aller wissenschaftlichen Zielsetzung jedoch nicht mißverstanden werden: „Die Tätigkeit der Akademie darf nicht als abstrakte Forschung gesehen werden, sie ist vielmehr bestrebt, eine auf die Praxis angewandte Forschung zu treiben."
Daher sind für die Zukunft wissenschaftliche Tagungen geplant, die dem lebendigen Gedankenaustausch mit Vertretern anderer Religionsgemeinschaften dienen sollen. Auch ist an eine Ausbildungsförderung für Studenten aus islamischen Ländern gedacht sowie an die Förderung wissenschaftlicher Publikationen und deren Verbreitung in den Ländern der islamischen Welt. Dabei hofft die Akademie auf eine rege, auch organisierte gezielte Zusammenarbeit nicht nur mit den Kirchen, sondern auch mit anderen religiösen und kulturellen Institutionen, die ähnlich gelagerte Zielsetzungen haben.
Im Zuge der Khomeini-Welle kam es 1980 in Hamburg zur Gründung einer zweiten „Islamischen Akademie", deren Tätigkeit sich allerdings in der Gestellung von Referenten bei Vortragsveranstaltungen zu erschöpfen scheint. Wie dazu von der „Deutschen Muslim-Liga" und der „Islamischen Gemeinde Hamburg" zu erfahren war, bestehen zwischen dem Unternehmen „Islamische Akademie" Hamburg und den dort ansässigen sunnitischen und schiitischen Gruppierungen keinerlei Kontakte.

3.1.15 *Islamische Akademie Eberbach, gegr. 1. April 1981*
Die „Islamische Akademie Eberbach" ist die erste Ausbildungsstätte für den islamischen Theologennachwuchs in der Diaspora. Die Internatsschule hat fünfzig Plätze. Das Abschlußdiplom berechtigt zum Weiterstudium in Saudi-Arabien, Libyen und Pakistan. Das Aufnahmealter ist 15 bis 18 Jahre.
Die Ausbildungsstätte ist als Privatschule organisiert. Träger ist eine von mehreren islamischen Gemeinden getragene

Stiftung. Mit der Leitung des Instituts ist der Reutlinger türkische Imam Mehmet Bilgić beauftragt.

Im Mittelpunkt des Lehrplans der Akademie steht das Fach „Islamische Religion". Als Lehrkräfte stehen drei Imame zur Verfügung.

Die Akademie möchte so schnell wie möglich die Voraussetzungen für die Anerkennung als Fachhochschule erfüllen. Für die naturwissenschaftlichen Fächer sollen deutsche Lehrkräfte gewonnen werden.

3.2 *Politische Gruppierungen und Interessenverbände*

3.2.1 *„Föderation der Türkischen Arbeitervereine in der Bundesrepublik Deutschland" e. V. (FIDEF), Sitz in Düsseldorf*

Über Geschichte und Hintergrund der FIDEF heißt es im Verfassungsschutzbericht 1977 unter anderem:

„Bestrebungen der in der Türkei verbotenen orthodoxkommunistischen ‚Türkischen Kommunistischen Partei' (TKP) – Exilsitz in Berlin (Ost) –, die Aufsplitterung der türkischen politischen Vereinigungen im Bundesgebiet zu überwinden und dabei ihren Einfluß zu stärken, führten... zur Gründung der ‚Föderation der Türkischen Arbeitervereine in der Bundesrepublik Deutschland' e.V. (FIDEF) in Düsseldorf. In der FIDEF haben sich bisher annähernd 70 Arbeitervereinigungen und Mitgliedsverbände der überwiegend von der TKP beeinflußten ‚Föderation Türkischer Sozialisten in Europa' (TTF) und der national-kommunistisch beeinflußten, im Frühjahr 1977 aufgelösten ‚Föderation Demokratischer Arbeitervereine in der Türkei in Europa' e.V. (TDF) mit ca. 5400 Mitgliedern zusammengeschlossen. Die FIDEF steht maßgeblich unter dem Einfluß kommunistischer Funktionäre. Der Versuch der FIDEF, ihren kommunistischen Hintergrund zu verschleiern, hat bei der Mehrzahl der türkischen Arbeitnehmer keinen Erfolg gehabt. Ein Teil

der ursprünglichen FIDEF-Anhänger wandte sich der von der türkischen sozialdemokratisch orientierten ‚Republikanischen Volkspartei' (CHP)... in Berlin als Gegengewicht zur FIDEF gegründeten ‚Föderation der revolutionären Volksvereinigungen in der Türkei' (THDF) zu" (heute „Föderation progressiver Volksvereine der Türkei in Europa").
Und im Verfassungsschutzbericht 1978 ist zu lesen: „Einen nennenswerten Mitgliederzuwachs haben die orthodox-kommunistisch beeinflußte ‚Föderation der Türkischen Arbeitervereine in der Bundesrepublik Deutschland' e. V. (FIDEF) sowie der von der orthodoxen ‚Kommunistischen Partei Griechenlands' (KKE-Ausland) beeinflußte ‚Bund Griechischer Gemeinden' zu verzeichnen. So konnte die FIDEF die Zahl ihrer Mitgliedsverbände von 70 auf 80 erhöhen. Derzeit gehören ihr schätzungsweise 9000 Türken an (Ende 1977: 7500). Bei diesen Zahlen ist allerdings zu berücksichtigen, daß viele Mitglieder der Betreuungsorganisationen keine extremistischen Ziele verfolgen, sondern auf diese Weise lediglich einen Rückhalt im fremden Land suchen. Mit Themen und Forderungen wie Verbesserung der Schul- und Ausbildungssituation für Kinder ausländischer Arbeitnehmer, ausreichende Berücksichtigung der Belange ausländischer Arbeitnehmer insbesondere bei angespannter Beschäftigungslage und Integration hier längerfristig wohnender ausländischer Arbeitnehmer suchen sie besondere Probleme ausländischer Arbeitnehmer für ihre Arbeit zu nutzen."
Die FIDEF selbst gibt ihre Mitgliederzahl mit 18.000 an. Die Föderation bezeichnet sich gerne als „Massenorganisation der Arbeiter aus der Türkei in der Bundesrepublik Deutschland und West-Berlin" und als „stärkster Dachverband im Bundesgebiet mit eigenen Organen".
Im „Materialdienst" der Evangelischen Zentralstelle für Weltanschauungsfragen, Nr. 11/1980, vermerkt Michael Mildenberger: „Es ist offenkundig, daß die linken Gruppie-

rungen sich im allgemeinen leichter tun, mit den gesellschaftlichen Kräften in der Bundesrepublik – Gewerkschaften, Parteien, Massenmedien, teilweise auch mit den Kirchen – zu verkehren und oft auch zusammenzuarbeiten sowie die Spielregeln einer pluralistischen Demokratie im Interesse ihrer Sache zu nützen." Und er merkt an, daß die militanten Linksextremisten in ihren Methoden ebenso skrupellos und gewalttätig sind wie ihre Gegner von rechtsaußen.

3.2.2 *„Föderation der Arbeiter aus der Türkei" e. V.*
(ATIF), Sitz in Duisburg
ATIF hat in der Bundesrepublik mehr als 10 Mitgliedsvereine mit allerdings geringen Mitgliederzahlen. ATIF ist der Dachverband der türkischen Maoisten.
Mit ATIF eng zusammen arbeitet die „Studentenföderation der Türken in Deutschland" e. V. (ATÖF) in München.

3.2.3 *Außerdem unterhalten im Bundesgebiet folgende*
türkische Linksgruppierungen kleinere Zellen:
die maoistisch ausgerichtete „Revolutionäre Arbeiter- und Bauernpartei der Türken" (TIKP);
die „Volksbefreiungsarmee der Türken" (THKO);
die „Türkische Kommunistische Partei Marxisten/Leninisten" (TKP/ML) mit ihren Kampforganisationen;
die „Türkische Arbeiter- und Bauern-Befreiungsarmee" (TIKKO);
„Dev-yol" (Revolutionärer Weg), eine militante Bewegung.

3.2.4 *„Föderation progressiver Volksvereine der Türkei in*
Europa" e. V. (HDF), Sitz in Hamburg
Es handelt sich um eine der „Republikanischen Volkspartei" (CHP) in der Türkei nahestehende Arbeitnehmervereinigung. Nach eigenen Angaben verfügt HDF über 26 Mitgliedsvereine. In einer Selbstbeschreibung heißt es: „Wir haben unsere Aufgabe so definiert, daß wir in kritischer Solidarität mit der ‚Republikanischen Volkspartei' (CHP)

Ecevits in der Türkei auf einer inoffiziellen Ebene zusammenarbeiten. ... In der Bundesrepublik arbeiten wir auf lokaler Ebene, aber auch auf Bundesebene mit der SPD und den DGB-Gewerkschaften sowie diesen nahestehenden Organisationen zusammen."

3.2.5 *„Föderation der Vereinigungen der Patrioten aus der Türkei in Europa" e. V. (ATYBE), Sitz in München*
In dieser politisch links orientierten Organisation sind die Vereine der Aleviten in Deutschland zusammengeschlossen. Nach eigenen Angaben umfaßt die Föderation 30 Vereine.

3.2.6 *„Föderation der Arbeitervereine Kurdistans in der Bundesrepublik Deutschland" e. V. (KOMKAR), in Frankfurt am Main*
Kurdische Organisation mit 13 Mitgliedsvereinen. Linksorientiert.

3.2.7 *„Fortschrittlich-Demokratische Arbeitervereine Kurdistans" e. V. (KKDK), Zentrale Köln*
Die KKDK hat sieben Mitgliedsvereine, in denen sich vor allem Kurden aus der Türkei zusammengeschlossen haben. Anmerkung: Nach Angaben dieser Vereinigungen leben in der Bundesrepublik derzeit etwa 250.000 Kurden.

3.2.8 *„Europäische Föderation der Türkischen Demokratischen Idealistenvereinigungen" e. V. (ADUTDF), Sitz in Frankfurt am Main (auch „Konföderation Türkischer Kulturvereine" e. V.)*
Hierbei handelt es sich um eine Einrichtung der türkischen rechtsextremistischen „Partei der Nationalistischen Bewegung" (MHP), oft auch pauschal als „Graue Wölfe" bezeichnet.
Die Vereinigung hat verschiedene Gliederungen bzw. tritt unter recht unterschiedlichen Bezeichnungen in der Öffent-

lichkeit auf: „Große Idealistenvereine", „Türkische Kulturvereine", „Idealistische Jugendvereinigungen" (im Zeichen des „Grauen Wolfes") usw. Der Föderation gehören über 110 Vereine mit rund 26.000 Mitgliedern an. Außerdem muß von einem Sympathisantenumfeld von rund 50.000 Personen ausgegangen werden. Die Vereine sind straff organisiert und bedingungslos auf ihren „Führer" 'Türkeş eingeschworen. Sie sollen auch in der Bundesrepublik paramilitärische Gruppen unterhalten.

Wenngleich die MHP sich islamisch gebärdet und als „Hüter geheiligter islamischer Traditionen" auftritt, ist sie ursprünglich als sogenannte neuheidnische Bewegung mit einem ausgesprochen antiislamischen Programm konzipiert worden. Sie hat sich zum Ziel gesetzt, den „arabischen Glauben" abzuschaffen, und will statt dessen die alttürkische Mythologie wieder in die Mitte des Volkes rücken. Hier offenbaren sich Charakterzüge, wie sie in allen faschistischen Parteien anzutreffen sind.

Die scheinbare „Hinwendung zum Islam" geschah offensichtlich aus taktischen Gründen. Gerade in der Diaspora könnten islamische Geistliche also sehr wohl vom Kampf bekennender Christen gegen den Nationalsozialismus und seine „Deutsche Christen"-Bewegung lernen.

Das Problem MHP ist also nicht nur eine Frage der politischen Einstellung bzw. des politischen Standorts, sondern vor allem eine Frage des Glaubens – eine Entscheidung für oder gegen den Islam.

3.2.9 *„Freiheitlich türkisch-deutscher Freundschaftsverein" (Hür Türk e. V.), Sitz in Bonn*

Der Verein Hür Türk ist eine selbständige Organisation der politischen Mitte, die allen türkischen Mitbürgern – soweit sie nicht politisch extremistischen Richtungen angehören – offensteht. Er will durch die Mitgliedschaft von Deutschen und Türken das gegenseitige Verständnis fördern.

4 DER „ISLAMISCHE WELTKONGRESS"

4.1 *Geschichte*

Es war das Jahr 1926. In der ehrwürdigen Azhar-Universität zu Kairo bemühten sich die Teilnehmer eines islamischen Kongresses vergeblich um die Lösung der Kalifatsfrage. Zwei Jahre zuvor, am 3. März 1924, hatte die türkische Nationalversammlung die über zwölfhundert Jahre alte Institution des „Herrschers der Gläubigen" abgeschafft und den letzten „Nachfolger des Propheten" aus der Dynastie der Osmanen, Abdul Medschid II., nach Paris ins Exil geschickt. Zwar hatte sich daraufhin in Mekka der Haschemit Hussain Ibn Ali zum neuen Kalifen proklamieren lassen, aber die Wahhabiten hatten ihn kurz darauf aus dem Hedschas vertrieben. Während in Kairo der Traum von einer Erneuerung des Kalifats im Gezänk der Ulama zerrann, hatte der neue „Beschützer der Heiligen Stätten", Abdul Aziz Ibn Saud, auf einer von ihm nach Mekka einberufenen Weltmoslemkonferenz eine Bewegung proklamiert, die seither für den Weltislam zu einem Symbol für Einheit, Brüderlichkeit und Solidarität geworden ist: den „Islamischen Weltkongreß" (Motamar al-Alam al-Islami).

1976, am 50. Geburtstag dieser ersten nachkalifatischen Bewegung, würdigte der damalige Generalsekretär der „Islamischen Konferenz", der Senegalese Dr. Ahmadu Karim Gaye, den historischen Beitrag des „Islamischen Weltkongresses" zum Wiederaufstieg des Islams. Er sagte unter anderem: „Die gesamte islamische Welt respektiert den ‚Islamischen Weltkongreß' als die älteste moslemische Volksbewegung von internationalem Rang. Sie hat uns einst vor dem Abgrund des Vergessens bewahrt. Möge daher Gott diese Bewegung in ihrem Dienst für die Sache des Islam, für die Einheit der Weltmoslemgemeinschaft und für mehr Menschlichkeit in unserer Zeit stärken."

Die islamischen Historiker sind sich in der Tat darin einig, daß der „Islamische Weltkongreß" in den Jahren des

Niedergangs seit dem Ersten Weltkrieg entscheidend dazu beigetragen hat, daß der Gedanke der Universalität der Weltmoslemgemeinschaft nicht in Vergessenheit geriet, sondern mit neuem Leben erfüllt werden konnte. Während die arabische und die übrige islamische Welt sich in überschäumenden Nationalismen verlor, während es weithin für rückständig und unschicklich galt, sich offen als gläubiger Moslem zu bezeichnen, hielt die von Laien getragene Bewegung beharrlich an der Idee des Panislamismus fest und wurde so zum Ausgangspunkt all jener islamischen Organisationen und Gremien, die im Laufe des einsetzenden islamischen Selbstfindungsprozesses – auch Reislamisierung genannt – entstanden sind und die das Gesicht des heutigen Islams prägen.

4.2 *Aufgaben*
Aufgabe der Organisation „Islamischer Weltkongreß" ist:
Beratung der islamischen Regierungen;
Erkenntnisse über die sozioökonomische und geopolitische Situation der islamischen Welt zu sammeln und zu analysieren;
die unterschiedlichen kulturellen, religiösen und sozialen Strömungen in den islamischen Gesellschaften und ihre Ursachen und Wirkungen zu erforschen und zu begleiten;
Aufarbeitung von Problemen und Erfahrungen islamischer Diasporagemeinden in aller Welt;
Begleitung des christlich-islamischen Dialogs.

4.3 *Organe, Arbeitsweise*
Das oberste Organ des „Islamischen Weltkongresses" sind der Exekutivausschuß, der einmal jährlich in Mekka zusammentritt, und die „Islamische Weltkonferenz", die alle vier Jahre einberufen wird, um die Gesamtsituation der Weltmoslemgemeinschaft zu beraten. Die „Islamische Weltkonferenz", der auch die „Weltmoslemliga" (Rabita al-Alam al-Islami) angehört, ist das „Parlament der islamischen Völker"

und wird von offiziellen Delegationen und Delegierten beschickt.
Der Exekutivausschuß des Kongresses setzt sich aus Persönlichkeiten von internationalem Rang zusammen. Sie kommen zumeist aus exponierten Staatsämtern, waren Minister, Staatssekretäre, Abgeordnete, sind Mitglieder von Herrscherhäusern, Universitätsprofessoren, Geistliche und hohe Militärs im Ruhestand. Ihre Erfahrungen flossen von jeher in die Arbeit der Bewegung ein und kamen auf diese Weise der gesamten islamischen Gemeinschaft zugute. Der heutige Präsident des Kongresses, Professor Dr. Said Maruf Dawalibi, war beispielsweise einmal Ministerpräsident von Syrien und ist heute persönlicher Berater des saudischen Königshauses; Vizepräsident Dr. Mohammad Natsir bekleidete ebenfalls früher einmal in seiner Heimat Indonesien das Amt des Regierungschefs, ähnlich wie Turku Abdul Rahman (Malaysia), der spätere erste Generalsekretär des Islams und Gründer der „Islamischen Entwicklungsbank".
Die dem Kongreß zugeordnete „Internationale Sirat un-Nabi" ist mit der pietistischen Erweckungsbewegung vergleichbar. Sie tritt einmal jährlich zu einem Erweckungskongreß zusammen. Ihre Aufgabe ist es, die Moslems anzuhalten, ihr tägliches Leben und Handeln am Vorbild des Propheten Mohammed – an der Sunna – auszurichten, um auf diese persönliche Weise zur Erneuerung des Islams beizutragen.
Breiten Raum bei den jährlichen Zusammenkünften nehmen auch die Diasporaprobleme ein und Fragen des christlich-islamischen Dialogs, wobei anzumerken ist, daß die Öffnung des Kongresses zum Dialog von der Bundesrepublik Deutschland seine entscheidenden Impulse empfangen hat.
Das Sekretariat des Kongresses in Karachi hat von der „Islamischen Konferenz" den Auftrag erhalten, den verschiedenen politischen, ökonomischen und religiösen Gremien, wie etwa der „Islamischen Außenministerkonferenz", jeweils Memoranden zu bestimmten Themen zuzuleiten, die

in die Entscheidungsprozesse einfließen sollen. Sitz des Exekutivausschusses und des Präsidenten ist Riadh; Sitz des Sekretariats ist Karachi.

Der „Islamische Weltkongreß" arbeitet eng mit der „Weltmoslemliga" zusammen und ist an deren Beratungen beteiligt. Wie die Liga, so besitzt auch der Kongreß einen Beobachter- und Beraterstatus bei den Vereinten Nationen (NGO I. Klasse). Er hat in nahezu allen Ländern der Welt offizielle Vertretungen eingerichtet.

Die Losung des „Islamischen Weltkongresses" lautet: „Allah ist unser Herr, der Prophet Mohammad unser Vorbild, der Islam unser Lebensweg, der Koran unser Führer und die Ka'ba der Ort unserer Einheit."

Mit dieser Losung ist das Programm des Kongresses umschrieben. Das Wappen der Bewegung zeigt die Ka'ba auf ovalem Feld.

4.4 *Die Vertretung für die Bundesrepublik*

Die Vertretung des „Islamischen Weltkongresses" für die Bundesrepublik Deutschland nahm am 22. Februar 1979 offiziell ihre Arbeit auf, nachdem der Generalsekretär des Kongresses, Dr. Inamullah Khan, bereits 1971 einen Bevollmächtigten berufen hatte. Seit Mitte 1979 ist der Sitz der Vertretung in Gütersloh. Landesvertretungen bestehen bisher in Gütersloh für das Land Nordrhein-Westfalen, in Rinteln für Niedersachsen, in Saarbrücken für das Saarland, in Berlin und Bremen. Die Frauenvertreterin hat ihren Sitz in Dortmund.

Die Mitarbeiter des „Islamischen Weltkongresses" in der Bundesrepublik sind im „Freundeskreis Islamischer Weltkongreß" zusammengeschlossen, der vierteljährlich einmal zusammentritt. Auch der Freundeskreis hat seinen Sitz in Gütersloh.

Der „Islamische Weltkongreß" ist eine überkonfessionelle Organisation, die keine Gruppeninteressen vertritt. Seine Mitarbeiter arbeiten mit allen moslemischen Gruppen zu-

sammen, ohne sich in deren innere Angelegenheiten einzumischen.
Es gehört zu den Aufgaben der Vertretung in der Bundesrepublik, für gute Beziehungen mit den staatlichen Organen und den anderen Religionsgemeinschaften einzutreten, den moslemischen Gemeinden auf Wunsch mit Rat und Tat zur Seite zu stehen und die interreligiöse Begegnung zu fördern.
Die Vertretung in der Bundesrepublik kann auf das „Islam-Archiv Deutschland" in Saarbrücken zurückgreifen, das alle Daten über die moslemischen Gemeinden seit dem Jahre 1731 gespeichert hat. Zum Islam-Archiv gehören auch eine Dokumentensammlung zum Dialog, die bis zum Jahre 1960 zurückreicht, ein Europa-Archiv, ein Organisationsregister und ein Register der deutschstämmigen Moslems seit 1922. Das Archiv hat Mitarbeiter in allen Bundesländern und in der Mehrzahl der islamischen Organisationen. Es werden etwa 150 Tageszeitungen und Wochenblätter, Magazine und Pressedienste ausgewertet und 14 internationale Publikationen. Außerdem existiert eine umfangreiche Fachbibliothek von etwa 1000 Bänden.
Im Auftrage des Bundeskanzlers hat der Staatssekretär im Auswärtigen Amt am 12. November 1979 die Berufung eines Vertreters des „Islamischen Weltkongresses" begrüßt.
„Die Bundesregierung begrüßt Ihre Aufgabenstellung. Das Anwachsen der islamischen Gemeinde in unserem Land während der letzten Jahre verleiht der Fürsorge für Ihre Mitglieder, aber auch der Begegnung mit den anderen Religionsgemeinschaften besondere Bedeutung. Für Ihre Tätigkeit darf ich Ihnen Erfolg wünschen."
Ähnlich reagierten auch die Kirchen. So heißt es in einem Schreiben des Sekretärs der Deutschen Bischofskonferenz vom 13. September 1979:
„Im Namen des H. H. Kardinal Joseph Höffner darf ich Ihnen herzlich für Ihr Schreiben danken, in welchem Sie uns anzeigen, daß der Islamische Weltkongreß mit Sitz in Mekka und Karachi Sie mit der Vertretung seiner Interessen in der

Bundesrepublik Deutschland beauftragt hat. ... Ihr unermüdliches Eintreten für gute Beziehungen mit den staatlichen Instanzen und den Kirchen in der Bundesrepublik Deutschland ist dem H. H. Kardinal bekannt. Er dankt Ihnen dafür, daß Sie die christlich-islamische Begegnung, wo immer es Ihnen möglich ist, aufgeschlossen und nachdrücklich fördern."
Und in einem Schreiben des Kirchlichen Außenamtes der EKD vom 27. Juni 1979 heißt es:
„Im Auftrage des Vorsitzenden des Rates der Evangelischen Kirche in Deutschland, Herrn Landesbischof D. Lohse, danken wir Ihnen für Ihre Schreiben vom 18. Mai 1979... Sie haben sich schon bisher intensiv um die christlich-islamische Begegnung bemüht, und Sie wissen, daß wir Ihr Engagement zu schätzen wissen..."
Schwerpunkte der Tätigkeit der Vertretung für die Bundesrepublik sind:
Förderung des innerislamischen Dialogs;
Dialog mit den staatlichen Organen, mit den politischen Parteien, vor allem aber mit dem Deutschen Gewerkschaftsbund;
Förderung eines gleichberechtigten Dialogs mit den Kirchen;
Anerkennung des Islams als Körperschaft des öffentlichen Rechts;
Einführung eines islamischen Religionsunterrichts für moslemische Kinder an den öffentlichen Schulen;
Förderung der Integration bei Beibehaltung der religiösen und kulturellen Identität.

5 DAS ISLAMISCHE PRESSEWESEN

Das islamische Pressewesen in der Bundesrepublik ist unterentwickelt und hat trotz großer Anstrengungen nicht wieder an die Tradition und das Niveau der Jahre von 1922 bis 1940

anzuknüpfen vermocht. Seinerzeit erschienen in Berlin regelmäßig drei islamische Zeitschriften und ein Vierteljahresmagazin von beachtlicher Resonanz im In- und Ausland.
Das erste von Moslems redigierte deutschsprachige Monatsmagazin der Nachkriegszeit wurde 1948 in Zürich von der dortigen Ahmadiyya-Mission unter Shaikh Nasir Ahmad gegründet. Sein Titel: *Der Islam*. Die Zeitschrift versuchte an die große Tradition der Berliner *Moslemischen Revue* anzuknüpfen, was ihr jedoch nur teilweise gelang. Seit 1961/62 wird *Der Islam* in der Bundesrepublik verlegt; zunächst in Hamburg und später in Frankfurt am Main. Die Erscheinungsweise ist allerdings umgestellt worden. *Der Islam* erscheint nur noch sporadisch.
Der ebenfalls in Zürich gegründete deutschsprachige *Muslim-Presse-Service* (mps) wurde 1962 wieder eingestellt. Dagegen gibt der Verlag Islam neuerdings ein *Ahmadiyya-Bulletin* heraus.
Seit 1959 erscheint in München die islamische Monatsschrift *Al-Islam*, die sich als *Zeitschrift von Muslimen in Deutschland* bzw. als *Informationsblatt des Islamischen Zentrums München* versteht. *Al-Islam* ist von den deutschen Moslems Achmed Schmiede und Malik Assmann gegründet worden. Schmiede zeichnete bis 1978 als verantwortlicher Schriftleiter. Seither weist das Impressum keinen Namen mehr aus. Gefördert wurde die Gründung von *Al-Islam* insbesondere vom damaligen Direktor der Stadtorganisation Ankara des Roten Halbmondes, Salih Akcakanad, dem die deutschen Moslems somit sehr vieles verdanken.
In München erscheinen außerdem die islamischen Jugend- und Kinderzeitschriften *Unser Blatt* und *Du und der Islam* (letztere wird von Fatima Heeren redigiert) sowie das religiöse Organ des Geistlichen Rates der Moslemflüchtlinge in der Bundesrepublik: *Al-Muhadschirun* (Vierteljahresschrift).
Zwei weitere deutschsprachige islamische Blätter werden in Berlin herausgegeben: *Stimme des Islam* und *Allah Akbar*.

Außerdem veröffentlicht die englischsprachige Zeitschrift der „Nurdschuluk-Bewegung" – *The Light* – sporadisch eine deutschsprachige Beilage.
Hinzu kommen mehrere *Informationsdienste* von rein lokaler Bedeutung, die von einzelnen Gemeinschaften für ihre Mitglieder herausgegeben werden.
Im Dienste des Islams stehen auch drei sogenannte „Schriftenmissionsverlage":
die Mihrab-Verlags GmbH in Köln;
die Versandbuchhandlung Mohammad Rassoul (Islamisches Zentrum Köln) und
die Schriftenmission „Freunde des Islam" in Berlin.
In diesem Zusammenhang müssen zwei weitere deutschsprachige muslemische Vierteljahresschriften erwähnt werden, die in Wien erscheinen, aber von überregionaler Bedeutung sind: *Der Gerade Weg* (Herausgeber der „Moslemische Sozialdienst", gegründet 1967) und *Islam und der Westen,* die von Smail Balić redigiert wird.
Über Sinn und Zweck der neuen Zeitschrift schreibt Balić in einem Geleitwort zur ersten Ausgabe, daß *Islam und der Westen* das Bewußtsein der Moslems in Mittel- und Westeuropa stärken, das bestehende Informationsdefizit über den Islam abbauen und den Dialog mit anderen Glaubensgemeinschaften fördern wolle: „Eine besondere Aufgabe dieser Zeitschrift ist es, den eigenen islamischen Standort zu überdenken und frei von jeglichen politischen Abhängigkeiten religiöse Antworten auf die Fragen der Zeit zu suchen."
Die aktuellen islamischen Fragen sollen aus der Sicht der modernen islamischen Theologie beantwortet werden. Dafür stehen Namen wie Mohammad 'Abduh, Mahmud Schaltut, Hussain Djozo, Mohammad Talbi und Ali Merat.
Islam und der Westen ist gleichzeitig das Mitteilungsblatt der „Islamischen Gemeinschaften in der deutschsprachigen Schweiz" und des „Islamic Cultural Center of Greater Chicago".
Für die ausländischen Moslems türkischer Nationalität

erscheinen in Frankfurt am Main zwei religiöse Blätter. Es handelt sich um die Wochenschrift *Sebil,* die sich als „freie moslemische geschichtsorientierte politische und literarische Wochenzeitung" versteht, und *Milli Gazete.*
Mit religiösen Themen befassen sich auch sporadisch die drei auflagenstärksten türkischen Zeitungen in der Bundesrepublik: die konservative *Hürriyet* (Auflage 45.000), der nationale *Tercüman* (Auflage 35.000) und die liberale *Milliyet* (Auflage 30.000).
Diese drei Zeitungen werden in der Türkei redigiert und in Neu-Isenburg gedruckt.
Das türkische Wochenblatt *Anadolu* erscheint dagegen nur in der Bundesrepublik. Es steht der Süleymanli-Bewegung nahe und unterliegt nicht der staatlichen (türkischen) Zensur. Erscheinungsort ist Bonn. In Frankfurt am Main erscheint übrigens auch das Zentralorgan der „Türk Federasyon" – *Vatana Hasret.*
Für die arabischsprachigen Moslems wird vom „Islamischen Zentrum Aachen" die Monatsschrift *Al-Ra'id* herausgegeben.
Wichtigste Informationsträger über Geschehnisse und Entwicklungen im Islam in Deutschland und in der religiösen Szene der islamischen Welt sind in der Bundesrepublik Deutschland zwei nichtislamische Medien: die *Deutsche Welle* in Köln und der *Evangelische Pressedienst* in Frankfurt am Main.
Über die Arbeit der *Deutschen Welle* schreibt das Trierische Bistumsblatt *Paulinus* am 15. Mai 1980 unter der Überschrift „ ‚Renner' auf kurzen Wellen" unter anderem: „Eine Besonderheit hebt den Kirchenfunk der *Deutschen Welle* (DW) aus den Kirchenfunkprogrammen der übrigen ARD-Anstalten heraus: Hier werden nicht nur Informationen aus dem christlichen Bereich, sondern jede Woche aus der Welt des Islam umgesetzt. Die DW ist der einzige westliche Auslandssender, der regelmäßig Islam-Nachrichten ausstrahlt. Dazu kommen Beiträge über das Leben der Moslems in der

Bundesrepublik. ... Daß bei der Programmarbeit in diesem Bereich das Bemühen um Toleranz, besseres Verstehen der Religionen untereinander und Zusammenarbeit, wo immer möglich, im Vordergrund steht, ohne die bestehenden Grenzen zu verwischen, findet bei den Hörern Zustimmung, wie ein Blick in die Post zeigt."
Die erste Sendung der Reihe „Nachrichten aus der Welt des Islam" der *Deutschen Welle* wurde übrigens am 9. Juni 1971 ausgestrahlt.
Die Idee, ständige Islamnachrichten und -berichte in das Kirchenfunkprogramm der *Deutschen Welle* aufzunehmen, stammt im wesentlichen von den Herren Werner Honig (Hauptabteilungsleiter), Dr. Siegfried Berger (Abteilungsleiter) und den Redakteuren Hans Vögeli (ev.) und Horst Maria Baumanns (kath.). Das Konzept wurde von dem Autor dieses Buches mitentwickelt, der die Sendung von der ersten Ausstrahlung an auch betreut. Auch die Betreuung der Islamveröffentlichungen der Zentralausgabe von *epd* geschieht weitgehend durch den Autor.
Fast gleichzeitig mit der *Deutschen Welle* nahm die Zentralredaktion von *epd* in Frankfurt am Main ihre ständige Berichterstattung über den Islam auf. *epd* ist seither bei den gedruckten Medien, was den Islam angeht, führend in der Bundesrepublik.

6 UNGEWISSE ZUKUNFT

Während insbesondere in kirchlichen Medien immer häufiger über Christenverfolgungen in der islamischen Welt berichtet wird – am 28. Januar 1980 sprach der *epd-Landesdienst Pfalz* von „einer Christenverfolgung wie nie zuvor" –, sind an den Mauern in den Ballungsräumen unseres Landes Parolen aufgetaucht, die ebenso dem Vokabular des „Wörterbuchs des Unmenschen" entstammen wie die zu Recht beanstandeten Flugblätter und Hetzschriften ausländischer, insbesondere türkischer Extremisten. „Tür-

ken raus!" heißt es da, und es fehlt nur noch, daß Steine fliegen. Die jüngst von der sogenannten „Deutschen Aktionsgruppe" verübten Terroranschläge sind noch in deutlicher Erinnerung, ebenso wie die ernsten Warnungen von Politikern aller Bundestagsparteien vor einer zunehmenden Ausländerfeindlichkeit.
Am 15. September 1979 hatte der Synodale Dr. Helmut Franz aus Schiffweiler (Saar) das Thema Gastarbeiter im *Wort zum Sonntag* aufgegriffen, da der „Tag des ausländischen Mitbürgers" vorausgegangen war. Er stieß auf Unverständnis, Häme und Drohungen. In einem Hörerbrief hieß es: „Man sollte Sie bei der Müllabfuhr beschäftigen und mit dem ersten Wagen in die Verbrennungsanlage fahren."
Die Mehrheit der Moslems wohnt im Bundesland Nordrhein-Westfalen mit seinen Industrierevieren und -regionen. Daher ist dieses Bundesland als Stimmungsbarometer für die gesamte Bundesrepublik von großer Bedeutung.
In einer Infas-Umfrage zum Thema „Meinungen und Einstellungen in Nordrhein-Westfalen zur Bevölkerungsentwicklung" heißt es im August 1979: „Die Meinungen, die von den nordrhein-westfälischen Bürgern 1978 zu den Ausländern geäußert wurden, sind von einer recht großen Distanz geprägt; teilweise werden massive Vorbehalte gegenüber diesen Minderheiten offen artikuliert."
Der Umfrage zufolge plädierten 49 Prozent der Bürger an Rhein und Ruhr für die Rückkehr der aus den Mittelmeerländern stammenden Ausländer in ihre Heimat. Allein eine kleine Gruppe von 15 Prozent der Bevölkerung trat dafür ein, diese Menschen die deutsche Staatsbürgerschaft erwerben und als Deutsche hier leben zu lassen. 37 Prozent der Befragten traten außerdem dafür ein, daß selbst die in der Bundesrepublik geborenen ausländischen Kinder zurück in die Herkunftsländer ihrer Eltern geschickt werden, 17 Prozent der Bürger wollen sie als Ausländer tolerieren und nur 29 Prozent befürworten die volle Integration dieser Kinder in die deutsche Gesellschaft.

Dahinter stehen Zeitungsschlagzeilen wie „Allahs deutscher Untergrund", „Gegner der Koranschulen dürfen getötet werden", „Der Stock gehört zum Koran", „Mit Koran und Knüppel", „Heiliger Krieg in der Bundesrepublik", „Graue Wölfe im Schafspelz", „Die Mullahs im Revier wollen ans Geld" oder „Gefährliche Pläne: Sollen Gastarbeiter Deutsche werden?".
Hier ist die Frage nach den Ursachen für diese Entwicklung gestellt, zumal ja viele Deutsche noch vor Jahren ein eher romantisches Gefühl für den Islam hatten. Grob gesehen kann man von drei Faktoren ausgehen:
Das zweifellos große Informationsdefizit, das in der deutschen Bevölkerung über die eigentlichen Inhalte des Islams herrscht (Welteroberung, Feuer und Schwert, Heiliger Krieg und neuerdings das Reizwort Khomeini);
das feindselige Verhalten einiger islamischer Gruppierungen gegenüber der deutschen Bevölkerung, den Kirchen und den Juden (Reizwort „Graue Wölfe");
die angespannte Lage auf dem deutschen Arbeitsmarkt, die zu einem harten Konkurrenzdenken in der deutschen Arbeiterschaft gegenüber den überwiegend türkischen Arbeitnehmern geführt hat.
Es wäre jedoch fatal, wollte man das Fehlverhalten einzelner türkischer Fanatiker den 1,7 Millionen Moslems in der Bundesrepublik insgesamt anlasten. Und diese Gefahr steht immerhin im Raum. Die große Mehrheit der religiösen Moslems möchte mit der deutschen Bevölkerung in Frieden leben. Die Moslems haben es ohnehin schwer, ihre religiösen Vorschriften vor dem Hintergrund der hochtechnisierten Arbeitswelt zu erfüllen und einzuhalten. Sie möchten mit Politik nichts zu tun haben, sondern ihren Glauben leben. Die Radikalen sind eine kleine, aber gut organisierte und öffentlichkeitswirksame Minderheit. Das beweisen die Schlagzeilen in der Tagespresse immer wieder neu.
Es sollte daher angesichts dieser Entwicklung nicht unerwähnt bleiben, daß sich die beiden Kirchen trotz der

angeheizten öffentlichen Meinung in oft vorbildlicher Weise der Probleme der ausländischen Moslems angenommen haben. Abgesehen von den entsprechenden Verlautbarungen der Deutschen Bischofskonferenz, sei daran erinnert, daß die Evangelische Kirche in Deutschland auf ihrer Frühjahrssynode 1980 in Garmisch-Partenkirchen ihre Gemeinden aufgefordert hat, die „Mauern des Schweigens" zu durchbrechen und sich für die berechtigten menschlichen, sozialen, rechtlichen und politischen Erwartungen der moslemischen Einwanderer einzusetzen.

Es ist bereits auf die Feststellung von Pfarrer Mildenberger verwiesen worden, daß Europa sich mit Verwirrung der Tatsache bewußt werde, daß der Islam zu einem unübersehbaren und offenbar dauerhaften Stück europäischer Wirklichkeit geworden sei. Diese Feststellung bedarf hingegen einer Ergänzung: Auch der Weltislam steht dem Phänomen Diaspora mit einiger Verwirrung gegenüber, zumal er sich selbst derzeit in einem Wandlungsprozeß befindet, dessen Ende und schließliches Ergebnis noch nicht abzusehen ist. Die Frage ist nur, ob die Millionen von Moslems, die heute ihre Existenz in Europa suchen, so lange warten können, ob sie überhaupt bereit sind, diesen Prozeß zu begleiten.

Nun wird in der islamischen Welt derzeit viel über Diasporaprobleme diskutiert. Keine Tagung und kein Kongreß geht vorüber, ohne daß nicht die Lage der islamischen Minoritätengruppen auf der Tagesordnung gestanden hätte. Man will sich, darf man den Plänen der islamischen Weltorganisationen Glauben schenken, künftig verstärkt den in der Zerstreuung lebenden Glaubensbrüdern annehmen – aber die bislang bekanntgewordenen Entwürfe zur Bewältigung der Diasporaprobleme lassen nur wenig hoffen, sie geben keine Antwort auf die Fragen, vor die Moslems in einer andersstrukturierten Umwelt gestellt sind, in der sie, losgelöst von der schützenden und allesumfassenden „umma", nach neuen Formen des Zusammenlebens, nach neuen Modellen religiöser Existenz suchen müssen, um ihre Identität zu wahren.

Zwar gelangt Literatur, strömen Katechismen und religiöse Ratgeber aus der islamischen Welt nach Europa, aber kann es eine Hilfe sein, wenn darin die neue Umwelt verteufelt wird, wenn anstelle von Information suggeriert wird, „hinter jeder freundlichen Maske" verberge sich ein christlicher Missionar oder ein Kommunist? Keine Antworten sind bis heute gegeben auf die Frage nach der Einhaltung der vorgeschriebenen Gebetszeiten in der modernen Arbeitswelt und nach der Praxis des Ramadanfastens bei gleichzeitiger Einspannung in den Arbeitsprozeß bzw. hinsichtlich der Probleme, die die Hygiene- und Speisevorschriften mit sich bringen. Die Folge: Die Betriebsunfallquoten bei moslemischen Arbeitnehmern steigen während der Fastenzeit rapide an, Erschöpfungskrankheiten mit unkontrollierbaren Folgeerscheinungen sind an der Tagesordnung, moslemische Kinder in deutschen Kindergarten-Tagesstätten leiden an Mangelerscheinungen und Unterernährung, weil die Eltern religiös motivierte Bedenken gegen die Schulspeisung haben. Viele Moslems praktizieren ihren Glauben deshalb nicht mehr, weil sie beispielsweise am Fließband die vorgeschriebenen Gebete nicht verrichten können. Sie gehen davon aus, daß sie sich damit automatisch außerhalb der Gemeinschaft der Gläubigen befinden. Niemand hat diese meist einfachen Menschen darüber aufgeklärt, daß man ausgefallene Gebete auch nachholen kann, daß, um es einmal scherzhaft zu formulieren, Gott auch außerhalb der vorgeschriebenen Gebetszeiten zu sprechen ist.
Bei vielen Moslems in der Bundesrepublik herrscht das Gefühl, daß man sie allein gelassen hat, sie stehen den neuen Gegebenheiten ihrer Umwelt auch nach Jahren noch hilflos gegenüber und ziehen sich daher allzu leicht in ein selbstgewähltes Ghetto zurück. Man sollte sich nicht darüber hinwegtäuschen: Die Zahl der Moslems, die mit dem Islam in der europäischen Arbeitswelt nicht mehr zurechtkommen, steigt. Nach den Motiven der Abkehr vom Glauben befragt, bekommt man immer wieder zu hören, daß es unmöglich sei,

hier die Vorschriften von Koran und Sunna zu praktizieren. In Gesprächen stellt sich dann zumeist heraus, wie unvollkommen und lückenhaft diese Menschen auf ihr Leben in einer Industriegesellschaft vorbereitet worden sind, wie wenig sie von der Flexibilität der Glaubensvorschriften ihrer Religion wissen, wie wirklichkeitsfremd die Ratschläge sind, die ihnen die Hodschas mit auf den Weg geben.
In diesem Zusammenhang sollte festgehalten werden, daß die vor einigen Jahren in der islamischen Welt verbreiteten Meldungen, in der Bundesrepublik gebe es unter den Moslems eine Übertrittswelle zu den Kirchen, nicht zutreffen. Diese Berichte müssen als Propagandatrick interessierter Kreise abgetan werden. Eine Gefahr für den Bestand des Islams in Westeuropa geht weniger von den Kirchen aus als von der Einfalls- und Interesselosigkeit der religiösen Instanzen des Weltislams.
Es ist sicherlich nicht zu leugnen, daß es christliche Kreise gibt, die den Versuch unternehmen, unter den Moslems in Europa Mission zu betreiben. Aber die große Mehrheit der Christen – wohlgemerkt: der praktizierenden Christen – neigt dazu, den Moslems als Spätankömmlingen brüderlich zu helfen, damit sie ihren Glauben frei und ungestört praktizieren können. Und es wird ihnen vielfach nicht einmal für diesen selbstlosen Dienst gedankt. Das sollte man in der islamischen Welt einfach einmal zur Kenntnis nehmen.
Bemerkenswert ist nun die Reaktion verschiedener einflußreicher islamischer Organisationen auf die Tatsache, daß in den westeuropäischen Ländern die Zahl der praktizierenden Moslems zurückgeht. Anstatt die Kreise zu unterstützen, die einer Neuinterpretation des Glaubensgutes das Wort reden, setzen sie auf jene Gruppen, die ihre religiöse Identität nur dadurch wahren zu können glauben, daß sie die Gesellschaft, in der sie leben, ablehnen, ihre Ordnung bekämpfen, sich an ihre Normen nicht gebunden fühlen und statt dessen versuchen, unter alleiniger Anerkennung der religiösen und gesetzlichen Vorschriften des Islams gegen die sie umgebende

Gesellschaft zu leben. Die Gründe, die einige der großen Weltorganisationen dazu veranlaßt haben, gerade auf diese Kreise zu setzen, mögen einerseits der Unkenntnis vom Funktionieren einer pluralistischen Gesellschaft entspringen, andererseits wird jedoch erschreckend deutlich, wie wenig sich der Weltislam bisher den Fragen der Gegenwart gestellt hat.

Der Islam wäre gut beraten, auf jene Moslemgruppen zu hören, die zwar bereit sind, sich in die europäische Gesellschaft voll zu integrieren, die aber den Islam – ihre religiöse Identität – mit in diesen Prozeß einbeziehen möchten. Beispiele belegen schon heute, daß das, was der Weltislam bislang versäumte, hier modellhaft entwickelt wird: Ein moderner Islam, der auf die Fragen der Industriegesellschaft mit ihrer säkularen Zivilisation Antworten formuliert, der die Herausforderungen der Zeit angenommen hat. Er wäre gut beraten, denn in wenigen Jahren wird er sich in seinen Kernländern selbst mit einem von der westlichen Technologie geprägten Bildungsbürgertum konfrontiert sehen und Antworten auf Fragen finden müssen, denen er sich bislang nicht zu stellen brauchte.

Diese bereits heute absehbare Entwicklung wird den religiösen Islam nach allen Beobachtungen ziemlich unvorbereitet treffen. Betrachtet man nämlich die Situation der moslemischen Theologie, so fällt auf, daß sie sich weder den Erfordernissen des technologischen Fortschritts angepaßt hat noch ihn zu bewältigen vermochte. Der religiöse Islam hat in seinen Kernländern die Herausforderungen der Moderne bislang nicht angenommen – er nimmt sie weitgehend nicht einmal zur Kenntnis. Eine Aufklärung, wie sie Europa im 17. und 18. Jahrhundert durchlebt hat, gab es im Bereich des Islams nicht. Sie steht allenfalls noch aus.

Progressive Moslems in Europa fordern daher seit Jahren eine kritische Sichtung des überlieferten Erbes, eine Befreiung von der menschlichen Komponente der Tradition, um größere Handlungsfreiheit bei der Bewältigung der

Gegenwarts- und Zukunftsfragen zu erlangen. Sie vertreten die Auffassung, daß eine bejahende und dynamische Einstellung zum Leben nicht ohne Aufgabe gewisser Denkstrukturen, namentlich aber des mangelnden Sinnes für das Wesentliche und des geistlosen Ritualismus, verwirklicht werden kann.[23]

Damit wird das tiefe innere Dilemma sichtbar, in dem die in Europa lebenden Moslems stecken, das sie stellvertretend für die islamische Welt durchleiden müssen. Pfarrer Mildenberger stellt denn auch in seinem bereits herangezogenen Artikel fest: „Es ist das Dilemma, vor dem der Islam insgesamt steht: sich unter den Bedingungen und im Horizont einer modernen, wissenschaftlich-technischen Zivilisation neu artikulieren zu müssen, ohne sich dabei selbst zu verlieren."

Gott offenbart sich im Koran als der, „der Sich selbst Barmherzigkeit vorgeschrieben hat", als der gütige, liebende Gott, der dem Menschen stets nahe ist. „Allah belastet niemanden über sein Vermögen", verheißt der Koran in seiner zweiten Sura und: „Er hat euch erwählt und keine Härte auferlegt in der Religion." Der große Reformer des Islams, Muḥammad 'Abduh, Großmuftī von Ägypten und Shaikh al-Azhar, lehrte um die Jahrhundertwende, daß sich Vernunft und Offenbarung im Islam nicht ausschließen, sondern ergänzen. Die geoffenbarte Religion diene der moralischen Entwicklung des Menschen und der Menschheit, während die Wissenschaft alle der Vernunft zugänglichen Bereiche der Welt dirigiert und entwickelt. Weil Gott nun selbst der Urheber der Vernunft ist, kann sie der Mensch völlig frei im Rahmen der geoffenbarten Wahrheit benutzen. Wo ein scheinbarer Widerspruch zwischen Vernunft und Offenbarung entsteht, muß der Moslem zunächst davon ausgehen, daß er einem Mißverständnis zum Opfer gefallen ist. Im Zweifelsfall soll ein Konflikt zugunsten der Vernunft entschieden werden. Seine Diagnose: Die Traditionen von zwölf Jahrhunderten haben den einfachen und kraftvollen Islam des Propheten überwuchert; die positive Beziehung

zwischen Offenbarung und Vernunft ist verlorengegangen. Sein Rezept: Die Rückkehr zum ursprünglichen Islam bringt die Lösung für beide Konflikte!
Und in einem anderen Zusammenhang schrieb er: „Das richtige Verständnis des Korans hängt entscheidend vom richtigen Verständnis der Welt ab."
Der Islamologe Wilfred Cantwell Smith schreibt, „daß es für die religiöse und weltliche Wohlfahrt des Islams in naher Zukunft von entscheidender Bedeutung sein wird, in welche Richtung die Moslems ihn weiterzuentwickeln vermögen. Werden sie ihn als ungewisse, zweideutige Tradition bestehen lassen, um den Preis, daß sie zwischen innerem Bekenntnis und äußerer Welt hin und her gerissen werden, einem Bekenntnis, das sie aufrechterhalten, aber nicht richtig anzuwenden wissen, und einer Welt, von der sie sich umgeben sehen, mit der richtig fertig zu werden sie aber nicht verstehen? Oder werden sie ihn zu einem geschlossenen System entwickeln, wodurch sie sich von allem Neuen zurückzögen? Oder werden sie ihn so ausdeuten, daß er zu einer offenen, reichen, in die Zukunft gerichteten Vision wird, wodurch sie sich selbst geistige Unversehrtheit und Erfüllung und ihren Gesellschaften Fortschritt, Gerechtigkeit und in aller Welt Ehre einbrächten?"[24] Die Antwort darauf steht noch aus.

DRITTES KAPITEL

Die Anerkennungsfrage

1 EINFÜHRENDE BEMERKUNGEN

Viele ernstzunehmende Moslems und Begleiter der islamischen Szene in der Bundesrepublik vertreten seit Jahren die Auffassung, daß die Anerkennung des Islams als Körperschaft öffentlichen Rechts durch die zuständigen Kultusbehörden ein wesentlicher Beitrag zur Integration sein könnte. Die Nichtberücksichtigung des Problemkreises Religion werde sich auf die Dauer integrationshemmend auswirken. Eine Erkenntnis, die sich beispielsweise bei den zuständigen Behörden in der Freien Hansestadt Bremen durchgesetzt hat.[25]
Abgesehen davon, daß die Gleichstellung des Islams mit den beiden christlichen Großkirchen und der jüdischen Kultusgemeinde eine Frage des vom Grundgesetz gebotenen Prinzips der Gleichbehandlung von Religionsgemeinschaften ist, wäre die Verleihung der öffentlichen Körperschaftsrechte zunächst an eine islamische Trägergemeinschaft darüber hinaus aber auch geeignet, einen innerislamischen Klärungsprozeß in Gang zu setzen. Ein solcher Klärungsprozeß würde es den Behörden und der Bevölkerung erleichtern, die islamische Minderheit und ihre Organisationen gesellschaftspolitisch richtig einzuordnen; sie würde endlich für jedermann durchschaubar werden.
Die Befürworter gehen davon aus, daß die öffentlich-rechtliche Anerkennung die „Spreu vom Weizen" trennen

wird, daß alsbald sichtbar wird, welche islamischen Organisationen sich zu Loyalität und partnerschaftlichem Verhalten auch in der Praxis bekennen und wo die Gruppen stehen, die diese Gesellschaft aus welchen Gründen auch immer ablehnen oder sich gar als ihre ausgesprochenen Gegner erweisen.
In einem Schreiben des Außenamtes der Evangelischen Kirche in Deutschland, vom 19. März 1976, hieß es beispielsweise:
„Im Kirchlichen Außenamt beobachten wir mit Sorge Zeitungsmeldungen und Berichte über Aktivitäten extremistischer türkischer Gruppierungen. Es besteht die Gefahr, daß ihre in der Öffentlichkeit oft stark beachteten Aktivitäten zu neuen Vorurteilen gegenüber Ausländern führen. Die von uns mit sehr vielen Initiativen angestrebte Verständigung zwischen Deutschen und Ausländern könnte dadurch beeinträchtigt werden.
Das Zusammenleben von Menschen aus verschiedenen Herkunftsländern und Religionsgemeinschaften erfordert in der Bundesrepublik Deutschland gegenseitige Achtung und Anerkennung. Die evangelische und katholische Kirche setzen sich so z.B. dafür ein, daß auch der Religionsunterricht für muslimische Kinder grundsätzlich nach den allgemeinen Unterrichtserlassen ermöglicht wird. Es wäre auch eine wichtige Hilfe für die Muslime, wenn ihre Gemeinden als Körperschaft öffentlichen Rechts anerkannt werden könnten. Eine eigenständige Organisation des Islam in der Bundesrepublik wäre wichtig, zumal dann verhindert werden könnte, daß kleine extreme Gruppen vorgeben, für den Islam insgesamt sprechen zu können."[26]
Wie im Abschnitt „Der deutsche Islam" bereits erwähnt, hatte sich in den fünfziger Jahren die „Deutsche Muslim-Liga" e.V. in Hamburg wenn auch vergeblich bemüht, den Status einer Körperschaft öffentlichen Rechts zu erlangen. Ein zweiter Antrag wurde am 30. August 1976 von der

„Islamischen Gemeinde Deutschlands" e.V. in Schwetzingen beim Kultusministerium in Stuttgart eingereicht. Dieser Antrag wurde am 9. Dezember 1977 auf eine Anfrage des Abgeordneten Lang (SPD) hin im baden-württembergischen Landtag behandelt. Die Anfrage lautete:

„1. Warum verzögert das Kultusministerium die Anerkennung der Islamischen Gemeinde Deutschlands als Körperschaft des öffentlichen Rechts, obwohl sich diese auf Artikel 140 des Grundgesetzes und auf Artikel 5 der Landesverfassung beruft und obwohl diese, nach eigenen Angaben, alle Bedingungen des Kultusministeriums erfüllt hat?

2. Aus welchem Grund hat das Kultusministerium dem seit längerer Zeit gestellten Antrag der Islamischen Gemeinde Deutschlands nicht entsprochen, für diese den gesetzlichen Religionsunterricht an den öffentlichen Schulen von Baden-Württemberg einzuführen, obwohl nach Auffassung der Islamischen Gemeinde Deutschlands nach den §§ 94 bis 100 des Schulgesetzes dazu eine eindeutige Verpflichtung besteht?"

Darauf antwortete der damalige Kultusminister Dr. Hahn (CDU) unter anderem:

„Es trifft nicht zu, daß das Kultusministerium die Anerkennung der Islamischen Gemeinde Deutschlands als Körperschaft des öffentlichen Rechts verzögert.

Nach einer Empfehlung der Kultusministerkonferenz soll die Zahl der Mitglieder einer Religionsgemeinschaft mit öffentlichem Rechtscharakter ein Promille der Bevölkerungszahl des Landes nicht unterschreiten. Die Islamische Gemeinde Deutschlands hat entgegen ihrer Behauptung bisher den Nachweis nicht erbracht, daß ihre Mitgliederzahl dieser Richtlinie entspricht. Auch besteht noch Unklarheit über das Verhältnis zu der weitaus überwiegenden Mehrheit der von der Islamischen Gemeinde Deutschlands nicht erfaßten Zahl der in Baden-Württemberg ansässigen islamischen Gläubigen. Eine Verleihung der

Körperschaftsrechte an die Islamische Gemeinde Deutschlands ist aus diesen Gründen gegenwärtig noch nicht möglich.
Zweitens: Nach dem Grundgesetz und der Landesverfassung ist davon auszugehen, daß Religionsunterricht in öffentlichen Schulen als ordentliches Lehrfach nur für Religionsgemeinschaften, die den Status einer Körperschaft des öffentlichen Rechts besitzen, eingerichtet werden kann.[27] Auch müssen nach dem Schulgesetz folgende Voraussetzungen vorliegen: a) Es müssen die entsprechenden Lehrpläne vorhanden sein, b) geeignetes Lehrpersonal muß zur Verfügung stehen, c) eine qualifizierte Aufsicht muß gewährleistet sein.
Da alle diese Voraussetzungen bisher fehlen, kann dem Antrag der Islamischen Gemeinde Deutschlands auf Einführung des Religionsunterrichts derzeit noch nicht entsprochen werden."[28]
Am 27. Dezember 1977 melden die *Stuttgarter Nachrichten* aus Schwetzingen unter der Überschrift „Muslims warten weiter auf Anerkennung":
„Die islamische Gemeinde in Schwetzingen, die als größte Süddeutschlands seit diesem Jahr offiziell die aus dem 18. Jahrhundert stammende und dem Land Baden-Württemberg gehörende Moschee des Schwetzinger Schloßparks für Gottesdienste muslimischen Glaubens benutzen darf, muß auf ihre Anerkennung als Körperschaft des öffentlichen Rechts weiter warten. Wie der Vorsitzende des islamischen Zentrums der Gemeinde, Hussein Haut, erklärte, ist ein entsprechender Antrag der Gemeinde vom Kultusministerium in Stuttgart abschlägig beschieden worden. Der Antrag war gestellt worden, damit die islamischen Kinder in den deutschen Schulen islamischen Religionsunterricht erhalten können."
In der Frage der Erteilung eines islamischen Religionsunterrichts wandte sich die „Islamische Gemeinde Deutschlands" daraufhin an den Petitionsausschuß des Landtags. Dieser

entschied in seiner 77. Sitzung am 13. Juni 1979 wie folgt:
„24. Petition 4649 betr. Einführung von Religionsunterricht islamischen Glaubens in den öffentlichen Schulen Baden-Württembergs.
Die Petentin begehrt 1. die Einführung von islamischen Religionsunterricht an den Schulen in Baden-Württemberg und 2. die Übernahme der Kosten für Lehrplankommissionen, Schulbuchausschuß sowie Ausbildung von Religionslehrern.
Die Regierung nimmt zu dem Anliegen der Petentin wie folgt Stellung:
Zu 1.: Der Antrag wirft eine Reihe von außergewöhnlich schwierigen Fragen auf. Hierzu gehören u. a.:
die Anforderungen an den Lehrplan und dessen Gestaltung;
die Anforderungen an die Ausbildung und Qualifikation der Religionslehrer;
die Anforderungen an den Organisationsgrad der Religionsgemeinschaft, in deren Auftrag der Religionsunterricht erteilt werden soll sowie an die Qualifikation der religionspädagogisch erfahrenen Beauftragten der Religionsgemeinschaften, die gemäß § 99 SchG die Aufsicht über den Religionsunterricht wahrzunehmen haben.
Diese letztere Frage wird noch dadurch erschwert, daß unter den verschiedenen islamischen Gruppierungen in der Bundesrepublik erhebliche Meinungsverschiedenheiten – insbesondere auch hinsichtlich der Petentin – über Umfang und Inhalt ihrer Kompetenzen und darüber bestehen, inwieweit sie zur Vertretung islamischer Interessen berechtigt sind.[29] Solange die islamischen Gruppierungen sich nicht einig sind, wer den Islam in Deutschland repräsentiert, kann der Staat die Erteilung des Religionsunterrichts nicht einer beliebigen Gruppierung überlassen.
Bei all diesen Fragen muß außerdem gewährleistet sein, daß ein solcher Religionsunterricht mit den Bestimmungen der Landesverfassung und des Schulgesetzes nicht in

Widerspruch steht. Die mit der Einführung islamischen Religionsunterrichts an öffentlichen Schulen zusammenhängenden Fragen sind außer in Baden-Württemberg in einer Reihe anderer Bundesländer Gegenstand intensiver Überprüfung. Die Länder haben deshalb vor ihrer abschließenden Entscheidung einen Meinungsaustausch abgesprochen, der noch nicht abgeschlossen werden konnte.
Zu 2.: Ob eine Bezuschussung der Kosten bei der Einführung islamischen Religionsunterrichts möglich ist, ist fraglich, denn nach § 98 SchG wird der Lehrplan für den Religionsunterricht von der Religionsgemeinschaft aufgestellt; für die Erstellung von Schulbüchern werden keine Zuschüsse gewährt, auch nicht an andere Religionsgemeinschaften; die Ausbildung von Lehrkräften für das Fach Religion findet an den bestehenden Ausbildungseinrichtungen des Landes statt, gesonderte Mittel hierfür sind im Haushaltsplan nicht ausgebracht. Für den Fall, daß das Land die Ausbildung von islamischen Religionslehrern übernehmen sollte, müßte geprüft werden, ob ein eigener Ausbildungsgang an bestehenden Einrichtungen – z. B. an einer Pädagogischen Hochschule – möglich ist; andernfalls müßte ein gesonderter Titel im Haushaltsplan neu ausgebracht werden.
Die von der Petentin begehrte Vorschußzahlung ist daher nicht möglich.
Antrag: Die Petition wird, nachdem Verhandlungen über eine bundeseinheitliche Regelung noch nicht abgeschlossen sind, durch die Erklärung der Regierung für erledigt erklärt."[30]
Im Zusammenhang mit der Anfrage des Abgeordneten Lang kam es im übrigen im Landtag von Baden-Württemberg über das in der Empfehlung der Kultusministerkonferenz festgeschriebene Kriterium einer bestimmten Mitgliederzahl für Religionsgemeinschaften mit öffentlichem Rechtscharakter zu einem aufschlußreichen und interessanten Rededuell.

Auf eine Zusatzfrage des Abgeordneten Dr. Geisel (SPD), ob dem Kultusminister bekannt sei, daß in der Rechtslehre die Auffassung vertreten werde, daß die Zahl der Mitglieder einer Religionsgemeinschaft für die Anerkennung keine Rolle spiele, „wenn diese Religionsgemeinschaft in ausländischen Staaten von Bedeutung ist", antwortete der Minister: „Da ich kein Jurist bin, ist mir das nicht bekannt."
Und weiter aus dem Protokoll des Landtags:
„Abg. Dr. Geisel SPD: Herr Minister, sind Sie bereit, unter diesem Gesichtspunkt – ich zitiere hier eine Stelle aus dem Kommentar von Maunz-Dürig – die Frage nochmals zu überprüfen?...
Kultusminister Dr. Hahn: Ich bin gern bereit, diese Stelle zu lesen und zu prüfen. ...
Abg. Lang SPD: Herr Kultusminister, sind Ihre Darlegungen so zu verstehen, daß, unbeschadet Ihrer Rechtsauffassung, die wir, wie der Kollege dargelegt hat, für irrig halten, eine Anerkennung der Islamischen Gemeinde dann gegeben ist, wenn der Promille-Satz erreicht ist?...
Kultusminister Dr. Hahn: Es sind, wie ich gesagt habe, eine ganze Reihe von Gesichtspunkten zu erwägen. ... Ich kann jetzt keine grundsätzliche Erklärung abgeben, daß das dann eintreten wird. Wir werden die Dinge prüfen. ...
Abg. Lang SPD: Herr Minister, wie ist Ihre Antwort auf die Frage des Kollegen Geisel zu verstehen, nachdem die Islamische Gemeinde Sie ausdrücklich auf den entsprechenden Grundgesetzkommentar Maunz-Dürig hingewiesen und dargelegt hat, auch dem Kultusministerium gegenüber, daß seine Auffassung mit der herrschenden Rechtslehre übereinstimmt?...
Kultusminister Dr. Hahn: Herr Kollege Lang, es ist mir im Augenblick nicht bewußt, daß uns die Islamische Gemeinde darauf hingewiesen hat. Das weiß ich jetzt nicht. Das kann ich Ihnen im Augenblick nicht beantworten."
Der Vorgang in Baden-Württemberg ist deshalb hier so ausführlich festgehalten worden, weil er in vielerlei Hinsicht

für das Verhalten der deutschen Kultusbehörden gegenüber dem Anerkennungsbegehren islamischer Gemeinschaften symptomatisch ist. Er verdeutlicht die Ratlosigkeit der Kultusbehörden ebenso wie die frappierende Unkenntnis über die Strukturen des Islams in seinen Herkunftsländern und in der Bundesrepublik. Er zeigt aber vor allem auf, daß die Behörden keine islamischen Berater aus dem religiösen Lager herangezogen haben bzw. kaum über Kontakte zu den ausgesprochen religiösen Gemeinschaften verfügen. Der Rückgriff auf türkische Dienststellen bzw. Berater wird der Sache wohl allein deshalb nicht gerecht, weil die Türkei als laizistischer Staat Religionsfreiheit im Sinne von „Freiheit der Religion und des Bekenntnisses" nicht kennt. Hinzu kommt, daß in der Bundesrepublik Moslems aus über 40 Nationen leben, darunter auch deutsche Staatsbürger. Für sie dürfte die Türkei wohl kaum als geeignete Interessenvertretung in Frage kommen.
Dem Kultusministerium von Nordrhein-Westfalen liegen derzeit Anträge von zwei islamischen Organisationen auf öffentlich-rechtliche Anerkennung vor:
Islamisches Zentrum Köln e. V.
Islamisches Kulturzentrum Köln e. V. (gestellt am 1. März 1979).
Dem Antrag des Islamischen Kulturzentrums haben sich drei weitere Organisationen in unterstützender Form angeschlossen:
Nurdschuluk-Bewegung, am 21. März 1979;
Islamische Gemeinde Dortmund, am 7. September 1979;
Gemeinschaft deutschsprachiger Muslime im Lande Nordrhein-Westfalen e. V., am 30. November 1979.[31]
Ein weiterer Antrag wurde am 15. September 1980 vom „Islamischen Verein in Bremen" e. V. beim Senatsbeauftragten für Kirchenfragen der Freien Hansestadt gestellt.
Bislang sind keinerlei Entscheidungen oder Vorentscheidungen gefallen, wenngleich mehrere Anhörungen stattgefunden haben.

Bis auf das Islamische Zentrum Köln verweisen alle Antragsteller darauf, daß sie gewillt sind, die freiheitlich-demokratische Ordnung der Bundesrepublik zu respektieren, auch das Islamische Kulturzehtrum Köln, das sich – ob zu Recht oder Unrecht – in den letzten Jahren zunehmend der öffentlichen Kritik ausgesetzt sieht. Die Willenserklärungen sind zunächst einmal ein Faktum. Im Antrag des Kulturzentrums lautet die entsprechende Passage: „Das ‚Islamische Kulturzentrum Köln' e. V. ist zu einer partnerschaftlichen Zusammenarbeit mit den staatlichen Instanzen bereit und fühlt sich der freiheitlich-demokratischen Ordnung in der Bundesrepublik Deutschland verpflichtet. Es sieht in seiner Verpflichtung gegenüber dem islamischen Gesetz auf der einen und der Loyalität gegenüber dem Staat und der ihn tragenden Gesellschaft auf der anderen Seite keinen Widerspruch."
In dem unterstützenden Antrag der Nurdschuluk wird ausgeführt: Die Nurdschuluk-Bewegung „steht loyal zum deutschen Staat und seiner Verfassung und hat sich in diesem Rahmen in den §§ 3, Abs. 5 und 16, Abs. 6 verpflichtet, sich jeglicher parteipolitischen Betätigung zu enthalten."
Im Schreiben der Dortmunder Moslems an den Kultusminister wird entsprechend ausgeführt:
„Die Islamische Gemeinde Dortmund ist eine rein religiöse Gemeinschaft, sie steht loyal zum deutschen Staat und seiner Verfassung und fühlt sich der freiheitlich-demokratischen Ordnung in der Bundesrepublik Deutschland verpflichtet. Sie enthält sich jeder parteipolitischen Betätigung. Extremismus und Fanatismus in jeglicher Form werden abgelehnt."
Ähnlich lautet es im Schreiben der „Gemeinschaft deutschsprachiger Muslime im Lande Nordrhein-Westfalen":
„Die ‚Gemeinschaft deutschsprachiger Muslime im Lande Nordrhein-Westfalen' ist eine Vereinigung auf Landesebene, die in ihrem Vorstand überwiegend von deutschen Moslems geführt wird. ... Sie ist eine ausschließlich religiöse Gemeinschaft, die – wie die anliegende Satzung ausweist – loyal zum deutschen Staat und seiner Verfassung steht und sich der

freiheitlich-demokratischen Ordnung der Bundesrepublik verpflichtet fühlt."
Und schließlich aus dem Antrag des „Islamischen Vereins in Bremen" e. V.:
„Als in Deutschland existierende Gemeinschaft ist es für uns eine Selbstverständlichkeit, daß wir eine Zusammenarbeit mit den staatlichen Instanzen suchen und uns der demokratischen Ordnung in der Bundesrepublik verpflichtet fühlen. . . . Daher kann der Staat, der uns Sicherheit, Glaubensfreiheit, freie Ausübung des Glaubens und eine soziale und kulturelle Zukunft gewährt, auch unserer ungeteilten Loyalität gewiß sein."

2   DIE HALTUNG DER KIRCHEN

Wenngleich beide Kirchen in der Vergangenheit bemüht waren, die allgemeinen Probleme der Moslems und ihrer Organisationen mit Interesse aufzunehmen, scheint der Meinungsbildungsprozeß hinsichtlich der öffentlich-rechtlichen Anerkennung des Islams noch nicht abgeschlossen zu sein. Es ist, um es vorsichtig zu formulieren, nach einer Periode enthusiastischer Unterstützung der islamischen Bemühungen um Gleichstellung und Gleichbehandlung eine Phase abwartenden Nachdenkens eingetreten, ein Zustand, der die moslemischen Partner zugegebenermaßen irritiert.
Die Ausgangsposition für die kirchliche Haltung in der Frage der Anerkennung war sicherlich die Empfehlung einer Informationstagung der Konferenz Europäischer Kirchen (KEK) zum Thema „Kirche und muslimische Präsenz in Europa", die vom 6. bis 11. Februar 1978 in Salzburg stattgefunden hat. Dort war seinerzeit ein Bericht verabschiedet worden, der allen europäischen Kirchen und kirchlichen Einrichtungen, die mit dem Islam befaßt sind, zugeleitet wurde. Darin heißt es:
„Im Hören auf die Erfahrungen der Moslems wurde uns bewußt, daß in unseren Staaten die Pluralität nur teilweise

verwirklicht ist. In verschiedenen Staaten Westeuropas haben die Kirchen noch immer eine Fülle von institutionellen Vorrechten und Vorteilen und sind gegenüber anderen Gruppen privilegiert. Die islamische Minderheit leidet unter dieser offenkundigen Ungleichheit. Sie hat z. B. keine Möglichkeit, an der öffentlichen Meinungsbildung oder an der Gestaltung des Erziehungswesens teilzunehmen, und ist von politischen Entscheidungsprozessen ausgeschlossen. Deshalb fordern ihre Sprecher eine faire Berücksichtigung ihrer Interessen. Es ist gerade eine Aufgabe der Christen, der christlichen Gemeinden und Kirchen, die Belange der Moslems und moslemischen Gemeinschaften aufzugreifen. Der biblische Auftrag, den Fremden als Nächsten und Bruder zu lieben, den wir in unserer biblischen Besinnung hörten, gewinnt eine neue, unausweichliche Aktualität. Der Ansturm der säkularisierten Welt, dem die Moslems bei uns ausgesetzt sind, wirft sie aus ihrer Lebens- und Glaubensweise. Sie verlieren sich, wenn sie nicht den nötigen Atem- und Freiraum gewinnen, um den Ansturm aufzuarbeiten und in der säkularisierten Gesellschaft einen ihrem Selbstverständnis entsprechenden Platz zu finden. Dieser Prozeß wird lange dauern und vollzieht sich in verschiedenen Schritten, die das Verhältnis der Moslems zu ihrer neuen Umwelt und zu ihrem Heimatland allmählich verändert. Die Erfahrung der Kirchen in Osteuropa, insbesondere der orthodoxen Kirchen, z. B. in Jugoslawien, Rumänien und auch Polen, zeigt, daß es dort zu einer vollen Integration und Gleichberechtigung moslemischer Minderheiten gekommen ist. Dort wird seit Generationen ein partnerschaftliches Verhältnis der beiden Religionsgruppen zueinander praktiziert."
Daraus zogen die Teilnehmer folgende Konsequenzen:
„Für die Kirchen und Christen bedeutet dies, sich zusammen mit den Moslems und moslemischen Gemeinschaften für die Schaffung eines freien Lebensraumes einzusetzen.

Es geht dabei um Hilfe zur Selbsthilfe, ohne zu paternalisieren. Wir sind uns bewußt, daß auch wir Christen den Problemen unserer säkularistischen Gesellschaft voller Fragen gegenüberstehen. Deshalb achten wir aufmerksam auf das Suchen unserer moslemischen Nachbarn nach neuen Antworten in den Herausforderungen unserer gemeinsamen Situation.

1. Dem Staat und der Öffentlichkeit gegenüber sollten wir uns dafür einsetzen,

a) den Moslems wie anderen Minderheiten die Einbürgerung zu erleichtern zur Ermöglichung einer gesicherten Existenz (unabhängig davon sollte die Teilnahme am öffentlichen und politischen Leben auf allen Ebenen gegeben werden);

b) den Islam rechtlich und öffentlich als Religion anzuerkennen (das schließt z. B. für die Bundesrepublik die Gewährung des Status einer Körperschaft öffentlichen Rechts ein);

c) den islamischen Gemeinschaften Zugang zu den Medien (mit genügender Zeit zur Selbstdarstellung) zu geben und in den Medien selbst eine faire Behandlung islamischer religiöser Belange zuzusichern, wie es auch von seiten der Kirchen beansprucht wird;

d) den Moslems qualifizierte religiöse Unterweisung ihrer Jugend auf der gleichen Basis wie den christlichen Gemeinschaften zu ermöglichen (in Ländern mit christlichem Religionsunterricht als ordentliches Lehrfach muß islamische religiöse Unterweisung denselben Raum im öffentlichen Schulwesen erhalten; in Ländern, wo statt dessen vergleichende Religionskunde zum Verständnis des religiös-kulturellen Erbes erteilt wird, ist der Islam voll mit zu berücksichtigen);

e) in der Berufsausbildung den moslemischen Jugendlichen Chancengleichheit zuzusichern.

2. Wir sollten uns bemühen, das Verhältnis der Kirchen zu den moslemischen Gemeinschaften neu zu gestalten,

a) indem wir als Kirchen die Tatsache ernst nehmen, daß christliche und islamische Gemeinschaften in der gleichen Welt leben und je ihren Glauben zu bewähren haben (dies schließt ein, daß beide Gemeinschaften im vollen Respekt voreinander das Zeugnis ihres Glaubens einander nicht schuldig bleiben);
b) indem wir als Kirchen lernen, in unserer Einheit und Vielfalt auf die Einheit und Vielfalt der moslemischen Stimmen zu hören. Dabei sollten wir besonders auf die achten, die die Herausforderung unserer säkularen Zeit aufgreifen und zu gemeinsamem Handeln bereit sind. Es gibt Bereiche, in denen Christen und Moslems auf der Grundlage geistlicher Werte und im Widerstand gegen entmenschlichende Tendenzen in der säkularistischen Gesellschaft zusammengehen könnten. ..."
Diese bemerkenswert offene und faire Ausgangsposition scheint in jüngster Zeit eingeengt worden zu sein, was sicherlich auch darauf zurückzuführen ist, daß der Punkt 1c des KEK-Papiers von Salzburg bislang Utopie geblieben ist. Der Referent für Ausländerarbeit im Kirchlichen Außenamt der EKD, Oberkirchenrat Dr. Jürgen Micksch, hat die neue Position so formuliert:
„Großes Gewicht messen Muslime in der Bundesrepublik der Anerkennung ihrer Gemeinden als Körperschaften öffentlichen Rechts bei. Sowohl die römisch-katholische wie die evangelische Kirche befürworten eine rechtliche Absicherung des Islam, damit Muslime ihren Glauben leben können. Welche Rechtsform dafür geeignet ist, muß je nach der besonderen Situation islamischer Gemeinden oder Zentren von den dafür zuständigen staatlichen Stellen entschieden werden. Die Anerkennung islamischer Gemeinden als Körperschaften öffentlichen Rechts ist nicht erforderlich, um islamischen Religionsunterricht zu erteilen. ..."[32]
Der Leiter des Kirchenrechtlichen Instituts der Evangelischen Kirche in Deutschland, Professor Axel Freiherr von

Campenhausen, macht die Anerkennung zudem von einer Einigung der unterschiedlichen – und damit wohl auch konfessionell verschiedenen – moslemischen Gruppen abhängig. Unter der Überschrift „Campenhausen: Anerkennung des Islam erst nach Einigung moslemischer Gruppen" meldete der *Evangelische Pressedienst (epd)* am 27. Oktober 1980 aus Wien:

„Eine Anerkennung der islamischen Gruppen in der Bundesrepublik als Körperschaft des öffentlichen Rechts ist nach Ansicht des Leiters des Kirchenrechtlichen Instituts der Evangelischen Kirche in Deutschland, Prof. Axel Freiherr von Campenhausen, erst möglich, wenn sich die verschiedenen moslemischen Gruppierungen geeinigt haben. In einem Vortrag über ‚Staatskirchenrechtliche Probleme neuer Religionen (Islam, Sekten) im Abendland' in Wien meinte von Campenhausen zur Frage des Religionsunterrichts für moslemische Kinder, daß in Anlehnung an die Form des evangelischen Religionsunterrichts in West-Berlin islamische Lehrer Religionsunterricht in den Schulräumen halten sollten, ohne daß damit eine Finanzierung dieser Lehrer verbunden sei. Angesichts der veränderten religiösen Situation in der Bundesrepublik forderte von Campenhausen eine Überprüfung der Rechtssituation hinsichtlich aller Aussagen über Religionsgemeinschaften."

Bei aller Diskussion in kirchlichen Kreisen sollten die Moslems allerdings eine Frage stellen dürfen, die von der Redaktion der Vierteljahreszeitschrift *Der Gerade Weg* einmal bezüglich der Anerkennung des Islams in Österreich wie folgt formuliert worden ist: „Wenn die Mitteilungen der Presse auf Tatsachen beruhen, wirft sich auch die Frage auf, wo über die Anerkennung des Islam in Österreich entschieden wird: in Wien oder im Vatikan?" (*Der Gerade Weg,* 16. August 1977, Seite 27).

In diesem Zusammenhang mag eine weitere Meldung aus der Zeitschrift *Der Gerade Weg* interessant sein. Unter der

Überschrift „Christen und Juden für die Anerkennung des Islam" heißt es in der Ausgabe vom 22. Dezember 1976: „Unter der Leitung des Salesianerpaters Fritz Debray wirkt seit einigen Monaten in Wien eine interreligiöse Arbeitsgruppe, die sich um ein besseres gegenseitiges Verständnis der Offenbarungsreligionen bemüht. Die Gruppe versteht sich als österreichische Sektion der in Berlin und London beheimateten JCM,[33] deren Präsident der evangelische Theologe und Denker Wilfried Maechler ist. Für das nächste Jahr ist in Wien ein Treffen auf gesamteuropäischer Ebene geplant. Die JCM hat sich gemeinsam mit der Weltkonferenz der Religionen für den Frieden wiederholt für die gesetzliche Anerkennung des Islam in ganz Europa eingesetzt" (Seite 3).
Die Gegner oder Kritiker der Anerkennung berufen sich gerne darauf, daß das Verhalten einzelner religiöser islamischer Gruppierungen in der Bundesrepublik von der türkischen Verfassung und Gesetzgebung nicht gedeckt werde. Dazu ist anzumerken, daß die Religionsgemeinschaften in der Türkei der staatlichen Kontrolle und Aufsicht unterliegen, d. h., der Staat wirkt über eine besondere Behörde, die „Diyanet Işleri Başkanlı'ğı", direkt in die Religionsgemeinschaften hinein. Dazu heißt es in der DGB-Studie „Hintergründe türkischer extremistischer islamischer Aktivitäten in der Bundesrepublik Deutschland":
„Das Staatsministerium für Religionswesen und der ihm unterstellte Verwaltungsrat des Islam ist grundsätzlich für alle religiösen Angelegenheiten zuständig. Er ernennt die religiösen Beauftragten und reguliert und kontrolliert die mit der religiösen Erziehung und Ausbildung beschäftigten Institutionen. Dies geschieht gemeinsam mit dem nationalen Erziehungsamt. Das nationale Erziehungsamt ist dem Erziehungsministerium unterstellt. Letzteres repräsentiert die Türkei in religiösen Angelegenheiten auf internationaler Ebene" (Seite 4).
Mit anderen Worten: Die islamischen Gemeinschaften in der

Türkei haben keine eigene Stimme. Organisationen, die sich gegen diese Kontrolle des Staates wehren, gelten als illegal. Das geht so weit, daß diese Behörde sich auch im Geltungsbereich des Grundgesetzes, in der Bundesrepublik also, für religiöse Belange des Islams für zuständig hält, ohne Rücksicht darauf, daß es hier neben Moslems anderer Nationalitäten auch deutsche Islamanhänger gibt.
So erklärte der Religionsbeauftragte der türkischen Botschaft in Bonn, Lütfi Şentürk, in einem Gespräch mit der Zeitschrift *Junge Kirche:* „Wenn der Islam in der Bundesrepublik öffentlich anerkannte Religion wird, dann wird der Islam von offiziellen Vertretern aus der Türkei vertreten. Wenn wir [d. h. die Botschaft] die religiösen Räte gegründet haben, vertreten sie den Islam in der Bundesrepublik" („Die Islamische Glaubensgemeinschaft in der Bundesrepublik", *Junge Kirche* 1/1980, Seite 18 ff.). Vom Grundgesetz scheint Imam Şentürk nur vage Vorstellungen zu haben. Dahingegen sind die Religionsgemeinschaften in der Bundesrepublik frei. Der Staat hat in Zusammenarbeit und Einvernehmen mit den Kirchen und Weltanschauungsgemeinschaften Rahmenbedingungen geschaffen, innerhalb deren sie sich frei bewegen können. Eine Kontrolle und Einmischung durch staatliche Organe findet nicht statt. In Artikel 140 GG (= Art. 137, Ziffer 2,3 WRV) heißt es unter anderem: „Die Freiheit der Vereinigung zu Religionsgesellschaften wird gewährleistet. Der Zusammenschluß von Religionsgesellschaften innerhalb des Reichsgebietes unterliegt keinen Beschränkungen. Jede Religionsgesellschaft ordnet und verwaltet ihre Angelegenheiten selbständig innerhalb der Schranken des für alle geltenden Gesetzes. Sie verleiht ihre Ämter ohne Mitwirkung des Staates oder der bürgerlichen Gemeinde."
Würde also der Islam in Deutschland öffentlich-rechtlich anerkannt, so stünde die Türkei vor dem Phänomen, daß eine auch von türkischen Staatsbürgern getragene Gemeinschaft außerhalb ihrer Staatsgrenzen über weitaus größere

religiöse und damit staatsbürgerliche Rechte verfügen könnte als im Inland.

Hier mag der Grund zu suchen sein, weshalb sich kemalistische und extrem linke Gruppierungen so heftig gegen die rechtliche Anerkennung des Islams durch den deutschen Staat wehren; denn die mit dem Laizismus eng verbundene „Verdrängung der Religion aus dem öffentlichen Leben" gilt ihnen als eine der wichtigsten Errungenschaften der kemalistischen Revolution, die auch eine antireligiöse Revolution war.

Anläßlich der Verleihung des „Gustav-Heinemann-Bürgerpreises" an zwei Initiativgruppen für das ausländische Kind, am 20. Mai 1979 in Rastatt, forderte der stellvertretende SPD-Vorsitzende und Bremer Bürgermeister, Hans Koschnik, eine baldige Entscheidung in der Anerkennungsfrage. Im Blick auf die „Volksgruppen aus den Staaten islamischen Glaubens" führte der SPD-Politiker wörtlich aus:

„Uns wird beispielsweise mehr zur Versorgung ausländischer Mitbürger auf dem Gebiet der religiösen Unterweisung einfallen müssen. Haben Volksgruppen, bei denen die Religion noch Rückgrat des sozialen Lebens ist, Anspruch auf Anerkennung ihrer Religionsgemeinschaft als Körperschaft öffentlichen Rechts? Hier kommen wir um eine eindeutige Antwort nicht herum. Und ich finde, sie muß bald gegeben werden" (*Sozialdemokraten-Service Presse, Funk, TV,* vom 20. Mai 1979).

3 DIE FREIMAURER UND IHRE „ISLAM-INITIATIVE". LETZTER STAND DES ANERKENNUNGSVERFAHRENS

Während in nahezu allen Ländern der islamischen Welt die Freimaurerlogen aufgelöst worden sind und die Zugehörigkeit zum Freimaurerbund unter Strafe gestellt worden ist, hat sich die Großloge der Alten Freien und Angenommenen

Maurer von Deutschland (A. F. u. A. M. v. D.) für eine Initiative zugunsten der Absicherung der religiösen Rechte der islamischen Minderheit in der Bundesrepublik entschieden.

Ausgelöst wurde diese „Islam-Initiative deutscher Freimaurer" durch einen Brief, den der Meister vom Stuhl der Johannisloge „Vorwärts" in Mönchengladbach, Dr. Klaus Borchers, am 22. August 1979 an den nordrhein-westfälischen Ministerpräsidenten Johannes Rau geschrieben hatte. Darin heißt es:

„Angesichts der Tatsache, daß unter uns ca. 1,5 Millionen Bekenner des Islam leben, scheint uns die Zeit reif zu sein, dem Antrag unserer Mitbürger islamischen Glaubens auf Anerkennung als Körperschaft öffentlichen Rechts stattzugeben, zumal die Religionsfreiheit und die Freiheit der Religionsausübung zu den elementarsten Menschenrechten gehören."

Der Vorstoß der Mönchengladbacher Freimaurer war bereits wenige Tage später von der Großloge der humanitären Freimaurer aufgegriffen worden. In einem Brief an den nordrhein-westfälischen Regierungschef vertrat Großmeister Dr. Otto Trawny (Dortmund) sehr engagiert das Prinzip der Gleichbehandlung von Religionsgemeinschaften:

„Kirchen und kirchenähnlichen Vereinigungen oft kleinster Mitgliederzahl hat unser Staat aus wohlerwogenen Gründen die Rechte und Privilegien von Körperschaften des öffentlichen Rechts verliehen. Sehr nachhaltig hat das einzelne Mitglied Anteil an diesen Rechten und Privilegien und dies unbeschadet seiner Volkszugehörigkeit und Nationalität. Nicht zu verstehen daher, daß und warum dann hunderttausenden Angehörigen islamischen Glaubens diese Vergünstigung vorenthalten bleiben soll. Wir Freimaurer sehen darin eine Diskriminierung eines größeren Bevölkerungsteils, dessen Arbeitskraft wir alle sehr zu schätzen wissen."

Während die Staatskanzlei in Düsseldorf daraufhin verlau-

ten ließ, der Ministerpräsident sei ebenfalls der Auffassung, „daß unseren Mitbürgern islamischen Glaubens die verfassungsrechtlich verbürgte Religionsfreiheit zuteil werden" müsse – „Er mißt diesem Anliegen großes Gewicht bei" –, schrieb der hessische Ministerpräsident Holger Börner am 28. September 1979 an den Großmeister unter anderem:
„Mit großem Interesse habe ich von Ihrem Engagement für die islamischen Religionsgemeinschaften in der Bundesrepublik Kenntnis genommen. Was die Verleihung des Status einer Körperschaft des öffentlichen Rechts anbelangt, so bin ich mit Ihnen der Auffassung, daß hier auf strikte Einhaltung des Gleichbehandlungsgrundsatzes zu achten ist. Für den weltanschaulich-neutralen Staat des Grundgesetzes und der Hessischen Verfassung ist dies eine selbstverständliche Verpflichtung. Gerne bin ich bereit, dies auch bei einer sich bietenden Gelegenheit in der Öffentlichkeit mit Nachdruck zu erklären.
Mit Genugtuung habe ich übrigens feststellen können, daß beide großen christlichen Kirchen dem Anliegen islamischer Glaubensgemeinschaften, als Körperschaft öffentlichen Rechts anerkannt zu werden, positiv gegenüberstehen.... Gerne versichere ich Ihnen bei dieser Gelegenheit, daß es mir ein besonderes Anliegen ist, allen Religions- und Weltanschauungsvereinigungen in unserem Lande den ihnen nach Verfassung und Gesetz zustehenden Freiraum zu sichern."
Wie die freimaurerische Islam-Initiative zu verstehen ist, machte Dr. Trawny am 28. November 1979 deutlich, als sich Widerstand in einer gesellschaftlichen Gruppierung von Rang regte; wohl unter dem Eindruck, daß es bestimmten extremistischen Organisationen gelingen könnte, mit unter das schützende Dach des angestrebten Rechtsstatus zu schlüpfen. Der Großmeister schrieb:
„Unsere Eingabe an die Landesregierung von Nordrhein-Westfalen sollte nicht bewirken, daß speziell (einer bestimmten Organisation) der Status einer Körperschaft des

öffentlichen Rechts gewährt würde, sondern war auf die Gleichbehandlung von Religionen gerichtet. Es ist nicht unsere Aufgabe (über eine bestimmte Organisation) oder sonstige Einrichtungen islamischer Glaubensangehöriger in der Bundesrepublik zu urteilen. Wir sehen als Freimaurer unsere Aufgabe nur darin, auf die gleicherweise Grundrechten der Verfassung unseres Landes und freimaurerischen Grundsätzen zuwiderlaufende ungleiche Behandlung von Bürgern verschiedenen Glaubens und ihrer Organisationen hinzuweisen."

Den gleichen Grundsatz betonte Dr. Trawny noch einmal am 15. Mai 1980 vor dem Parlament der Freimaurer, auf dem Großlogentag in Hameln an der Weser. Er sagte: „Im Kern sollte auch diese Aktion, vom konkreten Ziel abgesehen, ein Zeichen dafür setzen, daß sich unsere Großloge einem solch elementaren Grundrecht wie dem der Religionsfreiheit und der Gleichbehandlung in der Religionsausübung Herkunft und Wesen nach verbunden fühlt."

Der letzte Stand des Verfahrens geht aus einem persönlichen Schreiben von Ministerpräsident Johannes Rau an Dr. Borchers in Mönchengladbach vom 11. Dezember 1980 hervor:

„Wie Ihnen gegenüber bereits mit Schreiben meines Hauses vom 7. November 1979 zum Ausdruck gebracht wurde, ist der Kultusminister in eine gründliche Prüfung formal-rechtlicher Aspekte der Verleihung des Status einer Körperschaft öffentlichen Rechts an das Islamische Kulturzentrum e. V. in Köln eingetreten. Nach den Bestimmungen des Grundgesetzes ist Religionsgesellschaften auf Antrag die Rechtsstellung einer Körperschaft des öffentlichen Rechts zu gewähren, wenn sie durch ihre Verfassung und die Zahl ihrer Mitglieder die Gewähr der Dauer bietet. Die organisatorische Struktur des Islam in Nordrhein-Westfalen bzw. in der Bundesrepublik Deutschland erschwert es, die genannten Anerkennungsvoraussetzungen ohne eine sehr eingehende Untersuchung der näheren

Umstände als erfüllt anzusehen. Ich bitte daher um Ihr Verständnis, wenn der Kultusminister ... angesichts der aufgezeigten Schwierigkeiten über den Antrag bislang nicht entschieden hat. Ich möchte hierbei ausdrücklich betonen, daß dies keine Frage des verfassungsrechtlich garantierten hohen Gutes der Religionsfreiheit ist, deren Ausübung selbstverständlich auch religiösen Minderheiten zusteht. Die Landesregierung und alle staatlichen Stellen des Landes treten nachhaltig gerade für die Wahrung der Rechte religiöser Minoritäten ein.
Nicht zuletzt aus diesem Grunde hat der zuständige Referent des Kultusministers mit dem Vorsitzenden des Islamischen Kulturzentrums Köln ein Gespräch geführt, in dem aufgezeigt wurde, daß wesentliche Rechtspositionen den Religionsgesellschaften und ihren Mitgliedern nach den Normen des Grundgesetzes und der Landesverfassung unabhängig davon eingeräumt sind, ob der Status einer Körperschaft des öffentlichen Rechts verliehen ist. Den Vertretern des Islamischen Kulturzentrums ist hierbei im einzelnen dargelegt worden, welche rechtlichen Möglichkeiten und Sicherungen für die Entfaltung der islamischen Religion bereits gegenwärtig, d. h. losgelöst von einer Anerkennung als Körperschaft des öffentlichen Rechts gegeben sind. Dies hat selbstverständlich nicht zur Folge, daß nicht unverzüglich nach Klärung der noch offenstehenden Fragen über den Antrag des Islamischen Kulturzentrums befunden wird."
Soweit der Stand des Anerkennungsverfahrens im größten deutschen Bundesland, wobei davon ausgegangen werden kann, daß Bremen die Entscheidung in Nordrhein-Westfalen abwarten wird.[34]
Angesichts des Engagements deutscher Freimaurer für die Rechte der islamischen Minderheit in der Bundesrepublik sollte hier noch einmal an das Freimaurerverbot in den meisten moslemischen Ländern erinnert werden. Dem Verbot ging eine Empfehlung des Rates der islamischen Welt-

organisationen voraus, die am 10. April 1974 in Mekka verabschiedet worden war. Das Dokument hat folgenden Wortlaut:

„Die Freimaurerei ist eine geheime und subversive Organisation, die eng mit dem Zionismus verbunden ist und ihren eigenen Zwecken dient. Sie verbirgt sich hinter irreführenden Schlagworten (Freiheit, Brüderlichkeit, Gleichheit und Gerechtigkeit), von denen viele moslemische Führer und Intellektuelle verführt worden sind; unwissentlich, aber manchmal auch wissentlich.

Die Freimaurerei war ursprünglich von der katholischen Kirche mit dem Bann belegt, eine Maßnahme, die der gegenwärtige Papst aufgehoben hat. Es ist die Pflicht aller moslemischen Organisationen, diese geheimen und subversiven Kräfte zu entlarven:

1. Alle Moslems sollen im Bewußtsein der vom Bahaismus und der Freimaurerei ausgehenden Gefahr diese Geheimorganisation verlassen;

2. ein Moslem, der weiterhin in Verbindung mit diesen Geheimorganisationen steht, sollte kein islamisches Amt mehr bekleiden dürfen;

3. moslemische Länder sollten die Tätigkeit der Freimaurerei mit dem Bann belegen und ihre Zentren und Zellen schließen;

4. ein Mitglied dieser Organisation darf nicht im Staatsdienst tätig sein;

5. die genannten Organisationen sollten durch entsprechende Publikationen enttarnt werden;

6. es sollte eine Liste aller Freimaurerlogen in den einzelnen moslemischen Ländern erstellt werden. Auch sollte die Tätigkeit führender Freimaurer überwacht werden. Deren Veröffentlichungen und Matrikel sollten der ‚Weltmoslemliga' gemeldet werden."[35]

Auf das Freimaurerverbot angesprochen, sagte Dr. Borchers gegenüber dem *Evangelischen Pressedienst:* „Wir wollen nicht Gleiches mit Gleichem vergelten." Man bringe dem

religiösen Bekenntnis anderer große Achtung und Respekt entgegen und fühle sich verpflichtet, für ihre Rechte einzutreten. Der Mönchengladbacher Loge gehörten auch Moslems an (*epd,* 29. August 1979).
Wie bereits erwähnt, stehen eine Reihe von islamischen Ordensbünden in der Bundesrepublik den Freimaurern freundschaftlich gegenüber. Dieses freundschaftliche und offene Verhältnis beruht vor allen Dingen auf der reichen Tradition dieser Bünde, die unter anderem auch vom freimaurerischen Ritual gepflegt werden.[36] Nicht zu übersehen ist auch, daß die Pflege des humanistischen und humanitären Gedankengutes in beiden Organisationsformen in übereinstimmender Weise praktiziert wird.
Bei der Begleitung des Anerkennungsverfahrens fällt auf, daß die damit befaßten Behörden stets nur auf die ausländischen Moslems und ihre Organisationen abheben. Für sie ist der Islam eine „Fremdreligion", eine „Religion der Ausländer" und damit sicherlich auch eine Angelegenheit des Ausländerrechts. Bei den Kirchen ist das nicht anders. Sie haben die Islamfragen weitgehend ihren Ausländerreferaten zugeordnet.
Vor dem Hintergrund der Geschichte des Islams in Deutschland ist diese Sicht jedoch auf die Dauer unhaltbar. Es ist doch wohl so, daß die ausländischen Moslems hier in Deutschland bereits auf islamische Strukturen stießen. Dabei dürfte es vordergründig keine entscheidende Rolle spielen, daß die kleinen islamischen Gemeinden zu schwach waren, um die Probleme des Migrantenheeres zu bewältigen. Tatsache ist auch, daß die kleine deutsch-islamische Gemeinschaft seit den Nachkriegsjahren versucht, rechtlich mit den Kirchen und der jüdischen Kultusgemeinde gleichgestellt zu werden und damit in den Genuß all jener Bürgerrechte und Privilegien zu gelangen, die für die Mitglieder der Großkirchen und neuerdings auch für die ausländischen orthodoxen Christen eine Selbstverständlichkeit sind.
Vielleicht fällt den deutschen Politikern die Entscheidung in

der Anerkennungsfrage leichter, wenn ihnen klar wird, daß inzwischen ausländische Christen orthodoxer Konfession in diesem Lande über größere religiöse Rechte verfügen als die deutschstämmigen und die deutschsprachigen Moslems.

VIERTES KAPITEL

Zur Situation
der christlich-islamischen Begegnung

1 VERSUCH EINER ZÄSUR

Um den christlich-islamischen Dialog ist es in der Mitte des zweiten Jahrzehnts nach Broumana, Ajaltoun, Kandy und Zürich zunehmend ruhiger geworden. Man spricht in kirchlichen Kreisen von einer notwendigen Denkpause, derer das Gespräch mit dem Islam bedürfe, nachdem das Tor zum gegenseitigen Verständnis aufgestoßen worden sei, nachdem man entdeckt habe, daß der zunächst anvisierte gemeinsame antikommunistische oder antimaterialistische Nenner nicht ausreiche, um aus Gegnern von gestern Partner von heute und morgen zu machen. Es scheint überdies, als hätten sich die Gegner der Begegnung von Christen und Moslems von ihrer anfänglichen Überraschung erholen können, als seien sie auf dem besten Wege, ihre alten missionarischen Positionen zurückzugewinnen. Da ist die Rede vom „Verrat am Evangelium" und von der Dialogunfähigkeit des Islams, wenn es etwa in einem öffentlichen Schreiben des Apostolischen Vikars der Lateiner im Libanon, Bischof Paul Bassim, an den damaligen Präsidenten des Päpstlichen Sekretariats für die Nichtchristen, Kardinal Sergio Pignedoli, im November 1977 hieß, daß „kein endgültiger Friede zwischen diesen beiden Welten möglich" sei. In der Welt des Islams könne es keine Gleichberechtigung und Gleichheit zwischen Moslems und Nichtmoslems geben. Als Beweis für diese merkwürdige These mußten seinerzeit die Auseinandersetzungen im Libanon und in Uganda herhalten, die kurzerhand zu Religionskriegen hochstilisiert wurden – gegen alle Vernunft und Einsicht.

Das Grußwort, das Papst Johannes Paul II. am 17. November 1980 auf dem Domplatz zu Mainz an die moslemischen Gastarbeiter in Deutschland gerichtet hat, macht allerdings deutlich, daß man auf katholischer Seite gewillt ist, an den Beschlüssen des Zweiten Vatikanischen Konzils konsequent festzuhalten. Der Papst sagte seinerzeit:

„Nicht alle Gäste in diesem Land sind Christen; eine besonders große Gruppe bekennt sich zum Glauben des Islam. Auch Euch gilt mein herzlicher Segensgruß! Wenn Ihr mit aufrichtigem Herzen Euren Gottesglauben aus Eurer Heimat hierher in ein fremdes Land getragen habt und hier zu Gott als Eurem Schöpfer und Herrn betet, dann gehört auch Ihr zu der großen Pilgerschar von Menschen, die seit Abraham immer wieder aufgebrochen sind, um den wahren Gott zu suchen und zu finden. Wenn Ihr Euch auch in der Öffentlichkeit nicht scheut zu beten, gebt Ihr uns Christen dadurch ein Beispiel, das Hochachtung verdient. Lebt Euren Glauben auch in der Fremde und laßt ihn Euch von keinem menschlichen oder politischen Interesse mißbrauchen."[37]

Aber nicht nur in den Reihen konservativer Christen macht sich Widerstand gegen den Dialog bemerkbar. Auch im moslemischen Lager mehren sich die Stimmen, die im Dialogangebot der Kirchen eine neue Missionsstrategie vermuten. In einem Protokoll über das 12. Bundestreffen deutschsprachiger Moslems, vom 6. Februar 1981, heißt es zudem, daß der Dialog mit den Christen in Europa mit dem Verkündigungsauftrag des Islams in Einklang stehen müsse. Zur Zeit des Propheten Mohammed habe die Rolle der Christen in der Begegnung darin bestanden, „zu bezeugen, daß Mohammed gottgesandter Prophet und der Islam Gottes Offenbarung" sei. Aufgabe der Moslems sei es gewesen, „den Christen den Islam darzulegen". Auch der zeitgenössische Dialog müsse sich an diesen Kriterien und Positionen orientieren. Der Dialog müsse von den Moslems daher als „eine Ebene für die Verkündigung des Islam" verstanden werden.

Auf der „2. Internationalen Konferenz der islamischen Minoritäten", im April 1980 in London, richtete der Generaldirektor des „Obersten Islamischen Rates von Kenia", Ahmad Abdullah, heftige Angriffe insbesondere gegen die Missionsmethoden der deutschen evangelischen Missionswerke in Afrika. Abdullah warnte in diesem Zusammenhang die deutschsprachigen Vertreter vor einer weiteren Unterstützung des Dialogs mit der evangelischen Kirche. Der deutsche Protestantismus nutze die dialogbereite Haltung des Islams in Deutschland zur Entwicklung neuer Missionsstrategien in Afrika aus. Der Vertreter Kenias war auch nach einem Gespräch unter „vier Augen" von seiner Meinung nicht abzubringen.

Bereits wenige Wochen zuvor, auf der „8. Islamischen Weltkonferenz" in Famagusta, hatte der Präsident des „Islamischen Weltkongresses", Professor Dr. Marouf Said Dawalibi, das „augenblicklich starke Interesse am Islam in Westeuropa und Amerika als vordergründig" bezeichnet. Die Moslems sollten diese Entwicklung daher mit Distanz betrachten. Dawalibi führte den „Islamboom" in der westlichen Welt seinerzeit vor allem auf wirtschaftliche Interessen zurück. Es bestehe zudem der Verdacht, daß sich an den Wunsch des Westens, mit dem Islam in einen Dialog einzutreten, immer noch die Hoffnung knüpfe, die Moslems für eine andere Weltanschauung zu gewinnen.

Während die Kanzlei der Evangelischen Kirche in Deutschland in Hannover, im August 1977, signalisierte, die evangelische Kirche und ihre Theologie seien „in der Gegenwart stärker als je zuvor am Gespräch mit den großen Weltreligionen interessiert", wobei der Dialog mit dem Islam zweifellos in jüngster Vergangenheit an Intensität gewonnen habe, erklärte vier Wochen später die Mittelostkommission der

EKD in Frankfurt am Main, daß bei ihren Mitgliedern „Übereinstimmung über die Notwendigkeit christlicher Mission" in der islamischen Welt herrsche. Für Moslems ist diese „Sowohl-als-auch-Haltung" indessen unerträglich.

Dr. Smail Balić, sunnitischer Religionswissenschaftler und engagierter Mann der interreligiösen Begegnung, hat seine Gedanken zum Problemkreis „Dialog und Mission" wie folgt zusammengefaßt:

„Dialog bedeutet Öffnung mit dem Ziel des gegenseitigen Kennenlernens, bedingt die Beseitigung von Mißverständnissen und motiviert die Suche nach Gemeinsamkeiten. Sein Ziel ist die Stärkung der humanen Kräfte in der Welt und – falls es sich um einen religiösen Dialog handelt – eine tiefere Rechtfertigung des Glaubens. Steckt hinter Dialog jedoch Missionsabsicht, so haben wir es lediglich mit einem dialogisch getarnten Monolog zu tun. Ehrliche Begegnung setzt lebendige Gegenseitigkeit voraus. Die Mission, wie sie heute zumeist verstanden wird, kann mit dem Dialog nicht konform gehen. Hier kann vor allem dem Christentum ein Vorwurf nicht erspart bleiben: Mission beinhaltet immer ein gewisses Maß an Arroganz, sie ist von einem unbezwingbaren Sendungsbewußtsein getragen, sie bringt den Andersgläubigen etwas ins Haus, was diese gar nicht haben wollen. Mission ist so gesehen eine Art Hausfriedensbruch." Und weiter: „Wir Moslems lehnen diese Art von Mission entschieden ab. Sie verletzt uns nicht nur in unserem Bekennerstolz, sie läßt vielmehr obendrein in uns das Gefühl aufkommen, als halte man uns für unreife Menschen. Auch das anmaßende kulturelle Sendungsbewußtsein der christlichen Missionare hat etwas Abstoßendes an sich. Als die einzige zulässige Missionsform würde ich ein stilles Zeugnisablegen durch gute Taten akzeptieren. Immerhin hat das Zeugnis letzten Endes seine eigene Ausstrahlungskraft." Der Islam, so Smail Balić, kennt keine Mission, die aus dem eigenen Glauben heraus die Wahrhaftigkeit aller anderen Heilswege von vornherein zur Gänze ausschließt. Die islamische Verkündigung sei lediglich ein freies Angebot: Wer es annehmen wolle, könne darauf eingehen, wer nicht, könne es lassen. „Ich würde hier ein Gleichnis anwenden wollen: Es gehört sich für eine wirkliche Dame ganz einfach nicht, sich einem Haushalt in der Nachbarschaft als ‚ordnende Kraft' anzubieten, wenn dort gegebenenfalls eine Schlampe das Sagen hat. Das aber tut Mission in vielen Fällen bezüglich des Nächsten, wenn dieser ein Andersgläubiger ist."

Nicht anders äußerte sich einer der einflußreichsten islamischen Theologen, der Deutschlandexperte des „Islamischen Weltkongresses", Mohammad Aman Hobohm. Hobohm begrüßt wie Balić „die vor über einem Jahrzehnt von den großen christlichen Kirchen eingeleiteten Schritte, die über die Begegnung und den Dialog zwischen Christen und Moslems zur Verständigung und Zusammenarbeit der Menschen führen sollen". Damit ist seiner Meinung nach ein neuer Abschnitt in der Geschichte der gegenseitigen Beziehungen von Islam und Christentum begonnen worden: „Im Abbau der Konfrontation und in der Hinwendung zum Dialog sehe ich ein Anzeichen dafür, daß sich die christlichen Kirchen angeschickt haben, ihren Absolutheitsanspruch und ihr Missionsverständnis neu zu überdenken. In diesem Zusammenhang sind Erklärungen, wie sie in jüngster Vergangenheit von befugten Vertretern der katholischen Kirche abgegeben worden sind und das Islamdokument des Zweiten Vatikanischen Konzils besonders hilfreich."

Hobohm warnt vor zu hohen oder falschen Erwartungen. Gespräche über die Glaubensgrundlagen sollten daher nur der gegenseitigen Information dienen: „Jeder auch noch so insgeheim gehegte Wunsch, den anderen zur eigenen Ansicht zu bekehren, wäre für das zarte Pflänzchen Dialog verderblich. Es gibt für beide Seiten unaufgebbare Positionen. Jeder Missionsversuch könnte daher das Scheitern der Begegnung nach sich ziehen. Kaum verheilte Wunden würden wieder aufbrechen. Anstatt zu einer Kooperation zu kommen, würden wir wieder in eine gefährliche Konfrontation geraten."

Die Versuche kleinerer Randgruppen, die einen Synkretismus der Religionen anstreben, hält Hobohm für naiv. Es komme beim Dialog darauf an, daß sich Christen und Moslems besser kennenlernen. Die Vorurteile, die seit Jahrhunderten das Bild des Islams im christlichen Verständnis geprägt hätten, müßten beseitigt und das tiefe Mißtrauen abgebaut werden, das die eine Seite gegen die andere hege: „Dies – und davon bin ich fest überzeugt – ist jedoch nur möglich, wenn sich Christ und Moslem mit echter gegenseitiger Achtung begegnen, wenn der eine den anderen anerkennt und gelten läßt, wenn der Dialog nicht als modernes Missionsinstrument mißbraucht wird. Dialog muß so angelegt sein, daß durch ihn die Verständigung gefördert wird, daß unterschwellige Feindschaft und Feindseligkeiten abgebaut werden. Nur so vermag er eine Grundlage des Vertrauens zu schaffen, vermag er zu einer breitgefächerten Zusammenarbeit zum Wohl beider Gemeinschaften führen."

Hobohms Hinweis auf den besonderen Anteil der katholischen Kirche am Dialog kommt nicht von ungefähr. Weihbischof Julius Angerhausen, Vorsitzender der von der Deutschen Bischofskonferenz eingesetzten „Ständigen Arbeitsgruppe für christlich-islamische Beziehungen", verwies in einem Gespräch auf eine entsprechende Aussage der Würzburger Synode aus dem Jahre 1975, wo es heißt:

„Eine andere Aufgabe [für die Kirche] entsteht durch den Zustrom der Gläubigen des Islam. Hier bedarf es der Offenheit und Sensibilität für eine ganz anders geprägte Mentalität. Wo katholische Stellen angegangen werden, sollten sie diesen Gruppen Hilfe gewähren und – falls möglich – auch Räume für den Gottesdienst und Veranstaltungen außerhalb des Gottesdienstes überlassen."

Weihbischof Angerhausen: „Damit sind die Zeiten der

Feindschaft und gegenseitigen Verhetzungen zu Ende. Zumal auch von islamischer Seite der Ruf zur Zusammenarbeit mit der christlichen Kirche laut wurde. Die katholische Kirche Deutschlands ist bereit zum Dialog mit dem Islam, auch wenn es islamische Gruppierungen gibt, die von einer Zusammenarbeit und von einem Dialog nichts wissen wollen." Der Bischof verhehlte in dem Gespräch nicht, daß der Missionsauftrag Jesu Christi nach wie vor Gültigkeit habe. Er sei ein Wesensmerkmal der Kirche, aber: „Was sich geändert hat, sind die Methoden der Verkündigung. Mission heißt heute zu allererst, durch unser Leben und Tun die Liebe Christi allen Menschen gegenüber zu bezeugen. Dazu gehört, daß wir den Andersgläubigen ernst nehmen und voll und ganz annehmen, wie er ist. In dieser offenen Haltung des Dialogs können wir dann in aller Ehrlichkeit und auch Kritik mit dem Andersgläubigen sprechen und handeln. Der Dialog ist für uns keine Hintertür zur Bekehrung unseres Gesprächspartners, sondern der Weg, den Glauben, das Denken, die Mentalität des anderen zu begreifen und zu verstehen, um für das Wohl der Menschheit gemeinsam arbeiten zu können."

Ein interessantes Konzept zur Überwindung der Schwierigkeiten, in die die christlich-islamische Begegnung geraten ist, hat Michael Mildenberger, Referent in der Evangelischen Zentralstelle für Weltanschauungsfragen in Stuttgart, entwickelt. Er sieht gerade heute in der Begegnung mit den Moslems eine besondere Aufgabe, und zwar sowohl im Blick auf die islamische Minderheit in der Bundesrepublik und ihre spezifischen Bedürfnisse als auch im Blick auf die christlichen Kirchen selbst. In einem Gespräch zum Thema „Zwischen Mission und Dialog" sagte er im Mai 1978: „Diese Bedürfnisse sind gekennzeichnet von der Schwierigkeit, eine ausgeprägte, weithin in traditionellen Formen sich ausdrückende religiöse Praxis im Alltag einer säkularen Gesellschaft durchzuhalten. Dafür sind nicht nur die äußeren Bedingungen zu schaffen, vielmehr geht es um die

Möglichkeit religiöser Organisation und Identität, wozu nicht zuletzt die rechtlichen Voraussetzungen geschaffen werden müssen." Hierzu benötige die islamische Minderheit jedoch das Verständnis und die Hilfe der christlichen Kirchen. Die Kirchen stünden angesichts dieser Aufgabe vor der Nötigung, eine echte Partnerschaft mit einer nichtchristlichen Bevölkerungsgruppe einzuüben in dem einen Gemeinwesen, in dem man zusammen leben wolle und müsse. Die Einübung sei deshalb so schwierig, weil Gesellschaft und Öffentlichkeit, obwohl religiös „neutral", mit christlichen Elementen und sogar kirchlichen Funktionen vielfach durchsetzt seien. Das gelte beispielsweise für den Bereich der Erziehung und Bildung ebenso wie für den gesamten Sozialbereich. Die Problematik moslemischer Kinder in kirchlich getragenen Kindergärten oder die seelsorgerliche Betreuung moslemischer Kranker in christlich geprägten Krankenhäusern seien weitere anschauliche Beispiele dafür. Mildenberger weiter: „Die christlichen Kirchen stehen deshalb vor der immer unausweichlicheren Aufgabe, den Islam und das christlich-islamische Verhältnis theologisch neu aufzuarbeiten und zu bewerten. Diese Aufgabe kann jedoch nicht in einem binnenchristlichen Studium oder Gespräch erfolgen, sondern nur in der ‚dialogisch' offenen Begegnung mit den islamischen Menschen und Gemeinschaften in unserem Land. Hier liegt für die nächste Zukunft die entscheidende Aufgabe. Je eher sie von den christlichen Kirchen erkannt und aufgegriffen wird, desto besser."

Mildenberger vertritt im übrigen die Auffassung, daß erst aus einer solchen theologischen Neubewertung des Islams heraus eine Auflockerung oder gar Lösung in der gegenwärtigen Spannung zwischen mehr missionarisch und mehr diakonisch orientierten Kräften innerhalb der Kirchen zu erwarten ist. Diese Spannung, die gegenwärtig das christlich-islamische Verhältnis belaste, beruhe zum großen Teil auf dem Fehlen einer qualifizierten theologischen Position dem Islam gegenüber: „Für die islamische Minderheit ebenso wie

für die christlichen Kirchen ist also eine offene dialogische Begegnung von höchster Bedeutung. Es liegt an der gegenwärtigen Situation, daß es nur sehr wenige gesprächsfähige und auch gesprächsbereite islamische Partner gibt. Die Moslems deutscher Herkunft sind gering an Zahl und teilweise, aufgrund einer radikalen Position, nicht gesprächsbereit. Die Moslems türkischer, jugoslawischer, persischer und arabischer Herkunft jedoch sind größtenteils nicht gesprächsfähig. Deshalb wird die christlich-islamische Begegnung notwendigerweise über die deutschen Grenzen hinaus auf europäischer Ebene stattfinden müssen."[38]
Michael Mildenberger steht mit seiner Forderung nach einer theologischen Aufarbeitung und Neubewertung des Islams als Voraussetzung für den Dialog nicht allein. Im September 1978 hatte das Mitglied der Islam-Arbeitsgruppe des EKD-Ausschusses für den kirchlichen Dienst an ausländischen Arbeitnehmern, Pfarrer Nat Idarous, auf einer ökumenisch-missionarischen Tagung in Basel bemängelt, daß es unter den evangelischen Theologen für das Neue Testament kaum jemanden gebe, der sich ausführlich mit dem Islam bzw. mit islamischer Theologie befaßt habe. Die theologischen Standpunkte ehemaliger Missionare reichen nach Idarous' Meinung für die neue Situation, in die Christen und Moslems gestellt sind, jedoch nicht aus. Sie seien eher eine Belastung als eine Hilfe für den christlich-islamischen Dialog. Das gelte auch für die Orientalisten, die zwar reichlich zur Kenntnis des Islams beigetragen hätten, ,,aber daß es auch zu ungeheuren Spaltungen zwischen ihnen und den moslemischen Theologen und Historikern gekommen ist, läßt sich in der vorhandenen Literatur jedenfalls nicht bestreiten". Zweifel an der Dialogfähigkeit der evangelischen Theologie äußerte überraschend auch der neugewählte Präses der evangelischen Kırche im Rheinland, Gerhard Brandt. In der Ausgabe vom 16. Januar 1981 hieß es in einem Bericht von der Wahlsynode in Bad Neuenahr im *Evangelischen Pressedienst, Region West:* ,,Vorsichtig äußerte sich der neue Präses

zum Gespräch mit dem Islam. Da eine profunde Kenntnis über den Islam bei den evangelischen Theologen noch nicht vorhanden sei, sei ein theologisches Gespräch mit den Vertretern des Islam noch nicht geboten. Gleichwohl sei eine liebevolle und hilfsbereite Hinwendung zu den Moslems in der Bundesrepublik ‚längst überfällig'. Aus dieser Hinwendung und aus einer besseren Kenntnis über den Islam ‚mag sich ein Gespräch entwickeln'."

Daß die Begegnung trotz der vorherrschenden „Sprachlosigkeit" auf allen Seiten dennoch eine Chance hat, signalisiert unter anderem die Entschließung der 6. Synode der Evangelischen Kirche in Deutschland vom 1. Februar 1980 in Garmisch-Partenkirchen zur „Begegnung mit Muslimen". Dort heißt es: „In der Bundesrepublik Deutschland leben gegenwärtig 1,5 Millionen Muslime, die überwiegend aus der Türkei kommen. Auf ein Zusammenleben sind weder die deutsche Bevölkerung noch die verschiedenen muslimischen Gruppen vorbereitet. Die Verständnislosigkeit auf beiden Seiten führt zur wechselseitigen Ablehnung, zur Verstärkung von Vorurteilen und zur Bildung von Ghettos. Kirchengemeinden haben eine besondere Verantwortung, die jetzt vielerorts schon bestehende ‚Mauer des Schweigens' zu durchbrechen und sich für die berechtigten menschlichen, sozialen, rechtlichen und politischen Erwartungen muslimischer Einwanderer einzusetzen. Dazu gehört es, die islamischen Glaubensüberzeugungen ernst zu nehmen, sie kennenzulernen und offene Formen der Begegnung zu fördern. Dies sollte auch eine besondere Aufgabe im Religionsunterricht sein."

2 EINIGE PERSÖNLICHE ANMERKUNGEN UND ÜBERLEGUNGEN

Sechzehn Jahre Erfahrung mit der interreligiösen Begegnung haben ihre Spuren bei mir hinterlassen. Es hat sich immer wieder – und besonders in Stunden der Resignation –

bewahrheitet, daß Dialog stets in gewisser Weise intim und auch spontan bleiben wird. Ich darf in diesem Zusammenhang einmal den vielen christlichen Freunden danken, daß sie mir Brüder geworden sind, daß ich, der Moslem, in der Not meines Herzens auch zu ihnen kommen konnte und immer wieder brüderlichen Rat gefunden habe. Wie beschämt war ich, als ich einem betagten Priester und väterlichen Freund einmal über die zahllosen Querelen klagte, die meine Arbeit täglich begleiten, und er mir daraufhin den schlichten Rat gab: „Vertrauen Sie auf den, der Ihnen schon immer geholfen hat auf Ihrem Wege, vertrauen Sie auf Gott!" Das alles ist Beweis genug, daß der, der einmal sein Ja zu der Begegnung gesagt hat, nicht mehr der sein kann, der er vorher war. Dialog setzt unbedingtes Vertrauen in den jeweiligen Partner voraus und entsteht erst aus der unbefangenen und offenen Begegnung. Vor zwei Dingen sollte allerdings gewarnt werden: vor der Introvertiertheit von Dialoggruppen und davor, daß der Dialog zunehmend dem Zugriff „verwaltungstechnischer Planungen" ausgesetzt wird – mit Vorsitzenden, Beisitzern, Satzungen und Ausschüssen. Wir alle haben als Glieder unserer Glaubensgemeinschaften unter irgendwelchen Bürokratien zu leiden, die am liebsten auch noch Gottes geheimste Ratschlüsse verwalten, katalogisieren und zuweisen möchten.

Es ist aber noch ein weiteres Phänomen in diesem Umfeld aufgetaucht, das Sorgen bereiten muß. Ich meine den wohlbestallten „Berufsbegegner" und „Karrieredialogiker", der das Ende von Vertrauen und Spontaneität signalisiert. Eine weitere Erfahrung der verflossenen 16 Jahre ist, daß die Begegnung nur dann dauerhaften Erfolg haben wird, wenn alle drei abrahamitischen Glaubensweisen an ihr beteiligt sind. Ich weiß, daß es natürlich auch das Zwiegespräch zwischen Christen und Juden, Christen und Moslems, und hoffentlich eines Tages auch zwischen Juden und Moslems, geben muß. Es gibt immer wieder Anliegen und Probleme, die den jeweils dritten Partner nicht tangieren, den anderen aber am Herzen liegen. Ebenso freimütig bekenne ich aber auch, daß ein religiöser Dialog unvollkommen bleiben muß, wenn in ihn nicht alle drei der biblischen Tradition verhafteten Glaubensweisen einbezogen werden. Der Koran spricht von Christen *und* Juden, die zum Gespräch über den gemeinsamen Gott eingeladen werden sollen. Ich halte es auch hier mit meinem theologischen Vorbild Mohammad Abduh, der um die Jahrhundertwende die Meinung vertrat, daß „die Bibel, das Evangelium und der Koran drei zusammenstimmende Bücher" sind: „Religiöse Menschen lesen aufmerksam alle drei und verehren sie gleichermaßen. So vervollständigt sich die göttliche Belehrung, und die wahre Religion zeigt ihren Glanz durch die Jahrhunderte."

Weiter ist deutlich geworden, daß die Decke der dialogfähigen Moslems im deutschsprachigen Raum sehr dünn und kurz ist. Man kann die Moslems, die nach Sprache, Kenntnis des Christentums und intellektuellem Niveau in der Lage sind, sich auf ein Gespräch mit den „Schriftbesitzern" einzulassen, buchstäblich an den Fingern abzählen. Es muß allerdings hinzugefügt werden, daß innerhalb der islamischen Gemeinschaften in der Bundesrepublik die Bereitschaft wächst, mit Christen Kontakt aufzunehmen. Immer mehr moslemische Gemeinden nehmen die Verpflichtung zum Dialog in ihre Satzungen auf. Vereinzelt wird auch bereits die Notwendigkeit der Begegnung mit dem Judentum diskutiert; besonders natürlich unter den islamischen Mystikern.

Wir Moslems haben viel aufzuholen. Jahrhunderte währende Vorurteile und tiefverwurzeltes Mißtrauen auf beiden Seiten können nicht in wenigen Jahren überwunden werden, geschweige denn in Vertrauen umgemünzt werden. Ich verweise dabei auf unsere jüdischen Mitbürger, die seit Jahrhunderten in Europa unter Christen leben. Dennoch findet ein Dialog erst heute statt.

Es ist meine Überzeugung, daß die Juden uns Moslems in der Diaspora in vielerlei Hinsicht helfen können. Das Judentum

hat in den verflossenen Jahrhunderten gelernt, in der theologischen Sprache des westlichen Christentums zu sprechen. Die Juden lernten die Probleme der Kritik und Selbstkritik bewältigen. Dagegen sind den Letztankömmlingen in Europa, den Moslems, die Regeln und die Dialektik der westeuropäischen Diskussion fremd. Sicherlich ein nicht unwesentliches Handikap für den Dialog.
Da die Juden nun die Integration für die Moslems gewissermaßen bereits bis zur Hälfte vollbracht haben, bietet sich hier für sie die Möglichkeit, wieder zu ihrer traditionellen Rolle als religiöse Mittelsmänner zurückzukehren, zumal die Strukturen von Judentum und Islam einander sehr ähneln.
Wir stehen wieder einmal einer sich steigernden Ausländerfeindlichkeit gegenüber, die von einer Welle antiislamischer Ressentiments begleitet ist. „Du, Moslem, du" ist zu einem geflügelten Schimpfwort an vielen deutschen Schulen geworden. Zeitungsschlagzeilen, Bücher, Karikaturen und Witze ähneln jenen, die einst Schlimmeres provozierten. Ich verhehle hier keineswegs die Mitschuld von Gruppen, die sich „islamisch" nennen, aber ich möchte dennoch an die jüdischen Mitbürger in diesem Lande appellieren und gerade sie bitten, hier warnend ihre Stimme zu erheben. Ich halte das Gespräch zwischen Israel und Ismael für eines der herausragendsten und erregendsten Ereignisse innerhalb des aufbrechenden interreligiösen Dialogs. Daß diese Begegnung in der Bundesrepublik möglich wurde, verdanken wir denen, in deren Häusern wir immer wieder zu Gast sein durften, verdanken wir den gesprächsfähigen und gesprächsbereiten Christen.
Hunderte von Gesprächskreisen und Initiativgruppen haben sich in allen Teilen des Bundesgebietes der sozialen Nöte moslemischer Familien und der schulischen Belange moslemischer Kinder angenommen. Der Aktivitäten sind landauf, landab Legion. Die Synode der EKD hat auf ihrer Frühjahrstagung 1980 die Gemeinden aufgefordert, sich der berechtigten menschlichen, sozialen, rechtlichen und politi-

schen Belange und Erwartungen der moslemischen Einwanderer anzunehmen. Ein spätes Wort, aber es kam!
Es wird – und das lehrt die Erfahrung – letztlich immer wieder auf den einzelnen Juden, den einzelnen Christen und den einzelnen Moslem ankommen, ob ein Dialog stattfinden kann oder nicht, ob der Begegnung Erfolg beschieden ist oder nicht. Dialog kann eben nicht am Reißbrett entworfen, geplant oder organisiert werden. Institutionen können immer nur Rahmenbedingungen schaffen. Wir selbst müssen dazu bereit sein, aufeinander zuzugehen: am Arbeitsplatz, beim Einkauf, in der Freizeit, in der Nachbarschaft. Ein freundliches Wort kann Brücken bauen, ein Glückwunsch zu den Feiertagen kann Herzen füreinander öffnen.
Aufeinander zugehen sollten auch die Geistlichen: die Pfarrer, Imame und Rabbiner. Es ist, um beim Beispiel Islam zu bleiben, beschämend, daß viele Pfarrer nicht einmal wissen, ob und wo in ihrem Pfarrbezirk eine islamische Gemeinde ihren Sitz hat. Die Christen sind die stärkeren Partner. Kirchengemeinden sollten sich daher nicht scheuen, die islamische Nachbargemeinde einmal zu sich einzuladen; der Pfarrer den Imam. Die Erfahrung lehrt, daß ein solcher Schritt zumeist eine Gegeneinladung zur Folge hat. In diesem Rahmen fällt es trotz Sprachbarrieren dann relativ leicht, über Nachbarschaftshilfe, Schule und Kindergarten zu sprechen.
In diesem Umfeld kann eines Tages sicherlich auch die Begegnung mit der Synagoge vorbereitet werden. Meine Beobachtungen gerade in diesem Bereich stimmen mich wesentlich optimistischer als die offizielle Begegnung der Spitzenverbände oder ihrer ebenso offiziellen Vertreter.
Wer sich, wie ich, tagtäglich mit den Problemen islamischer Gemeinden zwischen München und Flensburg zu beschäftigen hat und mit den Alltagssorgen der in diesen Gemeinden organisierten Menschen konfrontiert wird, kann in etwa die Chance für den Dialog abschätzen. Ich deutete bereits an, daß eine wachsende Bereitschaft zur Begegnung zu spüren

ist. Man wartet praktisch auf das erste Wort, auf den ersten Schritt. Aber es ist auch immer wieder die Furcht vor all dem zu spüren, was im weitesten Sinne mit dem Begriff „Mission" zusammenhängt. Wir müssen daher gemeinsam alles tun, um diese oder andersartige Ängste abzubauen. Nun haben viele Moslems zwischenzeitlich Gott sei Dank ein gesundes Gespür dafür entwickelt, ob es jemand mit ihnen ehrlich meint oder nicht.
Ich darf jedenfalls für die Mitarbeiter im „Freundeskreis Islamischer Weltkongreß" versichern, daß wir die Aufgabe, der Begegnung eine Chance zu geben, sehr ernst nehmen. Der Dialog ist in unserem Verständnis eine Lebensperspektive unter eschatologischen Vorzeichen; denn wir haben Gottes Aufruf zur Begegnung vernommen und aufgegriffen – und wir wissen, daß wir nach all den Jahren nicht mehr dahinter zurückkönnen, was immer auch geschehen mag. Denn Gott wird einst an jenem sicheren Tage einen jeden von uns fragen: Wo sind die Menschen, die du um meinetwillen geliebt hast? – und damit sind sicherlich auch die Christen und Juden gemeint.[39]

3 KIRCHLICHE INSTITUTIONEN UND EINRICHTUNGEN

In der Bundesrepublik befassen sich seit Jahren eine Reihe von vornehmlich kirchlichen Einrichtungen mit der Begegnung mit dem Islam. Im katholischen Bereich ist hier insbesondere auf die „Akademie für Erwachsenenbildung im Haus der Begegnung" in Köln hinzuweisen und auf die internationale Begegnungsstätte „Hedwig-Dransfeld-Haus" in Bendorf bei Koblenz.
Auf evangelischer Seite ist wohl in erster Linie die „Evangelische Akademie Haus Ortlohn" in Iserlohn zu nennen, an der regelmäßige Dialog- und Trialogtagungen stattfinden. Iserlohn kann im übrigen auf eine lange Tradition verweisen. Im

ersten Band der Zeitschrift *Monatsrosen* (eine Zeitschrift für das Wahre, Gute und Schöne) aus dem Jahre 1817 heißt es auf der Seite 182: „Im Jahre 1814 waren in dieser Kirche zugleich die Bekenner der drei Haupt Christlichen Parteyen, ferner die jüdischen, mahometanischen und der Religion des Dalai Lama versammelt. Man beschloß dieses seltene, höchst merkwürdige Ereigniss durch eine auf dem Chor auszustellende Gedächtnisstafel zu verewigen, und obgleich dieses auch immer unterblieben ist: so läßt sich doch erwarten, daß man es nicht versäumen wird."
Fräulein Margret Herbers, der ich diesen Hinweis „auf die Merkwürdigkeit im Gotteshaus der Lutheraner zu Iserlohn" verdanke, schrieb mir unter dem 23. Juli 1975: „Gerne hätte ich Ihnen eine Fotografie der Gedenktafel geschickt, aber sie ist im Ersten Weltkrieg verbrannt. Sie ist übrigens nie aufgehängt worden..." Neben Iserlohn sind hier noch die evangelischen Akademien in Arnoldshain und Mülheim/Ruhr zu nennen sowie die Missionsakademie an der Universität Hamburg, an der eine so hervorragende Persönlichkeit wie Dr. Paul Löffler wirkt. Nicht zu vergessen im kommunalen Bereich die „Rheinisch-Westfälische Auslandsgesellschaft" in Dortmund und ihre internationale Tagungsstätte in Willebadessen. An der RWA besteht ein ständiger „Islam-Arbeitskreis". Ein gemeinsamer Gesprächs- und Beratungskreis von Christen und Moslems ist die „Islamisch-Christliche Arbeitsgruppe zu Ausländerproblemen", deren Arbeit vornehmlich vom EKD-Außenamt koordiniert wird.
Als Dokumentationsstellen sind zu nennen die „Dokumentationsleitstelle für christlich-islamische Begegnung" (CIBEDO) in Köln, die von den Weißen Vätern betreut wird. CIBEDO legt besonderes Gewicht auf die Entwicklung des Islams in der Bundesrepublik. Sie veröffentlicht ihre Arbeitsergebnisse in Form von Dokumentationen, Texten, Informationen und Sonderdrucken.
Ähnlich arbeitet in Stuttgart die „Evangelische Zentralstelle für Weltanschauungsfragen". In ihren Publikationen – Ma-

terialdienst, Informationen, Arbeitstexte, Impulse und Studienbücher, „Im Gespräch mit der Zeit" – wird auch die Entwicklung des Islams im In- und Ausland begleitet und aufgearbeitet.
Dem „Dialog der Tat" widmen sich innerhalb der katholischen Kirche vornehmlich die „Ökumenischen Kontaktstelle für Nichtchristen" in Köln und München sowie die „Kontaktstelle für nichtchristliche Religionen" in Münster, aber auch die Caritas und das „Diakonische Werk".
Daneben haben sich die Kirchen bestimmte interne Institutionen geschaffen, die sich mit Fragen des Islams beschäftigen. So die von der Deutschen Bischofskonferenz eingesetzte „Ständige Arbeitsgruppe für christlich-islamische Beziehungen und für Kontakte zu anderen Weltreligionen" oder die „Islam-Arbeitsgruppe" des Ausschusses der Evangelischen Kirche in Deutschland für den kirchlichen Dienst an ausländischen Arbeitnehmern. Die EKD-Synode von Garmisch-Partenkirchen hatte sich zudem für die Berufung von Islam-Beauftragten in den einzelnen Landeskirchen eingesetzt. Es sollte in diesem Zusammenhang die Arbeit eines Mannes hervorgehoben werden, der im Referat Gemeindedienst für Weltmission der Vereinigten Evangelischen Mission (VEM) in Wuppertal Dienst tut: Pastor Gerhard Jasper. Die Moslems, insbesondere in Nordrhein-Westfalen, verdanken diesem Mann und seiner unermüdlichen Arbeit für die Aussöhnung und Verständigung von Christen und Moslems außerordentlich viel.
Am 27. März 1980 haben die europäischen Kirchen zudem einen „Beratungsausschuß für Islam-Fragen in Europa" gegründet. Der *Evangelische Pressedienst* meldete seinerzeit: „Protestantische, orthodoxe und römisch-katholische Theologen aus zehn Staaten Ost- und Westeuropas haben im Auftrag der ‚Konferenz Europäischer Kirchen' (KEK) am 27. März in Frankfurt einen ‚Beratungsausschuß für Islam-Fragen in Europa' konstituiert.
Das Gremium soll aus christlicher Sicht Probleme der rund

fünf Millionen Moslems in den westeuropäischen Ländern – zumeist ausländische Arbeitnehmer – untersuchen, die Kirchen über Fragen dieser wachsenden religiösen Minderheit informieren und Anregungen für die Pflege der gegenseitigen Beziehungen geben.
Vorsitzender des in Anwesenheit von KEK-Generalsekretär Glen G. Williams (Genf) für vier Jahre eingesetzten Ausschusses ist der anglikanische Bischof von Guildford (England), David Brown, als nebenamtlicher Sekretär arbeitet der Holländer Jan Slomp (Genf). Zu den Mitgliedern gehören Kirchenvertreter aus der Sowjetunion, aus Rumänien und Jugoslawien, aus den Niederlanden und der Schweiz sowie aus Schweden, Frankreich und Zypern. Die Evangelische Kirche in Deutschland (EKD) vertritt Oberkirchenrat Jürgen Micksch vom Kirchlichen Außenamt in Frankfurt.
Die Gründung des Ausschusses geht auf einen Beschluß der KEK-Vollversammlung von 1979 auf Kreta zurück, der ein Bericht über eine gesamteuropäische Kirchenkonsultation zu Fragen des Islam in Europa vorlag, die ein Jahr zuvor in Warschau stattgefunden hatte. Inzwischen haben zahlreiche KEK-Mitgliedskirchen Vorarbeit für die Beschäftigung mit diesem Thema geleistet.
Die EKD veröffentlichte zwei Handreichungen (‚Moslems in der Bundesrepublik' und ‚Zusammenleben mit Muslimen'), ihre Synode verabschiedete im Januar ein ‚Wort an die Gemeinden' zur ‚Begegnung mit Muslimen'. Für die römisch-katholischen Diözesen in der Bundesrepublik gibt es in Köln eine ‚Dokumentationsleitstelle' für die christlich-islamische Begegnung, in Großbritannien arbeitet ein ‚Studienzentrum für christlich-muslimische Beziehungen' am Selly-Oak-College (Birmingham).
Der neue KEK-Ausschuß will diese Aktivitäten koordinieren, Doppelarbeit verhindern und sich auf kontinentaler Ebene als Beratungsgremium anbieten. Bischof Brown betonte, daß man an einen ‚partnerschaftlichen Dialog zwi-

schen zwei Religionen' denke, ohne dabei das christliche Zeugnis zu vernachlässigen. Die Christen sollten den Moslems in Europa nicht anders beggnen, als sie ihrerseits als Minderheit in islamischen Ländern behandelt sein wollten, und sie ‚jedenfalls nicht als Ungläubige ansehen'. Damit hänge auch die Frage der sozialen Verantwortung der Christen für Minoritäten zusammen."
So begrüßenswert es ist, daß sich die Kirchen eine Reihe von Islam-Ausschüssen auf nationaler und internationaler Ebene geschaffen haben, so sehr sollte immer wieder bedacht werden, daß die Entscheidungen über Erfolg oder Mißerfolg der Integration der ausländischen islamischen Arbeitnehmer und ihrer Familien, über Verständigungsmöglichkeiten und Annäherung zwischen Christen und Moslems „vor Ort" fallen werden, in den Häuserschluchten der Ballungsgebiete; dort, wo sich die Menschen im Alltag begegnen, wo ihre Fragen, Nöte, Ängste und kleinen Freuden zu greifen sind. Hier wird nicht *über* Moslems gesprochen und beschlossen, sondern mit ihnen gemeinsam.
Es muß alles getan werden, um den Moslems das Gefühl zu vermitteln, daß sie dazu gehören, daß sie Teil dieser Gesellschaft sind. Es wäre verhängnisvoll, wollte man die islamische Minderheit zum Objekt christlicher Liebestätigkeit degradieren. Bundeskanzler Helmut Schmidt hat in seiner Regierungserklärung vom 24. November 1980 deutlich gemacht, daß die Menschen islamischen Glaubens Teil dieser Gesellschaft sind und keine Randgruppe. Er bekannte sich deutlich zur Zusammenarbeit mit den Kirchen und den Religionsgemeinschaften. Dabei erwähnte er zum ersten Mal auch die 1,7 Millionen Moslems. In den beiden Abschnitten seiner Rede, die er dem Verhältnis von „Staat und Kirche" widmete, erinnerte der Kanzler daran, daß „in unserer Gesellschaft gläubige Christen unterschiedlicher Konfession sowie Juden, Moslems, Menschen, die sich ihren Religionen entfremdet hätten, und Nichtreligiöse miteinander leben".
Wörtlich sagte der Regierungschef:

„Wir achten die religiösen und weltanschaulichen Überzeugungen des einzelnen als einen Teil des nicht Abstimmbaren, das heißt jenes Bereiches, über den der Staat – auch mit Mehrheitsentscheidungen – nicht zu verfügen hat."
Die Moslems – Teil dieser Gesellschaft: Ein bemerkenswertes Wort zum 250. Geburtstag des Islams in Deutschland.

ANMERKUNGEN

[1] S. a. meine Ausführungen in der gleichnamigen CIBEDO-Dokumentation, Januar 1981.

[2] Unter den nach Deutschland eingewanderten türkischen Staatsbürgern befinden sich auch christliche Minderheitengruppen wie Syrer, Assyrer, Griechen und Armenier. Ihre Zahl wird auf maximal 40.000 geschätzt.
Die Zahl 1,4 Millionen (Stand 10. November 1980) wird vom Bundesverband der Arbeiterwohlfahrt in Bonn angegeben. Der Bundesverband wollte zum Problem illegale Einwanderer nicht Stellung nehmen. Die Schätzzahl der illegal ins Bundesgebiet und nach West-Berlin eingewanderten Moslems, vornehmlich aus der Türkei und Pakistan, wird allgemein mit 100.000 bis 200.000 angegeben.
Der Zahlenspiegel erfaßt auch rund 22.000 Studenten und Praktikanten, die üblicherweise nicht als Wohnbevölkerung aufgeführt werden.

[3] S. a. Teil I (Geschichtliche Entwicklung).

[4] Die Aleviten geben ihren Bevölkerungsanteil in der Türkei mit 20 Prozent an. Nach eigenen Angaben leben 200.000 Aleviten in der Bundesrepublik. Andere Statistiken sprechen von einem Bevölkerungsanteil von 7 Prozent und von rund 70.000 Aleviten in der Bundesrepublik. Letztere Zahl gilt allgemein als realistischer.

[5] Quelle: *World Muslim Gazetteer*, Ausgabe 1975 (Umma Publishing House, Karachi). Der Ökumenische Rat der Kirchen sprach 1979 von 701 Millionen Moslems (Quelle: *Evangelische Kirchenzeitung für Niedersachsen*, Ausgabe vom 4. März 1979). Andere christliche Quellen sprechen auch von 800 Millionen.

[6] S. a. mein Beitrag *Religion im Hinterhof*, in: *Im Namen Allahs – Der Islam, eine Religion im Aufbruch* (Ullstein-TB Nr. 580).

[7] *Einstellungen türkischer Arbeitnehmer zur Bundesrepublik Deutschland*, hrsg. vom „Arbeitsring Ausland für kulturelle Aufgaben" e.V., Köln, März 1975.

[8] Die „Islamisch-Christliche Arbeitsgruppe zu Ausländerproblemen" wurde im März 1976 gegründet. Sie geht auf eine Idee von Michael Mildenberger, Dr. Jürgen Micksch und Muhammad S. Abdullah zurück. Ihr gehören Vertreter der katholischen und evangelischen Kirche, der griechisch-orthodoxen Metropolie und islamischer Organisationen an.
[9] S. a. CIBEDO-Dokumentation Nr. 3: *Weshalb Koranschule?*, Juni 1979.
[10] Brief „Verband türkischer Lehrer in NRW" (NRW-T.Ö.B.) vom 20. März 1978.
[11] *Leitlinien der Landesregierung von Nordrhein-Westfalen zur Ausländerpolitik*, hrsg. vom Ministerium für Arbeit, Gesundheit und Soziales, Düsseldorf, September 1980; Stichwort: 11.3.10. Koranunterricht, S. 61, 62.
[12] Den Vorsitz der Kommission führten seinerzeit der türkische Staatssekretär Abdullah Nisanci und der Düsseldorfer Staatssekretär Günter Thiele.
[13] Māturīdisten = von Abū Manṣūr Muḥammad ibn Muḥammad Maḥmūd al-Māturīdī al-Samarkandī (gest. 944) gegründete theologische Richtung, die mit der ashʿaritischen Schule den orthodoxen sunnitischen Islam bildet.
[14] Das ist der mystische Nakshbendi-Orden.
[15] DGB-Studie: *Hintergründe türkischer extremistischer islamischer Aktivitäten in der Bundesrepublik Deutschland*, Februar 1980, Blatt 19.
[16] S. a. Die Nurdschuluk-Bewegung, CIBEDO-Texte, Nr. 2, März 1980.
[17] S. Islamische Gemeinde Dortmund, CIBEDO-Texte 6, 15. November 1980.
[18] S. Landesverband Islamischer Gemeinschaften in Nordrhein-Westfalen, CIBEDO-Texte 6, 15. November 1980.
[19] S. Islamische Gemeinschaft Deutschlands, CIBEDO-Texte 6, 15. November 1980.
[20] Bei Imam Beheschti handelt es sich um den heutigen Ayatollah Beheschti im Iran.
[21] Islamische Mystik.
[22] Louis Hoyack, *Die Botschaft von Inayat Khan*, Zürich 1960.
[23] Smail Balić, *Ruf vom Minarett* und verschiedene andere Aufsätze.
[24] Wilfried Cantwell Smith, *Der Islam in der Gegenwart*, Frankfurt/Main 1957.
[25] Reg.-Dir. Reischauer, Senatskanzlei, vor der Arbeitsgemeinschaft gesamtkirchlicher Ämter, Werke und Einrichtungen, Bremen, 7. Mai 1979.

[26] Schreiben kirchliches Außenamt vom 19. März 1976, Buchnummer K.A. 3934/76.
[27] Diese Vorschrift trifft nicht für die übrigen Bundesländer zu.
[28] Landtagsdrucksache 7/2730, vom 9. Dezember 1977, 39. Sitzung.
[29] Am 18. August 1977 bestritten die Islamischen Gemeinden Karlsruhe, Mannheim, das Islamische Kulturzentrum Köln und die Islamische Union in Baden-Württemberg die Zuständigkeit der Islamischen Gemeinde Deutschlands (s. a. *Schwetzinger Zeitung* vom 18. August 1977).
[30] Landtagsdrucksache 5781, lfd. Nr. 24, Anlage zu Schreiben des Petitionsausschusses vom 18. Juni 1979.
[31] Die Nurdschuluk-Bewegung, die Islamische Gemeinde Dortmund und die Gemeinschaft deutschsprachiger Muslime im Lande Nordrhein-Westfalen erwägen derzeit, ihre Unterstützung für den Antrag des Kulturzentrums zurückzuziehen und statt dessen einen eigenen Antrag als Landesverband Islamischer Gemeinschaften in Nordrhein-Westfalen einzubringen.
[32] Jürgen Micksch, *Islam in der Bundesrepublik und die EKD*, in: *Der Überblick*, Nr. 4/1980, Seite 29 ff.
[33] JCM für „Ständige Konferenz europäischer Juden, Christen und Moslems".
[34] Herrn Dr. Borchers und Herrn Dr. Trawny sei herzlich für die Unterstützung bei der Gestaltung dieses Abschnitts gedankt. Sie haben bereitwillig Einblick in ihre Unterlagen gewährt.
[35] Boste-Verlag, *Zur Lage der Freimaurerei in islamischen Ländern*.
[36] Franz Taeschner, *Zünfte und Bruderschaften im Islam*, Artemis-Verlag, Bibliothek des Morgenlandes, 1979.
[37] CIBEDO-Flugblatt zur Ansprache des Papstes an die Vertreter ausländischer Gruppen in Deutschland.
[38] Die Gespräche mit Ahmad Abdullah, Dr. Smail Balić, Imam a. D. Mohammad Aman Hobohm T. Pk., Weihbischof Julius Angerhausen, Pfarrer Michael Mildenberger führte der Autor in den Jahren 1978–1980.
[39] Aus meinem Vortrag zum Thema „Auferstehungsgewißheit als Lebensperspektive", gehalten am 23. November 1980 in der Evangelischen Akademie, Haus Ortlohn, in Iserlohn.

LITERATUR

Hinweise und Empfehlungen

LITERATURHINWEISE ZU DIESEM BUCH

Wertvolle Stütze bei der Nachzeichnung der Geschichte des Islams in Deutschland war das „Islam-Archiv Deutschland" in Saarbrücken. Hier ist besonders dem Leiter der Moschee in Berlin, Herrn Imam Muhammad Yahya Butt, zu danken, der es ermöglicht hat, daß die in Berlin lagernden Urkunden und Unterlagen der ersten islamischen Gemeindegründungen auf deutschem Boden nach Saarbrücken überführt werden konnten.
Für ihre Mithilfe danke ich auch meiner Glaubensschwester Aisha C. Gerth aus Dortmund, meinen Glaubensbrüdern Ahmad Bashir Dultz (Tripolis), Amin Neuhaus (Hamburg), Imam Said Mehdi Razvi (Hamburg) und dem christlichen Islamwissenschaftler Dr. Gerd Puin von der Universität des Saarlandes.
„Islam-Archiv Deutschland" in Saarbrücken (Daten ab 1731 bis 1980). Veröffentlichungen in der *Moslemischen Revue* bis 1940, Sendungen zum Thema Islam in Deutschland in der *Deutschen Welle*, im *Deutschlandfunk* und anderen ARD-Anstalten sowie Veröffentlichungen zu diesem Thema in der Kirchenpresse ab 1960 mit verschiedenen Vorläufern.

Abdullah, Muhammad Salim: Präsenz des Islam in der Bundesrepublik Deutschland (Dokumentation 1 und 9), CIBEDO, Köln, Oktober 1978 und Dezember 1980 (Adresse: CIBEDO, Ursulaplatz 29, 5000 Köln 1).

Ders.: Religion im Hinterhof, in: Im Namen Allahs. Der Islam – eine Religion im Aufbruch? (Das aktuelle Ullstein-Buch 34509), Frankfurt/Main 1979.

Ders.: Weshalb Koranschulen? (Dokumentation 3), CIBEDO, Köln, Juni 1979.

Ders.: Die Nurdschuluk-Bewegung (Texte 2), CIBEDO, Köln, März 1980.

Ders.: Drei muslimische Dachverbände in der Bundesrepublik Deutschland (Texte 6), CIBEDO, Köln, November 1980.
Ahmad, Mirza Mahmud: Islam oder Christentum? Zürich 1959 (Ahmadiyya-Mission des Islam).
Ders.: Invitation to Ahmadiyya, Rabwah 1961.
Ahmad, Shaikh Nasir: Ahmadiyya. Eine Bewegung des Islam, Zürich 1958 (Ahmadiyya-Mission des Islam).
Balić, Smail: Ruf vom Minarett, Wien ²1979 (Selbstverlag: A-2261 Zwerndorf, Nr. 122).
Butterweck, Wilhelm: Die Geschichte der Lippischen Landeskirche. Stichwort „Heiligenkirchen", Detmold 1926.
DGB-Studie, Hintergründe türkischer extremistischer islamischer Aktivitäten in Deutschland, Düsseldorf, Februar 1980.
Einstellung türkischer Arbeitnehmer zur Bundesrepublik Deutschland, hrsg. vom Arbeitsring Ausland für kulturelle Aufgaben e. V., Köln 1975.
Hoffmann, Joachim: Die Ostlegionen 1941—1943, Turkotataren, Kaukasier, Wolgafinnen im deutschen Heer. Einzelschriften zur militärischen Geschichte des Zweiten Weltkrieges, Freiburg 1976.
Hoyack, Louis: Die Botschaft von Inayat Khan, Kommissionsverlag Bollmann, Zürich o. J.
Kaster, H. L.: Islam ohne Schleier, Gütersloh 1963.
Klepper, Jochen: Der Vater. Roman eines Königs, Stuttgart 1974.
Lander, Michael: Zur Lage der Freimaurerei in den islamischen Ländern, Mönchengladbach 1979.
Leitlinien der Landesregierung Nordrhein-Westfalen zur Ausländerpolitik, hrsg. vom Ministerium für Arbeit, Gesundheit und Soziales, Düsseldorf, September 1980.
Moltke, Helmuth von: Unter dem Halbmond. Erlebnisse in der alten Türkei 1835–1839, Verlag Horst Erdmann, Tübingen 1979.
Smith, Wilfred Cantwell: Der Islam in der Gegenwart (Fischer-Bücherei, Bücher des Wissens 498), Frankfurt/Main 1957.
Spies, Otto: Eine Liste türkischer Kriegsgefangener in Deutschland aus dem Jahre 1700, Berlin 1926.
Ders.: Schicksale türkischer Kriegsgefangener in Deutschland nach den Türkenkriegen, in: Festschrift zum 70. Geburtstag von Werner Caskel, Leiden 1968.
Taeschner, Franz: Zünfte und Bruderschaften im Islam. Texte zur Geschichte der Futuwwa, Zürich 1979.

LITERATUREMPFEHLUNGEN

In die Literaturempfehlungen ist auch eine kurze Liste eingeflossen, die Michael Mildenberger für die Nr. 4/1980 der Zeitschrift für ökumenische Begegnung und internationale Zusammenarbeit, *der überblick* (Hamburg), erstellt hat. Sie ist dort unter dem Titel „Literatur zum Thema ‚Islam'" veröffentlicht worden.

1 *Der Koran*

Der Koran. Arabisch-Deutsch. Übersetzung, Einleitung und Erklärung von Maulana Sadr-ud-Din, Verlag der Moslemischen Revue, Berlin 1938 und 1964 (Bezugsanschrift: Die Moschee, Briennerstraße 7/8, 1000 Berlin-Wilmersdorf).
  Erste von einem Moslem ins Deutsche übertragene Koranausgabe. Trotz Mängel in der Satzkonstruktion des deutschen Textes ist die Worttreue dieser Übersetzung noch immer unübertroffen.
Der Koran, aus dem Arabischen übertragen von Max Henning. Einleitung und Anmerkungen von Annemarie Schimmel (Reclam-Bücherei 4206-10c), Reclam, Stuttgart 1976.
  Auch für viele Moslems gilt diese Übersetzung ins Deutsche als die bislang verläßlichste.

2 *Islamische Selbstdarstellungen*

Abdullah, M. S.: Einführung in den Islam, Evangelische Akademie Haus Ortlohn, Iserlohn ²1979.
  Eine Sammlung von Vorträgen, die der Autor an der Akademie über die wesentlichen Lehrinhalte des Islams gehalten hat.
Ahsan, Muhammad Manazir: Islam: Glaube und Leben, The Islamic Foundation of Europe, Leicester 1978.
  Knappe, gegliederte Darstellung der Lehre und Lebensweise (Feste, Sitten usw.) des Islams, versehen mit einer Statistik und einer guten Karte der islamischen Welt.
Balić, Smail: Ruf vom Minarett. Weltislam heute – Renaissance oder Rückfall? Wien ²1979 (Selbstverlag: A-2261 Zwerndorf, Nr. 122).
  Eine Art islamischer Erwachsenenkatechismus für Moslems im deutschsprachigen Raum.
Denffer, Ahmad von: Islam für Kinder, Islamisches Zentrum Aachen 1977.
Denn dein ist das Reich. Gebete aus dem Islam, übersetzt und ausgewählt von Annemarie Schimmel (mit einem Vorwort von Sergio Kardinal Pignedoli), Freiburg 1978.

Die Gebete vermitteln etwas vom spirituellen Reichtum des islamischen Glaubens.

Hamidullah, Muhammad: Der Islam. Geschichte, Religion, Kultur, Islamisches Zentrum Genf, 1968.

Eine kurzgefaßte Einführung in die verschiedenen Lebensbereiche der islamischen Gemeinschaft, die nicht immer zu befriedigen vermag und viele Fragen offenläßt. Dennoch empfehlenswert, da der Autor unter anderem versucht, den Islam mit der Gegenwart zu versöhnen.

Irving, T. B.: Islam heranwachsen, The Islamic Foundation of Europe, Leicester 1978.

Das Kinderbuch über den Islam, Teil 1 (mit Arbeitsbuch), The Islamic Foundation of Europe, Leicester 1979.

Kleiner islamischer Katechismus (Veröffentlichung Nr. 79 der Behörde für Religiöse Angelegenheiten in Ankara), zusammengestellt von Mehmed Soymen (Mufti von Isparta), übersetzt von Hulusi Ahmed Schmiede (Köln), Ankara ²1979.

Amtlicher türkisch-islamischer Katechismus für den Religionsunterricht an den öffentlichen Schulen bzw. den islamischen Zentren.

Maudoodi, Sayyid Abul A'la: Weltanschauung und Leben im Islam, übersetzt von Fatima Heeren, The Islamic Foundation of Europe, Leicester 1978.

Darstellung des Islams durch einen konservativen, stark politisch denkenden Moslem. Der pakistanische Verfasser war einer der Vorkämpfer des islamischen Selbstfindungsprozesses (auch Reislamisierung genannt).

Moussa, Mohammad Youssef: Islam und dessen Notwendigkeit für die Menschheit (Studien über den Islam des Obersten Rates für Islamische Angelegenheiten), Kairo 1979.

Ein interessantes Buch, das sich streng an der Sunna orientiert. Satzkonstruktion und Ausdrucksweise lassen allerdings oft zu wünschen übrig.

Al-Nawawi: Vierzig Hadithe, ins Deutsche übertragen von Ahmad von Denffer, The Islamic Foundation of Europe, Leicester 1979.

Eine sehr gute Arbeit und notwendige Ergänzung zum Koranstudium.

Politisch-religiöse islamische Grundsatzerklärung (Universal Islamic Declaration), verantwortet vom „Islamrat für Europa" und verabschiedet von der Großen Internationalen Islamischen Hidschrakonferenz in London, im April 1980; versehen mit einer Einleitung von Muhammad S. Abdullah (Texte 4), CIBEDO, Köln 1980 (Bezugsanschrift: Ursulaplatz 29, 5000 Köln 1).

Auf Drängen der im Westen lebenden islamischen Minderheiten erstellte Grundsatzerklärung, die das heutige Selbstverständnis des traditionalistischen Islams widerspiegelt und die von ihm intendierte politisch-religiöse Ordnung der islamischen Welt formuliert.

Ramadan, Said: Das islamische Recht, Theorie und Praxis, übersetzt von Fatima Heeren, Wiesbaden 1980.

Eine überaus gelungene Einführung in das islamische Rechtsdenken und die islamische Rechtsgeschichte. Darüber hinaus kann dieses Buch als ein bemerkenswerter Beitrag zur Kenntnis der islamischen Völker und – vielleicht – zum Frieden zwischen den Völkern angesehen werden. Der Verfasser ist einer der Vorkämpfer der islamischen Renaissance und Exponent der Moslembruderschaft.

Religionsbuch für moslemische Kinder, Islamisches Zentrum Hamburg, o. J.

Bei diesem Buch und den oben erwähnten Arbeiten von Denffer und Irving sowie dem Kinderbuch... handelt es sich um die ersten von Moslems entwickelten Unterrichts- und Erziehungsmodelle, die für Kinder islamischen Glaubens in der Diaspora gedacht sind.

Schriftenreihe des Islamischen Zentrums München, hrsg. seit 1976, und *Schriftenreihe des Islamischen Zentrums Genf,* hrsg. seit 1964.

Unregelmäßig erscheinende Hefte zu verschiedenen religiösen und politischen Themen, z. T. unkritische Traktatliteratur.

3 Islam in Deutschland

3.1 Vorläufer dieses Buches

Bei den hier aufgeführten Publikationen handelt es sich um Vorläufer dieses Buches. Sie erscheinen hier nochmals, da sie eine Fülle von zeitaktuellen und zeitbedingten Fakten und Informationen enthalten, aus denen die Entwicklung der islamischen Gemeinschaften nach 1970 abzulesen ist.

Abdullah, Muhammad S./Mildenberger, Michael: Moslems unter uns, Situation, Herausforderung, Gespräch (EZW-Studienbücher Im Gespräch mit der Zeit), Stuttgart 1974.

Abdullah, M. S./Balić, Smail/Khoury, A. Th./Wanzura, W./Herberg, J.: Christen und Moslems in Deutschland, hrsg. von der Ständigen Arbeitsgruppe für christlich-islamische Beziehungen und für Kontakte mit anderen Weltreligionen, Essen 1977.

Abdullah, M. S.: Deutsche Muslime. Zahlen, Erfahrungen, Meinungen (EZW-Materialdienst, Nr. 3), Stuttgart, 1. März 1977.

Ders.: Die Präsenz des Islam in der Bundesrepublik Deutschland (Dokumentation 1), CIBEDO, Köln, Oktober 1978.
Ders.: Anerkennung — ja oder nein? Islam und Staat in der Bundesrepublik (EZW-Materialdienst, Nr. 9), Stuttgart, 1. September 1978.
Ders.: Zur Situation der Moslems in der Bundesrepublik (Evangelische Mission), Hamburg 1978.
Ders.: Sie klagen uns an. Erziehungs- und Schulprobleme türkischer Kinder und Jugendlicher (Neue Stimme), Mainz, Januar 1979.
Ders.: Weshalb Koranschulen? (Dokumentation 3), CIBEDO, Köln, Juni 1979.
Ders.: Islam in der Bundesrepublik Deutschland (Arbeitsbericht, Nr. 8), Rheinisch-Westfälische Auslandsgesellschaft e. V., Dortmund 1979.
Ders.: Religion im Hinterhof. Der Islam in der Bundesrepublik, in: Im Namen Allahs. Der Islam – eine Religion im Aufbruch? (Das aktuelle Ullstein-Buch 34509), Frankfurt/Main 1979.
Ders.: Die Nurdschuluk-Bewegung (Texte 2), CIBEDO, Köln, 15. März 1980.
Ders.: Drei muslimische Dachverbände in Deutschland: Islamische Gemeinde Dortmund, Landesverband Islamischer Gemeinschaften in Nordrhein-Westfalen, Islamische Gemeinschaft Deutschlands (Texte 6), CIBEDO, Köln, 15. November 1980.
Abdullah, M. S./Gieringer, Franz: Die Präsenz des Islam in der Bundesrepublik Deutschland: Abdullah, „Die Situation der Muslime in der Bundesrepublik"; Gieringer, „Die muslimische Bevölkerung in der Bundesrepublik – eine statistische Analyse" (Dokumentation 9), CIBEDO, Köln, Dezember 1980.
Abdullah, M. S./Jasper, Gerhard: Gastarbeiter – Islamisch-türkische Gruppen in der Bundesrepublik. Mappe I, Mission 1981 (Gemeindedienst Rheinland/Westfalen), Neuendettelsau 1981.

3.2 Weitere Titel

Elsas, Christoph: Einflüsse der islamischen Religion auf die Integrationsfähigkeit der ausländischen Arbeitnehmer und ihrer Familienangehörigen (erstellt im Auftrag des Berliner Senats; Bezugsanschrift: Senatskanzlei/Planungsleitstelle, Potsdamer Straße 65, 1000 Berlin 30), Februar 1980.
Detaillierte Analyse der Berliner Situation mit der Zielvorstellung, die „wechselseitige Integration von Deutschen und Türken" bei Wahrung der jeweiligen Identität zu fördern. Als regionale Studie außerordentlich instruktiv. Im allgemeinen und statistischen Bereich stützt sich der Verfasser allerdings

überwiegend auf Fremdmaterial. Auch außerhalb Berlins interessant.

Hunke, Sigrid: Kamele auf dem Kaisermantel. Deutsch-arabische Begegnungen seit Karl dem Großen, Stuttgart 1976.

Jasper, Gerhard (Hrsg.): Muslime – unsere Nachbarn. Beiträge zum Gespräch über den Glauben. Im Auftrag der Kommission Gemeindedienst für Weltmission und Ökumene des Deutschen Evangelischen Missionsrates, Frankfurt/Main 1977.

Die Broschüre kann als Ergänzung und Fortführung der Handreichung „Moslems in der Bundesrepublik" angesehen werden. Sie bietet Hilfe zum religiösen Verständnis der unter uns lebenden ausländischen Moslems und Anleitungen zum Glaubensgespräch mit ihnen. Eine ausgesprochene Arbeit für Christen.

Mildenberger, Michael: Türken in Deutschland (EZW-Materialdienst, Nr. 11), Stuttgart, 1. November 1980.

Bestandsaufnahme der türkischen Islamszene in der Bundesrepublik. Gute Aufarbeitung der Strömungen, die 1979/80 zu starken Widersprüchen und Auseinandersetzungen in der Begleitung des gesellschaftlichen Eingliederungsprozesses geführt hatten.

Moslems in der Bundesrepublik: Eine Handreichung, hrsg. vom Außenamt der EKD, Frankfurt/Main 1974.

Die Broschüre gibt eine kurze allgemeine Einführung in die besondere Lage der Moslems in der Bundesrepublik und bietet praktische Hilfe für alle, die mit moslemischen Arbeitnehmern und anderen Gruppen in Kontakt kommen wollen. Bei den theologischen Aussagen für gläubige Moslems problematisch.

Weische-Alexa, Pia: Sozial-kulturelle Probleme junger Türkinnen in der Bundesrepublik Deutschland (mit einer Studie zum Freizeitverhalten türkischer Mädchen in Köln) (Diplomarbeit. Bezugsnachweis: bei der Autorin, Manderscheiderstraße 29, 5000 Köln 41).

Wülfing, Svea: Türkische Vorschulkinder in Köln (mit einer Befragung türkischer Eltern zu ihrer Einstellung zum Kindergarten) (Diplomarbeit. Bezugsnachweis: bei der Autorin, Simmererstraße 19, 5000 Köln 41).

Beide 1977 vorgelegten Arbeiten können als empfehlenswertes Material für den „praktischen Dialog" angesehen werden.

Zusammenleben mit Muslimen: Eine Handreichung, hrsg. von Jürgen Micksch, Frankfurt/Main 1980.

Die Broschüre bietet anschauliche Informationen über religiöse Überzeugungen und Vorschriften, kulturelle Gewohnheiten und gesellschaftliche Hintergründe vor allem türkischer Familien und vermittelt Anregungen zum besseren Zusammenleben. Der Informationsstand und das Hintergrundwissen von moslemischen Zuarbeitern ist deutlich spürbar und unterstreicht den Wert der Publikation.

4   Geschichte und Kultur des Islams

Der Islam, 2 Bde, hrsg. von Claude Cahen und G. E. von Grunebaum (Fischer Weltgeschichte 14, 15), Frankfurt/Main 1968, 1971.

Eine ausführliche und ausgezeichnete Darstellung der islamischen Geschichte von der Entstehung des Islams bis zur Moderne.

Demjenigen, der sich intensiver mit der Geschichte und Kultur des Islams beschäftigen möchte, sei die vom Artemis-Verlag in Zürich publizierte Reihe „Bibliothek des Morgenlandes" empfohlen. Folgende Bände kommen hier in Frage:

Grunebaum, G. E. von: Der Islam im Mittelalter, 1963.
Rosenthal, Franz: Das Fortleben der Antike im Islam, 1965.
Grunebaum, G. E. von: Der Islam in seiner klassischen Epoche, 1966.
Pellat, Charles: Arabische Geisteswelt. Ausgewählte und übersetzte Texte von Al-Gahiz (777–869), 1967.
Gibb, Hamilton A./Landau, Jacob M.: Arabische Literaturgeschichte, 1968.
Planhol, Xavier de: Kulturgeographische Grundlagen der islamischen Geschichte, 1968.

Das Vermächtnis des Islams, Bd. 1 und 2, hrsg. von J. Schacht und C. E. Bosworth, 1980.

Ein orientalisches Sammelwerk mit teilweise hervorragenden kunst-, rechts-, wirtschafts- und geistesgeschichtlichen Beiträgen zur Kultur des Islams und ihrer bleibenden Wirkung.

Grunebaum, G. E. von: Studien zum Kulturbild und Selbstverständnis des Islam, Zürich 1969.

Hunke, Sigrid: Allahs Sonne über dem Abendland – Unser arabisches Erbe, Stuttgart 1960 (Fischer-Taschenbuch-Verlag Nr. 6319, Frankfurt/Main 1976).

Spannendes Buch über die vielfältigen Einflüsse des islamischen Orients auf Alltag, Kultur und Wissenschaft Europas.

Klein-Ranke, Felix: Die klassische Antike in der Tradition des Islam (Reihe: Erträge der Forschung), Darmstadt 1980.

Ein vorzüglicher Beitrag zur Geistesgeschichte des Islams, der den Zeitraum vom 15. bis zum 20. Jahrhundert abzudecken versucht.

5 Religion des Islams

Antes, Peter: Der Islam als politischer Faktor, Niedersächsische Landeszentrale für politische Bildung, Hannover 1980.
   Eine elementare Einführung in die Glaubenswelt des Islams vor dem Hintergrund des neuen Aufbruchs der islamischen Völker und des Zusammenwirkens von politischen, religiösen und ökonomischen Trends.

Gardet, Louis: Islam, Köln 1968.
   Das Buch bringt neben den bekannten religiösen und geschichtlichen Grundlinien einen ausführlichen Teil „Der Islam als Gemeinschaft und die zeitgenössischen Probleme", gibt freilich die Entwicklung nur bis zu den sechziger Jahren wieder. Frankophone und katholische Erfahrungen im Umgang mit dem Islam.

Khoury, Adel Th.: Einführung in die Grundlagen des Islams (Islam und Westliche Welt 3), Graz 1978, ²1981.
   Eine solide religionswissenschaftliche Gesamtdarstellung des Islams. Klarheit und kontinuierliche Nähe zum Koran machen sie zu einem hilfreichen Handbuch, das freilich die christliche Verfasserschaft nicht verleugnen kann oder will.

Ders.: Begegnung mit dem Islam. Eine Einführung (Herderbücherei 815), Freiburg 1980.
   Eine kurze, allgemeinverständliche Einführung in den Islam, die gleichwohl alle wichtigen Aspekte anspricht und zuverlässig informiert. Als Eingangslektüre zu empfehlen.

Ders.: Toleranz im Islam (Entwicklung und Friede. Wissenschaftliche Reihe 22), München/Mainz 1980.
   Der Verfasser will sein Buch als Beitrag zur besseren Verständigung zwischen Moslems und Nichtmoslems und zur Schaffung gerechter Lebensbedingungen für die Minderheiten in jedem Land verstanden wissen. Ein guter Beitrag zur augenblicklichen Toleranzdiskussion, wobei anzumerken bleibt, daß man sich gewünscht hätte, auch etwas über die sogenannte „christliche Geschichte der Unchristlichkeit" zu erfahren.

Watt, W. Montgomery/Welch, Alford T.: Der Islam I, Stuttgart 1980.
   Der erste Band der auf drei Teile angelegten Darstellung des Islams konzentriert sich auf den Ursprung des Islams und seine geographische Ausbreitung, auf seine heilige Schrift und auf andere zentrale Aspekte wie z. B. das islamische Rechtssystem oder die sunnitische „religiöse Institution". Der abschließende Teil des Bandes handelt ausführlich über die moslemische

Frömmigkeit, den moslemischen Gottesdienst sowie über die jährlichen Feste und Riten.
Da Watt auch von den Moslems als Islamkenner anerkannt wird, ist dieses Buch für den Dialog sehr hilfreich.

6 *Islam heute*

Buchholz, Axel/Geiling, Martin (Hrsg.): Im Namen Allahs. Der Islam – eine Religion im Aufbruch? (Das aktuelle Ullstein-Buch 34509), Frankfurt/Main 1979.
Sammlung von Einzelbeiträgen, gleichzeitig als Sendereihe im Rundfunk und Taschenbuch produziert, zum politischen und gesellschaftlich-religiösen Wandlungsprozeß in der islamischen Welt. Entwicklungslinien und Hintergründe werden anschaulich, teilweise publizistisch verkürzt dargestellt.
Duri, Abdalaziz: Arabische Wirtschaftsgeschichte (Die Bibliothek des Morgenlandes), Zürich 1979.
Für die Grundlagenforschung des ökonomischen Aufbruchs der islamisch-arabischen Welt unerläßlich.
Fischer-Barnicol, Hans A.: Die Islamische Revolution – Die Krise einer religiösen Kultur als politisches Problem, Stuttgart 1980.
Ausgehend vom Konzept interkultureller Begegnung analysiert der Autor die vielschichtigen Brechungen und Reflexe der westlich-islamischen Konfrontation. Seine Beobachtungen geben interessante Anregungen, bleiben aber oft allzu subjektiv.
Fitzgerald, Michael/Khoury, Adel Th./Wanzura, Werner (Hrsg.): Mensch, Welt, Staat im Islam (Islam und Westliche Welt 2), Graz 1977.
Das Buch führt ein in das Weltverständnis des Islams und bietet einen Überblick über den Stellenwert der Religion in der Politik der modernen moslemischen Gesellschaft.
Fitzgerald, M./Khoury, A. Th./Wanzura, W. (Hrsg.): Renaissance des Islams. Weg zur Begegnung oder zur Konfrontation? (Islam und Westliche Welt 4), Graz 1980.
Ein Buch, das sich wohltuend von ähnlichen Produktionen abhebt. Nach einer einleitenden wissenschaftlichen Untersuchung der religiösen Grundlage der islamischen Renaissance folgen Beiträge, die sowohl das Leben christlicher Minderheiten in islamischen Ländern als auch das islamischer Minderheiten in christlicher Umgebung ausleuchten. Hier wird die Intention der Herausgeber deutlich, ihr Bemühen, die Annäherung und Verständigung unter den Bekennern der beiden Glaubensweisen zu fördern. Um der Begegnung von Christen und Moslems

willen sollte gerade in dieser Zeit zu diesem Buch gegriffen werden.

Önder, Zehra: Saudi-Arabien. Zwischen islamischer Ideologie und westlicher Ökonomie. Stuttgart 1980.

Mit Abstand die beste Arbeit über den Islam heute (am Beispiel Saudi-Arabiens), die derzeit auf dem Markt ist. Es wird deutlich, daß Saudi-Arabien das Herz der islamischen Welt ist und daß deren Zukunft eng mit dem ökonomischen, politischen, religiösen und sozialen Schicksal dieses Landes verknüpft ist.

7 Christlich-islamische Begegnung

Borrmans, Maurice: Der christlich-islamische Dialog der letzten zehn Jahre, in: *Pro Mundi Vita Bulletin,* Heft 74, Brüssel 1978.

Einführung, heutige Dimensionen des Dialogs, neuere Entwicklungen im organisierten Dialog, Möglichkeiten und Grenzen des organisierten Dialogs.

Christians Meeting Muslims – WCC Papers on Ten Years of Christian Muslim Dialogue, Genf 1977.

Ein Gesamtüberblick über die christlich-islamischen Kontakte des Ökumenischen Rates der Kirchen im Rahmen des Programms „Dialog mit Menschen verschiedener Religionen und Ideologien". Nur in Englisch vorhanden.

Concilium (Internationale Zeitschrift für Theologie), Themenheft: Christen und Muslime, 12. Jahrgang, Heft 6/7, Juni/Juli 1976.

Ausgezeichneter Überblick über den seinerzeitigen Forschungs- und Diskussionsstand der christlich-islamischen Begegnung, besonders vom frankophonen und katholischen Standpunkt aus.

Falaturi, Abdoldjavat/Strolz, Walter (Hrsg.): Glauben an den einen Gott. Menschliche Gotteserfahrung im Christentum und im Islam, Freiburg 1975.

Falaturi, A./Petuchowski, Jakob J./Strolz, W.: Drei Wege zu dem einen Gott. Glaubenserfahrung in den monotheistischen Religionen, Freiburg 1976.

Beiträge christlich-islamischer Seminare zu zentralen Glaubenserfahrungen der beiden bzw. drei abrahamitischen Glaubensweisen. Religionswissenschaftlich und theologisch anspruchsvolle Lektüre.

Fitzgerald, M./Khoury, A. Th./Wanzura, W. (Hrsg.): Moslems und Christen – Partner? (Islam und Westliche Welt 1), Graz 1976.

Für das Studium der Anfänge der christlich-islamischen Begegnung ist dieses Buch unerläßlich. Es bietet u. a. eine erste Zusammenfassung der Begegnung in Deutschland aus islamischer Sicht.

Konferenz Europäischer Kirchen. Kirche und muslimische Präsenz in Europa – Angelegenheiten zur Reflexion. Bericht einer Konsultation in Salzburg, 1978.

Ein interessanter Hintergrundbericht aus der Praxis des Konferenz-Dialogs.

Lähnemann, Johannes: Nichtchristliche Religionen im Unterricht – Beiträge zu einer theologischen Didaktik der Weltreligionen, Schwerpunkt: Islam (Handbücherei für den Religionsunterricht, 21), Gütersloh 1977.

Die grundsätzliche Besinnung über die gegenwärtige Begegnung der Weltreligionen führt – anhand der unmittelbaren Erfahrung mit dem Islam – zur didaktischen Bilanz einer angemesseneren Behandlung des Islams im Unterricht (mit Entwürfen).

Ökumenischer Rat der Kirchen, Leitlinien zum Dialog mit Menschen verschiedener Religionen und Ideologien (Arbeitstexte der Evangelischen Zentralstelle für Weltanschauungsfragen, Nr. 19), Stuttgart 1979.

Grundsätze, Überlegungen und praktische Anregungen zur Begegnung mit Menschen anderen Glaubens, erwachsen aus den Erfahrungen des ÖRK.

Özen, Barbara/Wanzura, Werner/Wülfing, Svea: Umgang mit türkischen Kindern. Handreichungen für Erzieherinnen und Erzieher, CIBEDO, Köln 1980 (Adresse: Ursulaplatz 29, 5000 Köln 1).

Ein gut fundiertes Hilfsmittel zur Unterstützung der Integrationsbemühungen unter moslemischen Kindern in deutschen Kindergärten.

Schedl, Claus: Muhammad und Jesus – Die christologisch relevanten Texte des Koran, Wien 1976.

Eine subtile exegetische und religionswissenschaftliche Arbeit, die allen Aussagen des Korans über Jesus und christologische Fragen nachgeht.

Schwarzenau, Paul: Der größere Gott. Christentum und Weltreligionen, Stuttgart 1977.

Der Verfasser geht auf die Rolle des Islams bei der „Konservierung" des Judenchristentums ein und liefert auf diese Weise eine neue faszinierende Sicht des Islams. Eine wertvolle Ergänzung zu Claus Schedls Werk.

PERSONENREGISTER

Abduh, Mohammad 104, 148, 157
Abdul Hamid I. 16
Abdullah, Ahmad 185
Abdullah, Salim Mohammad 29f, 32
Abdul Medschid II. 141
Abdul Qadir 32
Abdul-Rahman, Turku 143
Abraham 184
Agha Khan 32
Ahmad, Bashir-uddin Mahmud 54, 56
Ahmad, Ghulam 56f, 60
Ahmad, Masud 55
Ahmad, Nazir 54, 147
Ahmed III., Sultan 14
Ahmed, Resmet 16
Akcakanad, Salih 147
Alexander VII. (Papst) 66
Ali, Liakat 32
Ali, Mubarik 28
Aly, Bernhard (P. Josephus) 19
Al-Amidi, Hamid 67
Amin, Mohammad 103
Angerhausen, Julius (Weihbischof) 188
Arnold, Theodor 63
Arslan, Chekib 32
Arslan, Scheki 17
Assmann, Malik 71, 147
Atatürk, Mustafa Kemal 73, 105
El-Attar, Issam 119
Aziz, Ali 17
Azzam, Salim 33

Bahadur, Prinz Jada Hawal 32
Bahadur, Prinz Za Hawal Mirzam 32
Balić, Smail 148, 186
Baroda (Maharadscha) 32

Bassim, Paul (Bischof) 183
Beheschti (Ayatollah) 128
Bibliander, Theodor 62f
Bilgić, Mehmet 136
Birinci, Mehmet Emir 106
Boosfeld, Amin 33
Borchers, Klaus 176, 178
Börner, Holger 177
Boysen, Friedrich Eberhard 63
Brandt, Gerhard 191
Brown, David (Bischof) 200
Brugsch-Pascha, Mohammad 22
Bubenhaim, Abdullah Frank 49
Al-Bukhārī 96
Butt, Mohammad Yahya 31, 45

Campenhausen, Axel Freiherr von 172
Carter, Jimmy 122

Dalmatien, Hermann von 62
Dawalibi, Said Maruf 143, 185
Debray, Fritz 173
Dermenghem, Emile 61
Douhali, Fi Moussa 32

Ecevit, Bulen 139
Eid, Salah 130f
Emin Pascha, Mehmed 22

Falaturi, Abdoldjavat 132—135
Flügel, Gustav 66
Franz, Helmut 151
Friedrich II. (der Große) 14—16
Friedrich Wilhelm I. 13f
Friedrich Wilhelm III. 16f

Galwash, Ahmad 30
Gaye, Ahmadu Karim 141
Geisel (MdL) 165

Georg Ludwig (Erbprinz) 19
Gies 73f
Goethe, Johann Wolfgang von 131
Goldschmidt 63
Grigull, Theodor Fr. 63
Grimm, Chr. Moritz 19
Grimm, Mohammad Abdul Karim 48f

Hah, Dr. 161, 165
Hakki-Pascha, Ibrahim 24
Hamer, Heyo E. 79
Hamidullah, Mohammad 62f
Hammet (Hamid) 19f
Al-Harakān, Mohammad 'Alī 59
Hārūn al-Raschīd 13
Hasan Pascha 104
Hasinger 102
Hassanuddin, Prinz al-Hadj Amir 32
Hassan- Abbas 17
Hassan Pascha 20
Heeren, Fatima 147
Heitmann, Mahmud 43
Hennig, Max 63
Herbers, Margret 198
Herrmann (Architekt) 28
Heubach (Bischof) 28
Hinckelmann, Abraham 65f
Hobohm, Mohammad Aman 31, 33, 65, 187f
Hoffmann, Joachim 34
Höffner, Josef (Kardinal) 102, 145
Hübsch, Hadayatullah 55
Hunke, Sigrid 21
Hussain, Ibn Ali 141
Al-Hussajnī, Mohammad Amīn 30, 43

Ibrahimović, Djemaleddin 38—40
Idarous, Nat 191
Idris, Alimcan 38
Idris (Imam) 26f
Iqbal, Mohammad 32, 132
Ismail, Mirza 32

Jabbar-Kheiris 27
Jalali, Mohammad 105
Jasper, Gerhard 199
Jenin, Matthias 20
Johannes Paul II. (Papst) 184
Jurgutschky, Johannes 14
Jusuf (Pfarrer) 19

Kacar, Kemal 102
Kampfmeyer, Georg 27

Karl der Große 13
Karl Theodor v. d. Pfalz 21
Kaster, H. L. 69f
Katena, Robert von 62
Katharina I. (Zarin) 14
Kegel, Gerhard 118
Khan II., Abdul Hamid 18
Khan, Inayat 129, 132
Khan, Mansur Ahmad 55
Khatami, Said Mohammad 128
Khomeini 135
Kiram-Bey, Zeki 17
Klepper, Jochen 13
Königstreu, Mehmed von 19
Kunta, Abdurrahman 38

Lang 161, 165
Lange, Johannes 63
Latif, Abdul 54
Lenin 35
Lessing, Gotthold Ephraim 23
Löffler, Paul 198
Lohse, D. 146
Luther, Martin 62

Maechler, Wirfried 173
Maltzan, Heinrich von 22
Marcus, Hamid 33
Maximilian (Prinz) 19
Megerlein, David Friedrich 63
Mehmed, Sultan Fatih 96
Melanchthon, Philipp 62
Al-Mevlevi, Al-Hadsch Abdullah Khalis 130
Micksch, Jürgen 171
Mildenberger, Michael 77, 153, 157 189—191
Mohagheghi, Mohammad 127f
Mohammed II. (Sultan) 15
Mohammad, Syed Nur 103
Moltke, Helmuth von 23
Montagnac-Veörös, Baron de 32
Mutius, Albrecht von 88f

Namangani, Nureddin 39
Namitok 38
Natsir, Mohammad 143
Nazif, Mustafa 67
Nazir-ul-Islam 29
Nerreters, David 63
Neuser, Adam 22f
Noack, Wolfgang 32
Nöldeke, Theodor 64
Nüchel, Heinz-Josef 90
Nursi, Said 103—108

219

Omerhan, Achmetcan 38
Osman Effendi 96

Paganini 66
Paret, Rudi 64
Petrus Venerabilis 62
Pfannmüller, Gustav 63
Pigage, Nicolas de 21
Pignedoli, Sergio (Kardinal) 183

Razvi, Said Mehdi 125, 127f
Ramadan, Said 118f
Rassoul, Mohammad 122—124, 148
Rau, Johannes 176, 178
Redslob, Gustav Mauritius 66
Rickmeyer, Johanna Amalie 20
Rückert, Friedrich 64—66
Ruete (Botschafter) 33
Ar-Rūmī, Djalāl ad-Dīn 130

Sadri, Saddyhoss Saitaneh 29
Sadr-ud-Din, Maulana 28—30, 61f
Sahkul, Uneit 71
Saladin der Große 23
Sami Pascha, Kemal-ud-Din 29
Saud, Abdul Aziz Ibn 141
Sarkis 15
Schabestari, Muhammad Modjtahed 128
Scheel, Walter 33
Schimmel, Annemarie 64
Schmidt, Helmut 201
Schmiede, Achmed 48, 147
Schmitzer, Eduard 22
Schubert, Omar 33
Schükri, Hafiz 17

Schwedt, Friedrich Markgraf von 15
Schweigger, Salomon 62f
Schwidtal, Walter Ulrich Paul 129
Sebottendorf, Rudolf Adam Freiherr Glandek von 129
Seiler-Chan, Chalid Albert 10, 12, 24, 27, 33
Sentürk, Lütfi 174
Seydlitz-Kurzbach, Friedrich Wilhelm Frhr. von 15
Siddiq, Mohammad 49
Siddiq Khan, Sirdar Ghulam 29
Slomp, Jan 200
Smith, Wilfried Cantwell 158
Solyman, Mohammad 17
Spies, Otto 18f
Spuler, Bertold 34
Sulaymān, al-'Arabī 13
Sultan, Prinzessin Sajadar 32

Trawny, Otto 176—178
Tschelebi, Mohammad Nasi 30
Tüyüoğlu, Süleyman Hilmi 96

Ullmann, Ludwig 63

Wahl, Friedrich Günther 63

Wahl, Friedrich Günther 63
Wanzura, Werner 90
Wilhelm II. (Kaiser) 23, 25
Williams, Glen G. 200
Wrede, Abdul Hud Adolph Freiherr von 22

Zbinden, Ernst 66
Zwingli, Ulrich 62